BIBLIOTECA HISPANO-ULTRAMARINA

TERCERO LIBRO

DE LAS

Guerras civiles del Perú,

EL CUAL SE LLAMA

LA

GUERRA DE QUITO,

HECHO POR

PEDRO DE CIEZA DE LEON,

Coronista de las cosas de las Indias,

Y PUBLICADO POR

MÁRCOS JIMÉNEZ DE LA ESPADA.

TOMO I

MADRID

IMPRENTA DE M. G. HERNANDEZ

San Miguel, 23, bajo

1877

_____

Tomo II de la Biblioteca Hispano-Ultramarina.

PRÓLOGO.

I.

La primera edicion de La Guerra de Quito es algo más que una modesta ofrenda á la literatura castellana, es la reparacion de una grande injusticia y una prueba irrecusable de que las crónicas de Indias, y en especial las más autorizadas y corrientes, necesitan de una crítica severa, que tase la demasiada confianza con que se aceptan y se siguen.

Yo confieso mi engaño: prendado de aquel narrar vigoroso y sencillo, tan claro y tan expresivo de lo que quiere decir, casi siempre sin embarazarse con retóricas ni atildamientos de lenguaje; trasunto del habla suelta y pintoresca y reflejo de la enérjica accion de los que daban, al conquistar y ennoblecer un mundo, su mejor argumento á nuestra historia, le creia eco, no sólo de la verdad de los sucesos referidos, sino tambien de la veracidad de quienes, por vocacion ó por oficio, debian consignarlos religiosamente en libros destinados á guardar, como depósito sagrado, la vida y el alma enteras de los pueblos, sus vicios y virtudes, sus alegrías y dolores, sus realidades y sus sueños, sus esplendores y miserias; y que, con el trascurso de los tiempos, tal vez, de puro humanos, llegan á ser divinos. Las reflexiones y sentencias que pocas veces suspenden el discurso, inspiradas en los principios de una moral estrecha, supersticiosa, pero en el fondo sana; y la noble franqueza con que sin ambajes ni disimulos se censuran las faltas y se condenan los delitos (heróicos para mí) que cometimos en el calor de aquella obra gigantesca, aumentaban mi fe en los autores de esos testimonios de nuestra antigua gloria.

Hoy siento de otro modo de los que así escribian: los hechos me persuaden á que algunos de ellos no procedieron con la honradez escrupulosa, que parece haber sido en todas épocas norte y divisa de los historiadores castellanos.

"La *Historia del Perú*, de Agustin de Zárate, dice Prescott, ocupa un lugar permanente entre las más respetables autoridades para la historia de aquellos tiempos;" (*a*) y el erudito don Enrique de Vedia: "no

---

(*a*) La Conquista del Perú, Adicion al libro último.

vacilamos en decir que, despues de ser uno de los monumentos históricos más bellos (quizá el primero) de núestra lengua, es una autoridad respetable en alto grado respecto á los sucesos de que trata." (*a*) En efecto, otro tanto dirá el ménos avisado de los que la leyeren, sobre todo parando su atencion en la habilísima dedicatoria al príncipe don Felipe, donde el autor declara cómo y cuándo la ha escrito, y pone de relieve con magistrales formas el aprecio en que debe tenérsela. Y sin embargo, Zárate no es el padre de su obra sino á medias. Ya él manifiesta al fin de la "Declaracion" que va despues de la dedicatoria, que "La principal relacion de su libro, en cuanto al descubrimiento de la tierra, se tomó de Rodrigo Lozano, vecino de Trujillo, que es en el Perú, y de otros que lo vieron;" pero no declara que los libros 5.º, 6.º y 7.º están tomados de otra relacion que no es suya, y que siguió—cosa que no me explico—hasta en aquellos acontecimientos que hubo de presenciar, no obstante los errores que contiene, en alguno de los cuales es imposible que incurriera persona de su talento y perspicacia (1). La "respetable autoridad que en alto grado" comunica á su historia la circunstancia de haber sido testigo de los suce-

---

(*a*) Historiadores primitivos de Indias, t. 2.º, XI; Bibl. de Autores Esp., t. 26.º

sos que comprende, queda tambien bastante quebran-
tada con la averiguacion del tiempo que pudo residir
en el Perú. La cuenta es clara: Zárate entraba en ese
reino por Enero ó por Marzo de 1544 con el virey
Blasco Nuñez Vela, y salia de él á principios de Junio
de 1545 (*a*): luégo sólo presenció los sucesos referidos
en el libro 5.º hasta el capítulo xxi ó xxii inclusive. Y
hé aquí por qué don Antonio de Alsedo (*b*) le califica
con razon de historiador de gran mérito, pero de
poca exactitud, aunque sin aducir las pruebas que
yo aduzco.

Diego Fernández de Palencia escribe con origi-
nalidad, culta frase y riqueza de interesantes pormenores la segunda parte de su *Historia del Perú*; mas la
primera—redactada despues de la segunda—la copia
letra á letra—salvo las correcciones necesarias en el
tiempo y persona de los verbos y trastornando los pe-
ríodos—de otra historia ó relacion histórica que compuso, ú ordenó cuando ménos, el licenciado Pedro de
La Gasca, valiéndose de las comunicaciones y cartas
de oficio que él mismo habia dirigido desde América,
durante su gobierno y jornada contra Gonzalo Pizarro,
al Emperador, á los Príncipes y al Consejo de las Indias.

(*a*)   Véase el Apéndice núm. 1.º
(*b*)   BIBLIOTECA AMERICANA MS.

Entre los papeles que este político y clérigo sin tacha
legó al colegio de San Bartolomé de Cuenca, hállase
un trozo de la antedicha relacion, el cual he sometido
á minuciosa compulsa con el texto de Fernandez; y no
hay dudar, el plágio es manifiesto y tan descarado, que
hasta puede marcarse en el último con toda exactitud
en el lib. 2.°, cap. 47.°, f.° 100 vuelto, col. 2.ª, lín. 34,
la primera palabra del manuscrito de La Gasca: *procu-
rariamos* (2).

¿Cabe ya desde hoy en adelante citar sin toda clase
de reservas un lugar, una frase de Zárate ó Fernández?
Quien falta á su conciencia, ¿no faltará mejor á la verdad, ya que no por antojo, obligado de altísimos respetos, ó bien por amistad, gratitud, ambicion ó salario?

Ninguno de los historiadores de Indias, sin embargo, ha llegado donde Antonio de Herrera en esto
de apropiarse los trabajos ajenos. Siquiera el Contador y el Palentino tienen en su disculpa haber usado,
el primero, de un documento anónimo y acaso relegado
á los archivos cuando lo disfrutó; el segundo, de un
escrito que al cabo no era más que una memoria de los
insignes hechos de su autor, de sobra conocidos y en-
comiados por todo el mundo á la sazon de publicarlo.
Pero el Cronista de Castilla y mayor de las Indias, sobre
haber incurrido en otras comisiones semejantes (3), se
atrevió á sepultar en sus Décadas una crónica entera y

modelo en su clase, y con ella el nombre de un soldado valiente y pundonoroso, los afanes y desvelos de un hombre honrado y de elevada inteligencia y una reputacion de historiador más grande y bien ganada que la suya. Reputacion que comenzó con un libro por ventura sin par é inimitable (4), especie de itinerário geográfico, ó más bien animada y exacta pintura de la tierra y del cielo, de las razas, costumbres, monumentos y trajes del dilatado imperio de los incas y países al Norte comarcanos, y de las poblaciones recien fundadas por los españoles; fondo maravilloso del gran cuadro de su conquista y de las sangrientas y enconadas guerras de los conquistadores, cuyo relato, precedido de los anales de los reyes cuzqueños, daba fin á la obra, bajo un plan que demuestra por sí solo el ánimo, los brios y el talento de quien lo bosquejó mancebo todavía.

La pintoresca descripcion geográfica se imprimió con el título de LA PRIMERA PARTE DE LA CRÓNICA DEL PERÚ, en Sevilla y el año de 1553 (5); el resto es lo usurpado con tan buena maña ó tan buena suerte, que hasta principios del presente siglo no supieron algun que otro bibliófilo que existia realmente el libro que ahora se publica por primera vez en esta BIBLIOTECA (a).

(a)   Y sin embargo, el P. Pedro de Aguado, en su HISTORIA DE SANTA

Y á fé que no comprendo cómo la pluma, aunque era vigorosa, del Tito Livio castellano, no vaciló al borrar, para hacer suyas las páginas del soldado cronista, ciertas frases que debieran moverle á proceder con más nobleza, ó al ménos con caridad cristiana. "No creí, cuando comencé á escrebir las cosas subcedidas en Perú, que fuera proceso tan largo, porque ciertamente yo rehuyera de mi trabajo tan excesivo; porque conociendo mi humildad y llaneza, como otras veces he referido, no ignoro mi escambrosa pluma no era digna de escrebir materias tan grandes... A Dios con toda humildad suplico favorezca este mi deseo, pues otra cosa que servir á mi Rey é satisfacer á los curiosos y dar noticia á mi patria de las cosas de acá, no me movió á pasar tantos trabajos, caminar caminos tan largos como he andado" (a).—"Y verdaderamente yo estoy tan

---

MARTA Y NUEVO REINO DE GRANADA MS., anterior á las Décadas de Herrera, dice bien claro que la cuarta parte de la crónica de Cieza de Leon existia, y hasta da á entender que podia consultarse con facilidad:—"como lo tratan algunos de los que ya han escrito de esta tierra de Cartagena, que son Francisco López de Gomara y Pedro de Cieza de Leon en la primera y cuarta parte de las historias que escribió de Perú." (Lib. 8.º, cap. 1.º)—"Tardaron en esta jornada [la de Vadillo desde Urabá á Popayan] todo el año de 1538, donde padecieron hartos trabajos y necesidades y muertes de españoles y otras calamidades y desvetturas, de las cuales no escribo aquí particularmente, porque tiene escrita esta misma jornada Cieza en la cuarta parte de su historia. El que la quiera ver, allí la podrá leer." (Lib. 8.º, al fin.)

(a) LA GUERRA DE QUITO, cap. LIX.

cansado y fatigado del continuo trabajo y vigilias que he tomado, por dar fin á tan grande escritura, que más estaba para darme algun poco de contento y gastar mi tiempo en leer lo que otros han escrito, que no en proseguir cosa tan grande y tan prolija. Dios es el que dá esfuerzo para que yo pase adelante y prosiga estas *Guerras civiles* hasta que el Presidente Pedro de La Gasca, en nombre de Rey, funde el Audiencia en la cibdad de Los Reyes" (*a*).—"Y hago á Dios testigo de lo que en ello yo trabajo; y, cierto, muchas veces determiné de dejar esta escritura, porque ya casi ha quitado todo el sér de mi persona trabajar tanto en ella y ser por ella de algunos no poco murmurado; mas como en esta tierra las reliquias de la virtud sean menospreciadas, y no pretenda más de que S. M. sea informado de las cosas que han pasado en estos sus reinos, y que la prática mia todas las otras naciones que debajo del cielo son la vean y entiendan, pasaré adelante, poniendo siempre mi honor en las manos del lector"(*b*).—"E ciertamente si yo no hubiera publicado á muchos amigos mios singulares, que, mediante el auxilio divino, mi débil ingenio con mi pluma escambrosa daria noticia de las cosas ultramarinas de acá en las Españas, ó hiciera

(*a*)   La Guerra de Quito, cap. CXIV.
(*b*)   Ibid., cap. CLXXIV.

fin en lo escrito ó pasara por muchas materias sin las escrebir. Las persuasiones destos que digo son no poca parte para que yo consuma mi vida en breve tiempo, porque no mueran los notables hechos destos reinos" (*a*).

Pero á estas sentidas quejas, arrancadas en momentos de amargura y cansancio á un corazon entero y bueno, responde Herrera del siguiente modo: "Este Pedro de Cieza es el que escribió la historia de las provincias del Quito y Popayan, con mucha puntualidad, aunque (contra lo que se debe esperar de los Príncipes), tuvo la poca dicha que otros en el premio de sus trabajos."—¿Y por qué no enmendaba en lo posible la soberana ingratitud, confesando por la cruz de Santiago que en su pecho lucia, que una parte y no escasa de salario y mercedes que como cronista de aquellos príncipes aceptaba, era el premio que Cieza no recibió?

Herrera poseia un talento de primer órden, un criterio sereno y atinado; conocia bastante la condicion humana, y de raíz la nuestra, y el genio y el estímulo que nos movió á dejar la vieja y esquilmada patria, por otra nueva y rica más allá de los mares. Su estilo grave, contenido y lleno de nérvio, penetraba los escritos de

(*a*) La Guerra de Quito, cap. CCXII.

diverso carácter y variado lenguaje que le servian para
componer sus Décadas, y de sus manos pasaban las
más veces al discurso de la historia como las piezas ajustadas de bellísimo mosáico, ó los parejos es-
labones de firme y bien labrada cadena. Muchos
perdian de su ingénuo sabor y pristina frescura; la
forma de casi todos ellos ganaba en elegancia y cla-
sicismo. Si el trabajo de Cieza sólo hubiera sufrido las
correcciones del maestro para quedar con la diccion
más pura y propia, purgado de evidentes errores, aliviado de enfadosas sentencias y de importunas digre-
siones; reparado del desaliño y poco método con que
suelen exponerse los hechos por quien los vé pero, ante
todo, cuida de relatarlos fielmente, no faltarian lite-
ratos que aquella expropiacion le perdonasen. Mas no
fueron mejoras todos los cambios que introdujo en la
usurpada crónica: una gran parte alcanza á las ideas,
á los hechos fundamentales, y, por ende, corrompe la
puridad histórica, segun que en su leal entender y saber
la comprendia y la expresaba el primero que observó y
estudió los sucesos consignados en ella, en el mismo
lugar que acaecieron y comunicando con los mismos
hombres que á efecto les llevaron. Interpretó diversa-
mente la intencion ó el sentido de varias reflexiones
y pasajes; falseó determinados caractéres, añadién-
doles ó quitándoles su tanto, ya de la calidad, ya del

demérito con que Cieza juzgó que debia estimarlos;
suprimió lo que pudo de cuanto redundaba en des-
prestigio de la real autoridad, y, en fin, hizo una historia cortesana y discreta con las francas y palpitantes
narraciones del laborioso aventurero, nacidas al calor
del alterado suelo peruano, en medio de las borrascas
y peleas, al choque de bravías, encontradas é inconti-
nentes ambiciones y bajo la zozobra y la amenaza de
contínuos y mortales peligros.

No dudo yo que en casos le asistieran poderosas
razones para obrar de ese modo: Cieza no era infalible;
él, como Cronista de Castilla y mayor de las Indias, dispuso de infinidad de documentos, entre los cuales nada
tiene de extraño que existiesen algunos contrarios á los
asertos de Cieza y en desacuerdo con sus juicios, tal
vez apasionados como de mozo y parte interesada en
muchas de las cosas que escribia. Pero bueno es advertir que el insigne historiógrafo y criado de Felipe II
profesaba, ó no podia por ménos de profesar, una máxima de incalculable trascendencia en los negocios de su
cargo, la cual no se apartó jamás de su memoria y tuvo
muy al ojo precisamente al componer aquellas de sus
Décadas, cuyo meollo y fuste pertenecen á nuestro
buen soldado.

Contestando á una carta que el arzobispo de Granada don Pedro de Castro y Quiñones le dirigia con motivo

de haber leido el manucristo de sus *Claros varones de España*, uno de los cuales era Cristóbal Vaca de Castro, padre del arzobispo, y gobernador del Perú de dudosa memoria, decia:

"Ilustrísimo y Reverendísimo Señor: Con la merced que V. S. I. me ha hecho con su carta, he recibido mucha honra y contento, por ver la voluntad y gusto de V. S. I. para obedecelle y cumplille; y si dí en esto alguna priesa á don Juan de Torres, fué hasta que pasó desta vida don Baltasar de Zúñiga, que solicitaba que se sacase á luz esta obra de los *Claros varones de España* á imitacion de las *Varias* de Casiordo (sic): ahora, vista la intencion de V. S. I., me daré priesa.

"El primero punto que toca á la naturaleza del señor Cristóbal Vaca de Castro se acomodará bien, teniendo respeto á que no se contradiga con lo que está publicado. El segundo, que trata de la sentencia contra los rebeldes y lo que procuró que se pelease en Chúpas, la consulta del Consejo sobre los alimentos y la merced hecha en las Indias á un hijo, no tiene dificultad. El tercero, sobre engrandecer el Monte Santo, no dije nada del en la direccion del elogio á V. S. I., por parecerme que en aquel lugar se podia decir poco; pero visto lo que V. S. I. manda, he pensado de hacer con breve discurso al fin de toda la obra, (sic) como lo verá V. S. I. en el principio que aquí va; y si satisface, será servido de mandarme enviar los papeles ó avisarme de lo que mejor pareciere á V. S. I., que yo lo ejecutaré siguiendo aquel lugar de Ciceron que V. S. I. apunta en su carta (*a*). ”No quiero callar que he hallado que el Consejo consultó diversas veces al Emperador la inocencia del señor Vaca de Castro, y al cabo de ocho años le envió á Flándes una muy apretada consulta, y S. M. Cesárea la tuvo cinco ó seis años en un escritorio hasta que la resolvió; tan porfiado estuvo en creer las siniestras relaciones de la imprudencia de Blasco Nuñez Vela (*b*). *Y este punto se omitió en la historia por guardar la oportunidad con que se debe escribir.* Dícese en ella que salió de su presion con mucha reputacion, el pleito que tuvo por la precedencia (*c*) y otras cosas muy particulares; y no se callan los docientos ducados que se mandaron dar cada año á mi señora doña Maria de Quiñones, madre de V. S. I., durante el ausencia del señor Critóbal Vaca de Castro. Y todo fué comunicado con don Juan de Idiáquez, que me dijo haber conocido en el Consejo al señor Vaca de Castro; porque aunque este

---

(*a*)   En tiempo del arzobispo Castro y Quiñones fué la invencion de las reliquias y libros del Monte Santo de Granada; en él fundó una colegiata, y en la colegiata una capilla para enterramiento de su padre. Por eso deseaba que la historia engrandeciera su piadosa obra.

(*b*)   Véase el Apéndice número 8.

(*c*)   En el Consejo, á donde volvió despues de rehabilitado.

gran ministro estaba muy ocupado, tenia algunos ratos para el deleite de la Historia; y lo mismo hacia el señor don Baltasar de Zúñiga, su gran imitador.

"V. S. I. mándeme en todo lo que más fuere servido.—A quien le suplico me tenga en su gracia.— Guarde Nuestro Señor á V. S. I. y R. con la vida y contento que yo deseo. De Madrid 30 de Enero de 1623.—Antonio de Herrera (*a*)."

A cuya carta replicó el arzobispo:

"He visto la relacion y elogio que vuestra merced ha hecho sobre las cosas que sucedieron en el Perú á Vaca de Castro, mi señor. Está muy bien dispuesto y advertido, como de tan diestro y ejercitado en la Historia. He holgado mucho de verlo; estimo, como es razon, el trabajo y cuidado de vuestra merced. No lo habia visto hasta agora por ausencia de mi secretario; mia ha sido la pérdida.

"Dice vuestra merced en su carta, que de industria deja algunas cosas: que despues de ocho años de prision consultó el Consejo de Indias al Emperador el manifiesto agravio é injusticia que se hacia á Vaca de Castro, mi señor; y el emperador guardó cuatro ó cinco años la consulta en un escriptorio, hasta que, remor-

---

(*a*)   Es toda de su puño y letra, y se encuentra en el códice S—26 de la Bibl. Naciona'.

dido de la conciencia, lo resolvió. ¡Grave circúnstancia es esta! Pero dice vuestra merced, *que aunque la Historia ha de decir verdad, ha de ser oportunamente.*

"Otras cosas tambien se pudieran tratar esenciales en la Historia, que vuestra merced deja, por no alargar el discurso. Una me pareció apuntar para que vuestra merced, si le pareciere, la ponga en su lugar. Consta de las relaciones y del proceso..." *(a)*

Pues, conforme á esa máxima, ninguna oportunidad mejor que la de ahora, en que se publica un libro del *desdichado* Cieza, para restituirle íntegramente en su reputacion y fama, descubriendo el secreto de las que obtuvo la Historia general de los hechos de los castellanos en las islas y tierra firme del mar océano; admirada en España, vertida á todos los idiomas europeos, considerada en todas partes "como la fuente de la verdad" de aquellos hechos, ensalzada con este parecer de don Antonio de Solís: que reconocia la inmensa dificultad (que no trató de superar) de proseguirla *(b)*. ¡Ya lo creo! Agotado el rico y facilísimo venero de Cieza de Leon y otros no ménos fáciles y ricos, cierto que era difícil continuarla tan nutrida de su-

---

(a) Hasta aquí la minuta corregida de mano del arzobispo. Figura con la carta de Herrera en el códice citado.

(b) La Conquista de Méjico, cap. 1.º

cesos como salia de las manos de Herrera; de no bus-
carlos ántes uno á uno en las informaciones, memoriales,
relaciones y cartas que en apretados envoltorios afluian
al Consejo de Indias, al de Estado y á la Cámara Real;
"trabajo deslucido, como Solís decia, pues sin dejarse
ver del mundo, consume oscuramente el tiempo y el
cuidado."

No hay exageracion en lo que afirmo. Herrera dejó
sus Décadas en el año de 1554; para llenar los tres ó
cuatro últimos de lo tocante al reino peruano y alguno
de los paises vecinos, se socorrió con las extensas relaciones históricas ó historia del licenciado de La Gasca
y con la parte segunda del libro del Palentino; los demás, desde el de 1524, se colmaron abastadamente con
el trabajo inédito de Cieza. Porque el honrado aventurero—á costa de su salud, y quizá de su vida—cumplió lo prometido en el prospecto de su obra; y enga-
ñóse muy mucho el Sr. Prescott—y olvidó lo que
Cieza asegura varias veces (a)—al suponer que este
"habia muerto sin realizar parte alguna del magnífico
plan que con tanta confianza se trazara" (b). Su crónica
está hecha, *el magnífico plan* realizado, y el reino que

(a) En los caps. IV, IX, XXI, XXXVII, XXXIX, XLI, XLII,
XLIX, LV, LXIII, LXVII, LXXXIX, y C de la Primera parte de
la Crónica del Perú.

(b) La Conquista del Perú, Adicion al libro IV.

conquistó don Francisco Pizarro, cuenta con la historia mejor, más concienzuda y más completa que se ha escrito de las regiones sur-americanas. El libro que sale á luz ahora, es el tercero de los cinco que componen la cuarta parte, ó sea de *Las guerras civiles*; la segunda parte, que trata del señorío de los incas, sus hechos y gobierno, cuántos fueron y cuyos sus nombres, de sus leyes, religion y costumbres, conócese hace tiempo con el título de *Relacion de la sucesion y gobierno de los incas, señores naturales que fueron de las provincias del Perú y otras cosas tocantes á aquel reino, para el Ilustrísimo Señor D. Juan de Sarmiento, Presidente del Consejo de Indias;* si bien atribuida por el citado Prescott al personaje á quien se dedicó, gracias á un sencillo y gravísimo error del encargado de copiarla en Lóndres, que puso *por* en vez de *para* (6); y la tercera parte, que se ocupa en la conquista de la Nueva Castilla, y los libros primero y segundo de la cuarta, guerras de *Salinas* y *Chúpas*, aunque no los he visto, me consta con certeza que existen y dónde (*a*). De los libros cuarto y quinto de la cuarta parte, guerras de *Huarina* y *Xaquixahuana*; y de los dos Comentarios que terminan la crónica, nada

(*a*) Motivos de delicadeza me impiden ser en este punto más explícito; pero el inteligente y activo bibliófilo que dispone de tan preciosos documentos, tiene medios de publicarlos como corresponde, y es de esperar que pronto se disfruten por los amantes de la historia pátria.

* *

sé; entiendo, sin embargo, que Cieza de Leon los da por acabados, al decir en su Proemio: "En el cuarto libro *trato*;" "El quinto libro *trata*;" "Concluido con estos libros... *hago* dos comentarios." Cuando un trabajo de esa especie se hallaba todavía bajo su pluma, tenia buen cuidado de consignarlo así (*a*).

Pero aunque no los acabase, con lo hecho, hizo más, mucho más, que cualquiera de los historiadores del Perú. Concibió el pensamiento de la Crónica con grandeza y con fe en los recursos de su ingenio y en el poder de su voluntad,—por más que cerca ya de concluirla le abrumara y le afligiera la magnitud de su próposito; dióle primera forma deslindando sus partes y ordenándolas con método original, filosófico y claro; y le desarrolló con amplitud tan minuciosa y tan prolija, que satisface de cuanto se desea de esta clase de escritos; que deben ser más que historia acabada ó en sustancia, diversos y abundosos manantiales donde se tome en lo futuro. Si vamos al desempeño de su árdua y vastísima tarea, como en el concebirla y prepararla, tampoco se hallará quien le aventaje entre los que trataron total ó parcialmente el mismo asunto.—El Palen-

---

(*a*) Por ejemplo, al citar el *Libro de las cosas sucedidas en las provincias que confinan con el mar Océano*, dice: "como verán los lectores en un libro que *tengo comenzado*" (*La Guerra de Quito*, cap. XLIII).

tino es, en mi concepto, el único que se le acerca y áun le iguala en la segunda parte de su Historia.—Porque Xerez, el secretario de Francisco Pizarro, cuenta sin la menor afectacion y llanamente los sucesos que pasan á su vista, pero sin penetrar en el fondo de ellos, ni mostrar que comprende su alcance, omite alguno, acaso por descuido, y no es exacto en otros; no se olvida del cargo que desempeñaba, y en su relato, demasiado sucinto, todo aparece favorable á nuestra causa, ó mejor dicho, á los actos de su amo el marqués. De Zárate ya dije lo bastante. El inculto lenguaje y estilo desmañado y flojo de la notable *Relacion del descubrimiento y conquista de los reynos del Perú y del gobierno y órden que los naturales tenian, y tesoros que en ella* (sic) *se hallaron y de las demás cosas que en él han sucedido hasta el dia de la fecha* [7 de Febrero de 1571] (*a*), encubren torpemente la inquina y el despecho de su autor, Pedro Pizarro, así con sus primeros valedores y parientes como con las personas de quienes esperó más tarde la recompensa de su lealtad, harto protestada y encarecida por él mismo, para no ser sospechosa. Lo importante y curioso de su escrito, consiste en la parte primera y más extensa, donde acaso refiere

(*a*)   Se publicó en la COLECCION DE DOCUMENTOS INÉDITOS PARA LA HISTORIA DE ESPAÑA, t. 5.º, págs. 201-388.

con toda sinceridad lo que hizo ó pasó ante sus ojos;
mas, en la narracion de los sucesos acaecidos desde la
muerte del marqués Pizarro hasta el completo allana-
miento del Perú, los cuales amontona en obra de veinte y tantas páginas, anduvo desmemoriado con frecuencia y calló alguna vez la verdad, conviniéndole callar-
la (7). El inca Garcilaso comentó, no historió propiamente. Las tradiciones de su pátria y real linaje ad-
quieren con su manera de decir candorosa, entu-
siasta y persuasiva, un esplendor y una grandeza tales,
que no son de creer en una tierra y de unas gentes
ganadas y avasalladas en tres dias por un puñado de
españoles. A tomar por lo sério sus anales de la raza
de Manco, difícilmente encontrariamos otra alguna,
semítica ó ariana, que los pudiera presentar en época y
condiciones análogas tan gloriosos y prósperos. En lo
que se refiere á nuestros hechos y sobre todo á las personas que intervienen ó descuellan en el descubrimiento, conquistas, guerras civiles y pacificacion del Perú,
se muestra más sensato é imparcial, aunque de cuando
en cuando ponga de manifiesto el peligro de introdu-
cir en el contexto de una historia, y al lado de observaciones sérias y fundadas, y como base de crítica,
recuerdos de muchacho, venerandas memorias pater-
nales, y dichos y cuentos de veteranos, camaradas, pa-
niaguados y amigos de la familia del comentarista. Eso

sí, los Pizarros, Cepedas, Carvajales, Centenos, Leo-
nes, Candías y Alvarados de Garcilaso, no son artificio-
sos maniquíes sin más alma y carácter que su oficio ó
cargo público; que sólo mueven el brazo en las batallas, las piernas para entrar ó salir de cabildo, y los lá-
bios para pronunciar clásicas arengas; son hombres
de carne y hueso, acuchillados, mancos ó tuertos;
moceros, tahures ó devotos; pendencieros ó mansos;
cultos ó broncos; valientes ó fanfarrones; galanes ó
astrosos; despilfarrados ó tacaños; honrados ó bella-
cos: viven la vida de su casa ó la de sus comble-
zas; no ocultan sus amistades ni sus ódios; descu-
bren los móviles de su lealtad ó de su perfidia; hoy
son cobardes, esforzados mañana; y ni el malo lo es
siempre, ni el bueno deja de pecar cuando le tientan
con ahinco y de veras la ambicion, el amor, la codicia
ó la venganza.

Los historiadores generales de Indias están en
igual caso que los cronistas antedichos. El fecundo
Gonzalo Fernández de Oviedo no hizo más que abrir
un registro universal de las relaciones, cartas, memoriales, conversaciones públicas y privadas, de rumores y cualesquiera noticias que llegaban á la suya del
continente americano, por la oficiosidad de sus amigos
ó conocidos, ó de oficio y por razon del cargo que la
Cesárea Magestad de Cárlos V le habia conferido.

En este gran bosquejo—que otro nombre no merece—
de una crónica indiana, es inútil buscar la unidad histórica, la proporcion y armonía de los miembros ó partes de que consta, el órden cronológico siquiera; unos
mismos sucesos se repiten diferentes veces y contados
de diferente modo; y el autor, léjos de hacerse cargo
de la contradiccion y confusiones que de esto se ori-
ginan, con censurable ligereza aventura sus juicios
acerca de la conducta de un personaje, sin conocerla
por entero, ó de los resultados de un acaecimiento grave que se inicia ó desenvuelve en circunstancias azaro-
sas é inciertas, ántes que llegue á su término debido.
Dice Oviedo de uno de los capítulos de su obra (el
XVII del libro XLVI), que será "como pepitoria
de diversas partes ó apetitos de este manjar, ó como
aquella conserva llamada composta, que es una con-
ficion de diversos géneros de fructas (revuelto todo)
en un mesmo vaso."—Otro tanto pudo decir de
toda ella. La cual no por eso dejará de ser tesoro ines-
timable de datos fidedignos de importancia suma y en
sazon acopiados, y de una lengua exuberante, sabrosa
y castiza, manejada por estilo robusto, poderoso y apasionado, donde prodigan la amenidad y el interés una
imaginacion viva y lozana, una memoria enriquecida
con asíduas lecturas, en viajes, campañas y servicios pa-
laciegcs, y una experiencia aleccionada por el trato de

toda clase de personas, durante largos años y en ámbos mundos; donde chispean la ironía y el gracejo y fulguran terribles la ira y la indignacion, no siempre por justa causa sublevadas en un pecho de agradecido y lealísimo vasallo, como era el del alcaide de la Isla Española.—Y, por último, á Francisco López de Gomara, el más literato de los cronistas del Nuevo Mundo, hasta Solís; escritor elegante, fácil y correcto, cáustico, intencionado y atrevido en sus juicios, y amigo de investigar novedades, le faltaba suficiente autoridad para defender unos y otras de las censuras de Gasca, Bernal Diaz y el inca Garcilaso, y de los enojos y amenazas de los conquistadores del Perú y Nueva España, porque jamás estuvo en esos reinos ni en parte alguna de las Indias.

Pedro de Cieza de Leon reconoció en persona el país, teatro de la historia que proyectaba, desde el puerto de Panamá á la costa de Arica y desde las salvajes y boscosas montañas de Abibe á los desnudos y argentíferos cerros de los Charcas ($12°$ lat. N.—$20°$ lat. S.), demarcando como experto geógrafo, la variedad de sus regiones y climas; situando las fundaciones españolas y los pueblos indianos; observando como naturalista las especies más útiles y curiosas, bravías ó domésticas, de animales y plantas; describiendo como etnógrafo ó investigando como anticuario la raza, gesto, trajes, armas, alimentos, costumbres, creencias, industria, artes, gobierno, tradiciones y monumentos de las gentes indígenas; gozándose en pintar á grandes rasgos la fisonomía de la tierra y de el cielo, en la magnificencia de los nevados y volcanes, la grandeza y multitud de los rios, la espesura y misterio de las gigantes selvas y la yerma soledad de las *xallcas* y *punas*; en el humbroso y risueño frescor de los valles marítimos, y en la aridez de los quemados arenales que con ellos alternan á lo largo de la extensa comarca de los yuncas. Ni se olvidó de indicar las relaciones sociales, políticas y religiosas que entónces existian entre conquistadores y conquistados, efecto de la lucha que aún duraba, de la reciente y poderosa civilizacion castellana con la imperfecta y ya caduca de los antiguos dominadores del Perú. Y comprendiendo que las instituciones y poderío de unos soberanos, cuyo génio y cuya fortuna dieron la unidad á un imperio vastísimo, importaba que fuesen conocidos puntualmente, no sólo á la más clara inteligencia de los hechos de la conquista y posteriores, y por el lustre y mérito que á la empresa de Francisco Pizarro y sus heróicos camaradas añadia, pero tambien por ser materia de suyo en alto grado interesante y nueva; sin arredrarse ante la infinidad de inconvenientes que el trabajo ofrecia, ayudado de los mejores lenguaraces del idioma quichua y vaqueanos del reino, acudió á interrogar la me-

moria y los *quipus* de los más viejos orejones, servidores, deudos ó descendientes de los últimos incas
Tupac-Yupanqui y Huaina-Cápac; y ántes que Juan
de Betánzos, y el padre Blas Valera, y Polo de Onde-
gado, y Santillan, y Cabello Balboa y Garcilaso, entre-
sacó de una maraña inestricable de fábulas y absurdas
tradiciones, el orígen, linaje, descendencia, política, leyes y religion de los autócratas cuzqueños, y sus fastos
hazañosos y legendarios.

Ejercitó nuestro cronista, ciertamente, sus grandes
cualidades de historiador en ésta como en la primera
parte de su obra; aunque, á decir verdad, en ámbas
lucen en primer término el tino con que observa é
investiga, la animacion y propiedad con que describe
y la facilidad con que su pluma discurre por donde se
le antoja. Mas cuando aquellas se mostraron con toda
su virtud, fué al entrar ya de lleno en el asunto capital
de su crónica: los hechos de los conquistadores, y especialmente sus guerras intestinas; tempestad de pasiones desatadas atraida por los montes de plata y de
oro del riquísimo suelo peruano, confusa y atropellada
muchedumbre de sucesos extraordinarios é inauditos,
donde para juzgar y discenir lo criminoso de lo
heróico, lo justo de lo injusto, lo contingente de
lo necesario, lo bueno de lo malo, era preciso ser
dueño de una prudencia consumada, una imparciali-

dad á toda prueba, una intencion sanísima, un juicio perspicaz y reposado, y una cabeza y voluntad de hierro.

Pero con todas esas cosas contaba el avisado y animoso mancebo, para salir, como salió, gallardamente de la parte más árdua de su historia. Además era diligentísimo: cuando le interesaba conocer de un suceso que no habia presenciado, aclarar los dudosos, ó ilustrar los sabidos con más ámplios informes, acudia, á ser posible, á testigos presenciales, y en su defecto, á personas de reputacion y acreditada imparcialidad; y en todos casos consultada la pública opinion, y se procuraba de compañeros, jefes, autoridades, cabildos y notarios toda clase de documentos y papeles particulares y de oficio, los cuales conferia y depuraba detenidamente, ántes de recusarlos ó hacerlos testimonio de su escrito.—Bien es cierto, que pocos historiadores se encontraron en condiciones tan ventajosas como las suyas, no sólo para verificar personalmente esas diligencias preliminares, y establecer sobre base tan firme su obra, sino tambien para acopiar los primeros materiales de ella; porque intervino en muchos episodios de la conquista y de las guerras del Perú y Nuevo Reino, ya como descubridor ó poblador, ya como simple soldado de fortuna; conoció á la mayor parte de los famosos capitanes, letrados y eclesiásticos, que figuraron en aquellas;

fué amigo de los unos y enemigo de los otros; peleó junto á ellos ó con ellos; padeció sus hambres; disfrutó de sus botines; los vió vivir y morir, pudo estimarlos en lo que valian y juzgar con acierto de sus obras.

Era hasta exagerado en su honradez de historiador: no se olvidó jamás de distinguir lo que contaba por experiencia y vista propias, de lo que referia por relaciones de otros, ó se fundaba en dichos notorios y dignos de crédito ó en rumores del vulgo despreciables; á cada paso nombra los sujetos que le suministraron noticias, é indica, extracta ó copia los documentos de que se servia; de modo que el lector camina siempre por su historia sobre seguro y sin recelo de quien así la escribe y la comprende. Era, por fin, como escritor, modesto: sus pretensiones literarias se reducian á bien poco: que su estilo bastase á la puntualidad y claridad de la narración, la cual no lleva más adorno que contados ejemplos de los historiadores clásicos, cuya lectura el nuestro frecuentaba, de los Libros Sagrados y de los Santos Padres.

Cieza de Leon tomó tan á conciencia el generoso empeño de instruir á su patria con verdad de las acciones de sus hijos en el remoto suelo americano, y de la honra ó deshonra, fortuna ó desgracia que de ellas le resultaban, que hubo de sacrificarle, no solamente el reposo necesario al cuerpo y al espíritu (*a*), pero hasta sus afectos más caros y entrañables. En él, generalmente, el historiador dominaba al hombre. Presenció las infamias y traiciones que trajeron la muerte de su gran amigo el noble y confiado mariscal Jorge Robledo, y no obstante, tuvo palabras de censura para las imprudencias del fundador de Antioquía, y de disculpa y compasion para el adelantado Belalcázar, su asesino. "Andaba el pobre viejo tan temido, que casi estaba fuera de sí; é no iba ninguno de los de Robledo en aquel tiempo hácia donde él estaba, que osase llevar espada ni otras armas, y aunque fuese sin ningunas é iba á hablar con él, luégo se empuñaba de una daga. Yo me acuerdo en esta ciudad de Cali allegarle á hablar é poner la mano en el puño de la daga" (*b*). Católico á carta cabal, segun su siglo, y por consiguiente supersticioso, veneraba con profundo y filial acatamiento á los ministros de la Iglesia, y miraba las ofensas hechas, con motivo ó sin él, á sus personas, como otros tantos sacrilegios; mas no por eso desoyó la voz de su deber, que le gritaba,—sin hacer caso de la pena que, de seguro, afligiria á su piadoso corazon: "Y á la verdad

---

(*a*) "Pues muchas veces, cuando los otros soldados descansaban, cansaba yo escribiendo." (*Primera parte de la Crónica del Perú*, Dedicatoria.)

(*b*) La Guerra de Quito, cap. CCXXXV.

ya es plaga y dolencia general en estos infelices reinos del Perú no haber traicion ni motin, ni se piensa cometer otra cualquiera maldad, que no se hallen en ella por autores ó consejeros clérigos ó frailes; lo cual ha procedido que debajo de su observancia quieren ser tenidos y reverenciados como á dioses; y ha sido su soltura grande, y á rienda suelta han corrido sin que hallen quien les impidan; porque ni los obispos, ni priores, ni custodios los han castigado" (*a*).

Sin embargo, dos cosas no pudo ó no quiso reducir á términos discretos y sensatos: su lealtad al Rey y su aversion á los que, cautelosa ó paladinamente, desobedecieron las órdenes y leyes soberanas. No me propongo entrar en un exámen detenido de esos sentimientos, que influyen á las veces en demasía sobre la manera de referir sucesos muy capitales de la guerra de Quito; aunque bastante exagerados, los tengo por sinceros: son de una época en que la lealtad al Rey significaba lo que hoy significa el honor, y el rebelarse contra su voluntad augusta y sacra ser traidor á la patria, cuyo símbolo entónces era la corona.—Y no hay que olvidar que la guerra de Quito fué la primera y más séria de las tentativas de independencia á que se atrevieron los españoles americanos. Pero me duele

---

(*a*) La Guerra de Quito, cap. **CXLIX**.

á par del alma ver á un hombre de carácter tan
noble y tan simpático como nuestro cronista, des-
atarse, llevado de su apasionamiento, en improperios
contra Gonzalo Pizarro y los que le siguieron hasta
el fin de su triste jornada, recrearse con la idea de su
muerte y disculpar y áun aplaudir los crímenes más
horrendos y repugnantes de los realistas, si se co-
metian con los amigos y secuaces de aquel valeroso
aunque obcecado caudillo. Hablando de Alonso de
Toro, teniente de Gonzalo Pizarro en el Cuzco, dice:
"que como tratase ásperamente á los que via que se
inclinaban al servicio del Rey nuestro señor, luégo
comenzó á ser aborrecido de muchos, y conjuraban
contra él, tratándole la muerte, siendo el autor principal un clérigo vizcaino, llamado Domingo Ruiz, con
otros vizcainos; los cuales determinadamente acordaron en dar la muerte al capitan Alonso de Toro; y
porque vian que andaba siempre muy acompañado, no
se tuvieron por bastantes de ponello en obra al descubierto, sino aguardar á que fuese á visitar á la
mujer del inca Páulu, que estaba enferma, é á quel
padre Domingo Ruiz y Joánes de Cortaza con los
demas estuviesen en parte que lo viesen entrar, y con
una ballesta le tirasen una jara ó arpon *de tal manera,*
que el golpe, no saliendo en vacío, hiciese camino por sus
entrañas y corazon, para que, quedando muerto, libre-

mente se pudiese apellidar el nombre del Rey nuestro señor" (*a*). Hay aquí tanto ensañamiento y tal ferocidad al pintar el ballestazo de los asesinos de Toro, que cualquiera pensaria que el mismo Cieza lo hubiese disparado con gusto. Contando cómo Diego Centeno, tan leal á la causa del Rey como ambicioso y avaro, amañaba con éxito el asesinato, casi el fratricidio, de Francisco de Almendras en los Chárcas, se atreve Cieza á observar "que parecia que Dios guiaba aquel negocio" (*b*). Y en defensa de la felonía de Centeno escribe: "que, gobernando Almendras en nombre de tirano, era cosa ridiculosa creer que Centeno habia de anteponer su amistad al servicio real; porque, tocando á él, ninguno ha de tener ley si no fuere con solo Dios" (*c*).

Grave defecto es, sin duda alguna, en quien trata materias históricas, fervor tan sospechoso como el que dicta las anteriores frases, y que, áun siendo sincero y bien intencionado—como á mí me lo parece,—no deja de hacer sombra á la verdad. Mas, si la simpatía no me ciega, creo que nuestro historiador lo atenúa en cuanto cabe atenuarlo. No hace de su pasion exagerada, como otros lo han hecho con rectos ó torcidos

(*a*) La Guerra de Quito, cap. CXXXIII.
(*b*) Ibid., cap. CXXIX.
(*c*) Ibid., cap. CXXVIII.

fines, el móvil y resorte secreto de la historia, ni guia por aquella ó adereza los acontecimientos y la conducta de los personajes que en la accion intervienen; los arranques de su entusiasmo y las protestas de su leal enojo quedan para los juicios y comentarios que le sugieren sucesos culminantes y acciones muy señaladas, ó no pasan del estilo, que adquiere en ocasiones cierta vehemencia candorosa muy en armonía con los pocos años del cronista. Repárese, sino, en el notabilísimo contraste que forman los hechos y los actos referidos, con su manera de juzgarlos bajo el doble punto de vista de su amor al Rey y de su ódio á los rebeldes.

Y este género de inconsecuencia, harto comun en los que, al escribir, se apasionan sin arte y con franqueza, en nuestro historiador lo es tanto, que á mi modo de ver constituye la más característica de sus genialidades. En prueba de ello, baste citar un ejemplo.

El amor al prójimo indiano y un generoso sentimiento de conmiseracion por la triste suerte á que le habia reducido la Conquista, brillan en multitud de lugares de la Crónica de Cieza, y especialmente y de tal modo en la segunda parte, donde trata del antiguo poderío de los incas, que ha merecido del insigne Prescott el siguiente caluroso elogio: "y mientras que hace completa justicia al mérito y capacidad de las razas conquistadas, habla con indignacion de las atrocidades de los españoles y de la tendencia desmoralizadora de la Conquista. No era fanático, puesto que su corazon estaba lleno de benevolencia para el desgraciado indígena; y en su lenguaje, si no se descubre la llama abrasadora del misionero, se encuentra un rayo generoso de filantropía, que envuelve tanto al conquistador como al conquistado, considerándolos hermanos" (a). Pues véase ahora cómo nuestro filántropo se expresa respecto de una laya de naturales popayaneses, á quienes conoció más de cerca que á los antiguos peruanos.

"Los *pozos*, como entendian la guerra de sus comarcanos, aguardábanlos por algunas partes y prendieron aqueste dia más de cincuenta personas; y como la Páscua de Resurreccion Santísima quiere venir, que los carniceros, amolados sus navajones, degüellan á los inútiles carneros, ansí estos indios con gran gana de comer de sus tan confines en parentesco y allegados á su pátria, pues no hay más de una lengua de una provincia á otra, con cuchillos de pedernal los hacian piezas. Y una cosa noté, porque infinitas veces lo ví por mis propios ojos, que así como eran presos los malaventurados por sus enemigos, sin hablar palabra, se abajaban fasta que con un baston, dado en la cabeza

---

(a) La conquista de Perú, Adic. al lib. I.

***

un gran golpe, era aturdido; y aunque de la burla no
quedase muerto ni con el cuchillo le cortasen la cabeza, no hablaba ni pidia misericordia; por donde se ve-
rifica y colige la gran crueldad de aquellas naciones.
Luégo hacian pedazos todos aquellos humanos cuerpos, y hasta las inmundicias dellos las metian en grandes ollas, y sin aguardar á que estuviese bien cocido, era
por ellos comido; y la sanguaza se bebian, comiéndose
los corazones y asaduras crudas; las cabezas inviaban
á sus provincias, que era como señal de triunfo. Esta
perniciosísima costumbre tienen aquellos diabólicos
hombres. ¡Dios nos libre del índico furor! Porque en
todas las naciones del mundo se usó alguna clemencia
y bondad, y entre ellos no hay sino maldades é vendi-
caturas, que no se puede innumerar la mucha cantidad
y falta de gente, por se haber comido unos á otros."

Conviene á saber que esta especie de fieras eran
aliados de Sebastian de Belalcazar, á cuyas órdenes
Cieza combatia, en la guerra de los de Picara, nacion
valerosa é indomable, que "tenia á gran dicha ser víctima de las atrocidades de los *pozos*, pues era por la libertad de su pátria;" á pesar de lo cual dice tambien de ella:

"El adelantado habíales inviado muchas embaja-
das amonestándoles que quisiesen tener confederacion
con los españoles y reconocer por señor al invitísimo

césar, nuestro Emperador; y como ya estuvieran determinados de proseguir la guerra, por entretener á los
cristianos, respondian respuestas generales: que se haria llamamiento en la provincia, y que, juntos los señores de ella, se trataria; sobre otras respuestas equí-
vocas. Mas como el adelantado los entendiese, mandó
continuar la guerra, la cual se les hizo asentando el
real en la tiérra del señor Sanguitama, adonde se juntaron muchos indios naturales de toda la provincia, y
de noche se nos pusieron en un collado que estaba
encima del rea!, desde donde hacian grandísimo ruido,
encendiendo muchos hachos, y nos llamaban mugeres,
diciendo que fuésemos para que usasen con nosotros,
y otras palabras de gran vituperio. Y como los españoles tengan por costumbre de obrar con las manos y
callar con sus bocas, á la segunda vigilia de la noche,
nos concordamos cuarenta mancebos, y tomadas nuestras rodellas y espadas, con licencia del adelantado,
fuimos á ganar lo alto dejando dicho que, en dando el
alba testimonio de la claridad del dia que habia de venir, fuesen algunos de á caballo á. hacernos espaldas.
Ordenado desta suerte, caminamos por un cerro arriba
que iba á dar al otro donde los indios estaban haciendo ruido, y como los cobardes temiesen en tanta manera los golpes de las espadas que con los fuertes brazos los españoles tiraban en sus desnudos cuerpos y á

los dientes de los perros, tenian sus velas y centinelas no muy léjos del real de los cristianos, y como sintiesen su subida por el cerro, dieron al arma con grandes voces; y como la fuerza y poder de los bárbaros estaba en la cumbre de todo el collado, oyeron las voces y entendieron sus crueles enemigos estar tan cerca dellos, y huyeron con ser más de tres mill y los cristianos cuarenta (*a*)."

II.

A estas observaciones acerca del carácter y mérito de Cieza, considerado como historiador, hubiera yo querido que siguiesen abundantes noticias de su vida y persona. Por desgracia, el primero de los cronistas del Perú, y quizás de las Indias, se halla en el mismo caso que la mayoría de nuestras celebridades literarias del siglo XVI: se le conoce únicamente por sus escritos, y se sabe de aquellas lo que en éstos nos quiso decir ó dijo por incidencia. Así, pues, y áun cuando he procurado ilustrar con no pocos documentos la época de su

(*a*) La Guerra de Quito, cap. CXLIII.

vida que trascurrió en América, el presente bosquejo biográfico se compondrá, en sustancia, de lo que consta en la parte ya impresa de la *Crónica del Perú,* de lo que añaden la segunda y este tercero libro de la cuarta, y de algun que otro dato que por mi cuenta he podido allegar, con varias é indispensables rectificaciones á los que han publicado don Nicolas Antonio (*a*), Fermin Araña de Valflora, [Fernando Díaz de Valderrama] (*b*), Prescott (*c*), Vedia (*d*) y Markham (*e*).

Y la primera rectificacion, ó hablando más propiamente, reparacion de incomprensible olvido, se refiere á la patria de Cieza. Acerca de ella nos dice Nicolas Antonio que era "Sevilla por naturaleza, ó solamente por vecindad ó residencia" (*f*): Arana de Valflora y Vedia, que copian al célebre bibliógrafo, repiten la anterior especie por terminos semejantes; y Markham, sin saberse el por qué—como no sea una interpretacion gratuita de aquella duda de Nicolas Antonio—

(*a*) B. H. N. 1788: II, pág. 184.

(*b*) Hijos de Sevilla ilustres en santidad, letras, armas, artes ó dignidad.—1791.

(*c*) La Conquista del Perú, Adic. al lib. IV.

(*d*) Hist. primit. de Ind., t. XXVI de la Bibl. de Aut. Esp., pág. IX.

(*e*) The travels of Pedro de Cieza de Leon, M.DCCC.LXIV, London.—Hakluyt society.

(*f*) Petrus Cieza de Leon (patria, an dumtaxat domicilio incolatuve Hispalensis).....

estampa en la portada esteelsiana de su elegante y pri-
morosa edicion: PEDRO DE CIEZA DE LEON *á native of
Seville* (a). Y sin embargo, Herrera, ó como si dijéramos
el mismo Cieza, declara por dos veces su verdadera
patria, que es Llerena (b).—De suerte que la feliz y ge-
nerosa Extremadura ha sido madre, no sólo de los
conquistadores del Perú, sino además de quien supo
escribir las heróicas empresas que acabaron.

Ni el año en que Cieza vino al mundo, ni el en que
salió de España para Indias pueden señalarse, á mi
juicio, con la seguridad que lo hace don Enrique de
Vedia; porque si bien es cierto que el cronista declara
al fin de la primera parte de su obra que acabó dicha
parte "originalmente en Lima á 8 de Setiembre
de 1550, siendo de edad de 32 años, habiendo gastado los 17 de ellos en aquellas Indias", tambien lo es
que en el "Proemio al lector" asegura "haber salido de
España de tan tierna edad, que casi no habia enteros 13

(a)   Pudo tambien Mr. Markham tomar su noticia del MEMORIAL DE
LAS HISTORIAS DEL NUEVO MUNDO PIRÚ, Lima 1630, por Fr. Buena-
ventura de Salinas y Córdoba, que, sin aducir comprobantes, asegura que
Cieza era natural de Sevilla.

(b)   Déc. VI, lib. VI, cap. IV; y Déc. VII, lib. IX, cap. XIX. En
este último lugar de la primera edicion se imprimió *Erena* por Llerena,
error que ha cundido á la de Ambéres y á la de González Bárcia.—El
obispo Fernández de Piedrahita repite tambien en la parte primera, lib. IV,
cap. II de su *Historia general del nuevo Reyno de Granada*, que Pedro
de Cieza de Leon es natural de Llerena.

años, y gastado en las Indias de mar Occeano tiempo
de más de 17", lo cual no se conforma ni puede conformarse con lo primero; pues si contaba 32 años
en 1550, diez y siete años ántes contaria, por fuerza,
quince, no trece escasos, y tendria que haber nacido
en 1518, y llegado á las Indias en 1533, no en 1519,
y 1531 respectivamente, como quiere el señor Vedia.
Además, en el capítulo XCIV de la citada primera
parte, dice el autor: "Estas cosas [de la riqueza de los
antiguos templos peruanos] no dejo yo de pensar que
son así, cuando me acuerdo de las piezas tan ricas que
se vieron en Sevilla, llevadas de Cajamarca, á donde
se juntó el tesoro que Atabaliba [Atahuallpa] prometió
á los españoles, sacado lo más del Cuzco"; y como las
tales piezas fueron vistas en aquella ciudad á principios de enero de 1534, mal las hubiera podido re-
cordar si hubiese pasado á Indias en 1531, ó, segun
los cálculos de Mr. Markham, en 1532 en la flotilla
de don Pedro de Heredia, ó en 1533, como resulta de
los datos terminantes consignados por Cieza al fin de
la primera parte de su obra. De cualquier modo, es
evidente la contradicion de sus palabras en ese punto,
y en vista de ella, lo único que procede es averiguar
cuál de los tres asertos presenta más visos de certidumbre, para elegirlo por base de las cuentas que se
quieran hacer sobre su edad, el año de su partida

de España, ó el de su llegada al Nuevo Mundo. Yo creo que debe darse la preferencia al último de los tres: primero, porque se relaciona con un caso concreto y acerca del cual no cabe la menor duda, al paso que en los otros dos se citan edades y fechas, cosas fáciles de olvidar, como se observa en muchos de nuestros historiadores del siglo XVI, y ahora en el mismo Cieza, segun hemos visto; y despues, porque ninguno de los varios lances ó aventuras personales que él recuerda en las partes de su crónica que yo conozco, se refiere á tiempos anteriores al año de 1535; indicio muy atendible y que no veo desmentido en ninguno de los documentos y relaciones históricas que aluden á los sucesos por Cieza recordados.

Aceptada exclusivamente la cita del tesoro de Caxamarca, queda inaveriguable, es cierto, el año del nacimiento de Cieza; pero entre tanto, y con ayuda de aquel indicio, puede asegurarse que pasó al Nuevo Mundo entre los eneros de 1534 y 1535.

Es más que probable que se embarcase en San Lúcar de Barrameda, puerto de donde salian todas las expediciones que para Indias se proyectaban y organizaban en Sevilla; y que la Nueva Lombardia ó Cartagena de Tierra Firme fué la primera que pisó del continente americano, dedúcese de que en ella pone los primeros casos de su vida de aventurero. Y si esta deduccion es admisible, y no me engaño al considerar como el más antiguo de aquellos su estancia en el Cenú por el año de 1535 y cuando el descubrimiento de sus ricas sepulturas se hallaba en su mayor prosperidad (*a*), me atreveria á suponer que pasó de Sevilla á Cartagena en las naos de Rodrigo Duran, las cuales anclaban en ese puerto á fines de octubre ó principios de noviembre de 1534.

Don Pedro de Heredia, que gobernaba entónces la Nueva Lombardia, despues de haber reconocido y conquistado la mitad de su territorio hácia el rio Guadalquivir ó de la Magdalena con ménos de cien hombres y cuarenta caballos, y luégo de establecida definitivamente en Calamar (*b*) la capital de la gobernacion, con el nombre de Cartagena, el primero de junio de 1533, escribió al Emperador encareciéndole la bondad y riqueza de la nueva tierra, su buen aparejo para poblar y la poca gente de que para ello disponia. Atendió S. M. las instancias de don Pedro, y al trasladarse de Sevilla á Cartagena Juan Velázquez y Rodrigo Duran, proveidos respectivamente de veedor y contador

---

(*a*) "En el Cenú... me hallé yo el año de 1535:" (*Primera parte de la Crónica del Perú*, cap. LXII); "pues me hallé en él (Cenú) en tiempo que estaba más próspero:" (*La Guerra de Quito*, cap. XCVIII.)

(*b*) *Tierra de cangrejos* en lengua caribe.

de esa gobernacion, dió licencia á el último para que
hiciese gente en auxilio de Heredia. Alistó en dicha
ciudad doscientos cincuenta hombres, embarcóse con
ellos en dos galeones; zarpó de San Lúcar por junio
ó agosto de 1534, y en 29 de setiembre aportaban á
Santo Domingo de la Española, desde donde Velázquez escribia al Emperador con fecha de 18 de octubre (a), participándole su llegada y la de Duran á la isla
con ciento y cincuenta expedicionarios, en el galeon
grande, y que el pequeño con el resto se habia separa-
do de ellos en medio del golfo y no habian sabido más
de él; que tenian gran priesa en acudir á Heredia y
grandes nuevas de Cartagena, que prometia ser otro
Perú; y por fin, que partirian para allá desde á cuatro
ó cinco dias. No sé si partieron de Santo Domingo el
24 ó 25 de octubre, como prometian, solos los ciento
cincuenta del galeon grande ó aguardaron á juntarse
con los otros ciento que no habian llegado; pero consta que el 15 de diciembre, reunidos en capítulo en Cartagena el gobernador, el alcalde Alonso de Cáceres, el
tesorero Alonso de Saavedra, el contador Duran, el
escribano Juan de Peñalosa y Juan Ramírez de Robles, votaron ser conveniente sacar el oro del arca de

---

(a) Col. Muñoz, t. 80, f.ᵃ 32.

S. M., para pagar la gente que el contador habia traido de España (*a*).

Mientras Heredia escribia á don Cárlos pidiéndole soldados y Duran los enganchaba en Sevilla, sucedió el hallazgo de los famosos enterramientos del Cenú, uno de los tesoros más ricos y peregrinos que las Indias regalaron á sus conquistadores. Al llegar á Cartagena los doscientos cincuenta chapetones andaluces y ver las joyas de oro que de allí se enviaban, confirmando las fabulosas noticias que les sacaron de su patria, muchos de ellos entre los que se contaban don Juan y don Martin de Guzman, Giraldo y Lorenzo Estopiñan, Juan de Sandoval, Peralta de Peñalosa y otros cuyos nombres figurarán más tarde en las revueltas del Perú, aguijados por la codicia, y no pudiendo resistir á su impaciencia, pidieron permiso para marchar al Cenú, y ántes de fin del año de 1534 se encontraban en aquel paraje. Otros, más sosegados ó ménos ambiciosos—y de ellos fué Pedro de Cieza,

---

(*a*) Extracto de testimonio auténtico, dado por Juan de Herrera, escribano de cabildo. (Col. Muñoz, t. 80, f.º 11)—Con los galeones de Duran vino otra nao conduciendo al primer obispo de Cartagena fray Tomas de Toro Cabero y setenta soldados; acaso entre ellos viniera Cieza, si no vino con el contador. (Carta de Duran y Velázquez al Emperador, fecha en Cartagena á 21 de Agosto de 1536.—Col. Muñ., t. 80, f.º 277 vto.)

si realmente formó parte de la gente de Duran—se
quedaron en Cartagena con el gobernador, esperando
mejor ocasion de trasladarse junto á las auríferas sepulturas. Que por lo mucho que suenan en las historias de Tierra Firme y ser lugar descrito por nuestro
cronista y adonde hizo quizá su primera jornada de
América, merecen aquí algunas palabras.

El extenso país del Cenú ó Cenúa, situado en medio
de la gobernacion de Cartagena, componíase de tres
comarcas: la del Pancenú, que caia en las sierras de
Abrevá y vertientes al Cáuca; la de Cenufana, correspondiente poco más ó ménos á la provincia que despues se llamó de Zaragoza, y la Fincenú, orillas
del rio de Cenú y al Norte de Abrevá. En todas
tres abundaban aquellas necrópolis indianas; pero en
ninguna tanto como en la de Fincenú, cuya principal
poblacion, así como sus términos, era suelo sagrado
para los cenúes y varias otras naciones circunvecinas.
Hallábase asentada hácia la márgen diestra de dicho
rio, á unas treinta leguas del mar (*a*), en unos campos
rasos y espaciosos cercados de fragosas montañas. En
medio de la llanura alzábase una casa de unos doscientos piés de largo y no muy ancha, con una de sus
puertas al oriente y otra al occidente; dentro de ella

(*a*)   Cieza pone sesenta, pero es distancia evidentemente exagerada.

habia dos ídolos tan grandes como dos crecidos hombres, bien entallados, delante de los cuales practicaban aquellos indios sus hechicerías y supersticiones y hacian sus ofrendas de oro de muchas maneras de joyas." Y tenian por cierto todos los de aquellas provincias, que enterrando sus cuerpos en triángulo de una legua á la redonda dél, que sus ánimas iban á parte alegre. Y ansí habia unas sepulturas llanas, pero muy hondas, y otras hechas á manera de pequeños cerros. Y ansí como un señor era muerto, era traido por sus vasallos á aquel campo, que ellos tenian por santo, como nosotros los cristianos el de Jerusalen; y llegado allí, hacian su sepultura en cuadra, ancha y muy honda, y á una parte ponian el cuerpo y á la redonda dél sus armas é tesoros. Junto á aquella sepultura hacian otras siete ó ocho adonde metian más de ochenta indias muy hermosas y muchachos vivos, y ansí los dejaban" (*a*).

(*a*) La Guerra de Quito, cap. XCVIII. En el LXII de la Primera parte de la Crónica del Perú dice que eran algunas tan antiguas, que habia en ellas árboles crecidos, gruesos y grandes.—Juan de Castellanos, en sus Elegias y elogios de varones ilustres de Indias, canto III de la Historia de Cartagena, da más pormenores acerca del templo y sepultura del Cenú. Estas noticias de la Historia de Cartagena son interesantes, minuciosas y por lo general exactas, pues las hubo Castellanos de varias personas que intervinieron en ella, particularmente de Gonzalo Fernández y de Juan de Orozco, soldados de Heredia, amigos suyos y que escribieron además, aquél unas relaciones del descubrimiento y conquista de Cartagena y éste un libro titulado *Peregrino*, donde trataba el mismo asunto entre las peregrinaciones hechas durante su vida.

Este modo de sepultar á sus señores y á las personas principales, no era exclusivo de los pueblos cenúes; muchos otros practicaban lo mismo, y ya lo nota Cieza á seguida, y ántes lo habia notado al hablar de las huacas ó sepulturas de los yuncas, en la primera parte de su Crónica (*a*); mas en ningun pais de los de América encontraron los españoles tantas reunidas ni con tanto caudal dentro de ellas. Por quintales nos dice Castellanos que se alcanzó á sacar el oro en

> Piezas de diversísimas figuras
> Y de todas maneras de animales,
> Acuáticos, terrestres, aves, hasta
> Los más menudos y de baja casta.
>   Dardos con cerco de oro rodeados,
> Con hierros de oro grandes y menores,
> Y en hojas de oro todos aforrados;
> Asímismo muy grandes atambores
> Y cascabales finos enlazados,
> Segun los de pretales y mayores,
> Flautas, diversidades de vasijas,
> Moscas, arañas y otras sabandijas (*b*).

La fama de las provincias del Cenú venia de los primeros años del descubrimiento de Tierra Firme. Pedrárias Dávila, gobernador de Castilla del Oro, al olor de este metal, cuya abundancia en ellas se oia pon-

---

(*a*) Cap. LVIII.
(*b*) ELEG. Y ELOG., Canto citado.

derar á todo el mundo (*a*), envió dos ó tres capitanes á su conquista, uno de los cuales, Francisco Becerra, fué, con los ciento cincuenta que mandaba, pasto de caribes; que, al decir de Cieza (*b*), la mayor parte enfermaron de cámaras y murieron de aquel hartazgo de carne española. Con tal motivo, cesaron las entradas á tierra tan bien defendida, pero quedó con más prestigio y, por ende, más codiciada de gente aventurera.

No tanto por esto, cuanto por continuar el reconocimiento y reduccion de un territorio, cuyos bárbaros naturales tenia la obligacion de convertir en buenos cristianos y súbditos felices de los reyes de Castilla, emprendió Heredia á los 9 de enero de 1534, al frente de ciento cincuenta ginetes é igual número de peones, su jornada al Pancenú, donde, segun informes de indios, se encontraban las minas de todo el oro que corria por las demás provincias de la gobernacion; en cuya jornada, al pasar por el pueblo de Fincenú,

---

(*a*) Júzguese por lo que dice Gomara en el cap. *Cenú* de su HISTORIA GENERAL DE LAS INDIAS: "Cojen (los indios) oro en do quieren, y cuando llueve mucho, paran redes muy menudas en aquel rio y en otros, y á las veces pescan granos como huevos, de oro puro."

(*b*) LA GUERRA DE QUITO, cap. XCVIII.—Un caso semejante refiere el *Clérigo agradecido*, en su VIAJE DEL MUNDO, de estos indios de Tierra Firme: que habiéndose comido uno ó dos frailes, rebentaron; y creyendo que eran de carne indigesta, desde entónces no se atrevieron á tocar á ninguno.

dió con el suntuoso adoratorio del Diablo, que le pro-
dujo treinta mil pesos, y tuvo conocimiento de las riquezas enterradas en sus contornos, por una sepultura
que abrieron y contenia utensilios y alhajas por valor
de diez y siete mil pesos (*a*). A pesar de lo cual y de
las súplicas y requerimientos de los soldados, no quiso
poblar allí ni á la ida ni la vuelta, al cabo de dos meses,
de las montañas de Abrevá, de donde salieron por entre pantanos, bosques y barrancas, combatidos por la
lluvia, los huracanes, el hambre y la muerte. Sospe-
chábase en el ejército que don Pedro no poblaba en
Fincenú, porque queria sacar á solas con sus criados
y esclavos y sin testigos aquel tesoro. Si lo pensó no
lo hizo ó no lo pudo hacer, al ménos en esa forma;
pero aquellas sospechas, injustas ó fundadas, no tardaron en traerle grandes trabajos y amarguras (*b*).

(*a*) Este hecho, que no deja de tener su importancia histórica, lo consigna
el tesorero de Cartagena Alonso de Saavedra en carta al Emperador, fecha
en esa ciudad á 26 de mayo de 1535 (Col. Muñ., t. 8º, f.º 121). Castellanos lo pasa en silencio. En cambio hace subir el despojo del diabólico
adoratorio á más de ciento y cincuenta mil ducados. Yo me atengo á lo
que asegura Saavedra, que tenia entre otras razones para saberlo á ciencia
cierta, la de su cargo y el haber acompañado al gobernador al Cenú.

(*b*) Juan de Orozco fué uno de los que participaron de la sospecha, y
el beneficiado de Tunja acoje en su historia rimada la grave censura que
envuelve del proceder de Heredia; Cieza opinaba como Orozco. Sin embargo, Saavedra, que era enemigo del gobernador, y le acusa en su carta
de cosas más menudas, no dice una palabra en ese asunto.

De regreso en Cartagena, encontró allí á su hermano mayor don Alonso, á quien habia escrito mandándole venir de Guatimala, donde vivia rico y honrado. Hízole su teniente general, y como fiaba en su consejo y experiencia más que en los propios, encargóle de la dificultosa entrada de Pancenú, poniéndole á la cabeza de unos ciento treinta soldados de á pié y veinte de á caballo, y dándole por su segundo al valeroso cordobes Francisco César, que hasta entónces le habia servido con lealtad, inteligencia y celo en el cargo que á su hermano conferia. Partióse don Alonso en el mes de julio de 1534; halló en las sierras de Abrévá los mismos obstáculos que el gobernador, y retiróse á Fincenú á tener la invernada. Para aliviar al pueblo, que era escaso de comidas, despachó á César con algunos hombres á explorar las comarcas que se extendian entre el Cenú y la costa; y mientras éste descubria la provincia que primero se llamó de las Balsillas—por las muchas que alagan su suelo—y más tardé de Erec y de Tulú, él procedió al registro de las famosas sepulturas, del cual pronto gozó su hermano los provechos en riquísimas piezas de oro. A esta sazon llegó Duran con su flotilla á Cartagena, y poco despues, como hemos dicho, iban á juntarse con don Alonso parte de los recien llegados; cuyo refuerzo y la venida del verano le animaron á emprender nuevamente la difícil jornada de

****

Abrevá, para donde salia á los principios de diciembre,
dejando por su teniente en Fincenú á Garci Avila del
Rey ó de Villarey, y por contador á Juan de Villoria,
natural de Ocaña (*a*).

Tan luégo como el gobernador supo de la salida de
su hermano, acordó dirigirse á Fincenú con unos qui-
·nientos' hombres, ciento ochenta caballos y buen surtido de azadones, picos y barretas y otros pertrechos
convenientes al laboreo de las sepulturas. Cierto ya de
su número y riqueza, y libre del cuidado de buscar
en persona la del fragoso Pancenú y de extender por
·ese rumbo más allá de las sierras orientales los aleda-
ños de su gobernacion, limitada hasta entónces á la
zona marítima, se proponia plantear en grande la
explotacion del cementerio indiano y fundar junto á él
un pueblo en condiciones que le hicieran en breve
concurrido y próspero; lo cual, siendo la tierra flaca y
de pocos recursos, habia de conseguirse en mucha parte
abriéndole camino corto y franco por donde transitasen
sin estorbos toda suerte de mercaderes y logreros. Y
como el descubierto á principios de aquel mismo año
no llenaba las condiciones apetecidas, se embarcó con
su gente en cinco naves, y siguiendo la costa en de-

(*a*) Es probable que para entónces estuviera ya casado con doña Cons-
tanza de Heredia, hija de don Alonso.

manda del rio de Cenú, rindió su viaje en la bahía que
hoy nombran de Cipata, donde aquel desemboca; y
despues de mandar á la ligera en auxilio de su hermano unos cien hombres conducidos por Alonso de
Cáceres, gobernó su derrota por la márgen derecha del
rio, explorándole al paso hasta muy cerca de los enterramientos, donde llegaba al cabo de diez dias con los
suyos muertos de cansacio.

Aunque el activo don Alonso hubo de dirigir con
más acierto su segunda jornada á Pancenú, pues,
si no miente Castellanos, á costa de trabajos in-
decibles, acampó en las orillas del Cáuca, en este
punto le faltaron el sustento y el ánimo á su gente, y sin hallar los decantados minerales de oro, ni una
trocha de bestias en aquellas desiertas y bravías montañas, con la hueste mermada y perecida de hambre,
revolvió en direccion de Tococona ó Pueblo Nuevo,
descubierto á la ida, donde le encontraron los de Alonso
de Cáceres; y una vez reunidos, prosiguieron la triste
retirada al real de don Pedro de Heredia. El cual,
visto que ni caminos ni oro parecian por aquellos ex-
trémos de su gobernacion, renunciando á la empresa
de Abrevá, se decidió á tomar con doble ahinco
el negocio que á la mano tenia. Pero las ruines vegas
del Cenú ni los montes vecinos bastaban á entretener
el hambre de ochocientos soldados allí juntos, con sus

esclavos y sirvientes, casi todos enfermos ó desfalleci-
dos; urgía descargar á toda costa la tierra de una mitad
al ménos de la gente; determinó el gobernador divi-
dirla en tres cuerpos de ejército. El uno, acaudillado
por Alonso de Cáceres, debia mantenerse en las orillas
del Nuevo Guadalquivir ó Magdalena, cuya fertilidad
y blando temple eran ya conocidos; otro, de doscientos
hombres y algunos caballos, al mando de don Alonso,
debia dirigirse á las bocas del Cenú á esperar tres navíos de Cartagena que le condujesen á la culata ó golfo
de Urabá, término, al sur, de Nueva Lombardia,
donde, para zanjar las diferencias sobre límites suscita-
das por el gobernador de Castilla de Oro, convenia
poblar y hacer frontera. Don Pedro con el resto de la
gente quedaria en Fincenú.

Partieron á su destino ámbas expediciones, no sin
lamentos y protestas de los que en ellas iban, pues
aquellos soldados, "cuya piel semejaba saco de sus
huesos," á comer y sanar en otra parte, preferian el
riesgo de cavarse su propia sepultura abriendo las que
encerraban para unos el objeto de su loca codicia, para
otros el justo premio de sus afanes; y sólo ya don Pedro
y á sus anchas, procedió á derribar á toda prisa os aurí-
feros mogotes, distribuyendo, para facilitar los trabajos
y su lucro, la gente por compañías ó cuadrillas, cuyas
ganancias se repartian en esta forma: una mitad, apar-

tados los derechos reales, era para los que buscaban, encontraban y sacaban; la otra mitad entraba en un fondo comun para mantenimientos, paga de utensilios, etc. (*a*) En todas participaba el gobernador personalmente ó por medio de sus deudos, criados ó esclavos, y además nombró para el caso tesorero y contador, el primero de los cuales usaba un peso para recibir y otro para devolver el oro que le llevaban á marcar (*b*). Muy en breve quedó desbaratado el cementerio de Cenú, y convertidos sus sarcófagos en montones de tierra revuelta con harapos y pedazos de momias despojadas de sus ricos arreos: andaban por el suelo los húmeros y tibias como leña caida, y rodaban las huecas calaveras como en un muladar las ollas rotas. ¡Qué diferencia de cuando aquellos túmulos se alzaban en la fúnebre llanura como inmóbiles tiendas donde acampa la muerte; y aquellos cuerpos, aunque bajo el amparo del Demonio, descansaban en paz y esperando, á su modo, la resurreccion de la carne!

El pueblo de Fincenú, al hacerse depositario de los opulentos despojos, cambió su nombre indiano por el de Villa Rica de Madrid; mas nó cambió de traza ni

---

(*a*) Carta del licenciado Juan de Vadillo á la Emperatriz. De Cartagena, 11 de febrero de 1537. (Col. Muñ., t. 81, f.º 76 vto.)

(*b*) Carta de Alonso de Saavedra, tesorero de Cartagena, al Emperador. De Cartagena, 26 de mayo de 1535. (Col. Muñ., t. 80, f.º 121.)

compuso siquiera su aspecto para el bautizo: por los
años 1537, todavía habitaban sus vecinos españoles
"unas chozas donde apenas podian entrar ni estar; y
en un apartado de una de ellas decian misa con gran
incomodidad, por el humo y el mal olor de copia de
murciélagos" (*a*). El oro no hizo más que hospedarse
por unos cuantos meses en los tugurios de la Villa Rica;
pasó por ella, como el que entónces se llamaba *corrido*
y ahora *de aluvion*, á la recámara de don Pedro; á poder
de los únicos cincuenta y cinco que, entre quinientos
y tantos cavadores, se enriquecieron (*b*); ó á manos
de mercaderes, que con licencia del gobernador re-
montaban en barcos el rio del Cenú hasta las cercanías
del cementerio, y allí vendian una pipa de vino en
100 pesos, en 50 un pernil ó un queso de Canaria,
y en 25 una ristra de ajos (*c*).

No creo que Cieza fuese de los treinta y cinco afor-
tunados, ántes debo pensar que se contó entre los quinientos que fueron al Cenú á "mejorar su pobre capa"
y que no pudieron ni áun remendarla: aquellos regre-

(*a*) Carta del licenciado Vadillo al Emperador. De Cartagena, 15 de setiembre de 1537. (Col. Muñ., t. 81, f.º 80 vto.)

(*b*) Carta de los oficiales reales Rodrigo Duran y Juan Velazquez al
Emperador. De Cartagena, 20 de abril de 1539. (Col. Muñ., t. 81,
f.º 297 vto.)

(*c*) El peso valia en aquel tiempo tres veces más que ahora.

saron á España; estos quedaron en la gobernacion de
Cartagena, y á él le encontramos al año siguiente de
1536 en San Sebastian de Buenavista (*a*).

Ignoro con qué motivo y cuándo el futuro cronista se trasladó desde el próspero Cenú á la ciudad
frontera de Urabá; pero presumo que un muchacho
sin otros medios de fortuna que su espada y sus brios,
no viajaria por capricho, sino buscando la manera de
lucir ambas cosas y medrar con ellas.

Veamos cuál pudo ser la ocasion más propicia á
sus fines.

Don Alonso de Heredia, á quien su hermano envió,
como se ha dicho, á la culata ó golfo de Urabá, llegado al del Cenú, mientras se le juntaban los tres
barcos que habian de conducirle á su destino, ocupóse,
conforme á las instrucciones que tenia, en la conquista
del territorio de Catarrapa y fundacion del pueblo de
Santiago de Tolú, escala necesaria á los tratantes que
habian de frecuentar la proyectada Villa Rica. Pero los
indios catarrapas eran tenaces y esforzados é hicieron
la campaña, aunque breve, sangrienta y trabajosa; con
lo cual recreció de tal modo la mala voluntad de la gente española, ya disgustada de su partida del Cenú, que

---

(*a*) "Yo me hallé en esta ciudad de San Sebastian de Buenavista el
año de 1536." (*Primera parte de la Crónica del Perú,* cap. IX.)

ántes de hacerse á la vela don Alonso á principios de
Abril de 1535, varios de los soldados se pusieron de
acuerdo para alzarse, abandonar á su caudillo y recla-
mar de los agravios y violencias del gobernador. Y
eso hicieron, que una vez embarcados, la nave que
conducia el capitan Francisco César, más que ninguno
y justamente resentido de los dos Heredias, se separó
de la flotilla y aportó á Tierra Firme, donde á los 9
de aquel mismo mes y en la ciudad de Acla, por mandado de Antonio Pinedo, alcalde ordinario, y á pedimento de don Martin de Guzman, en nombre de cincuenta y tres de los quejosos, se abria informacion en
toda regla contra don Pedro (*a*).—Por cierto que uno
de los tales era el famosísimo Lope de Aguirre, jóven
entonces de 24 años (*b*).

Aquella desercion, aunque redujo considerablemente su pequeña armada, no detuvo á don Alonso,
que, en llegando á Urabá, se apresuró á elegir el pin-
toresco sitio donde luégo asentaba el pueblo de San Sebastian de Buena Vista. Pero los desertores, por venganza, se concertaron con Julian Gutiérrez, teniente

---

(*a*)   Consta un extracto de la informacion en el t. 80 de la Col. Muñ.,
f.º 146 vto.

(*b*)   Primera vez que figura este hombre extraordinario en los sucesos
de la conquista de América. ¡Por fuerza habia de ser en algun alzamiento
ó rebelion!

de Francisco Barrionuevo, gobernador á la sazon de
Tierra Firme ó Castilla de Oro, que se consideraba
con derecho á mandar en todo el golfo del Darien, y
tenia encargado al Gutiérrez,—sujeto de influencia entre los indios urabaes por hallarse casado con un hermano del principal de los caciques,—que resistiese las
invasiones de su vecino el de Cartagena. Y fué tan efi-
caz la vengativa alianza, que don Alonso, no obstante
haber rechazado con entereza un requerimiento for-
mal de los de Acla para que abandonase su poblacion,
hecho en persona por don Martin de Guzman, lo temió todo de sus antiguos camaradas, la mayor parte
hombres aguerridos, vaqueanos, y acalorados ademas
por recientes enojos, y despachó al instante un mensajero en demanda de auxilios á su hermano. El cual,
conociendo el gravísimo riesgo que corrian los suyos
y su honra, con gente de Cartagena y del Cenú le acudió lo más pronto que pudo, y formando con ella y la
que habia en Buena Vista razonable ejército, fué sobre los contrarios, los venció con astucia y con armas, é hizo prisioneros á Gutiérrez, á su mujer, á César, á Guzman y á los más principales de los tráns-
fugas.

Otra de las expediciones que pudo ocasionar el que
Pedro de Cieza se trasladase de Villa Rica de Madrid
al pueblo de Urabá, es la llamada de Dabaibe, empren-

dida tambien por don Pedro de Heredia á los fines de
1535 ó principios de 1536 (*a*), aguas arriba del Darien ó Chocó, á través de salvajes florestas pobladas de
murciélagos vampiros, y que dió·por único resultado
el descubrimiento de. una casta miserable de indios
arborícolas, cuya vivienda trae á la memoria la del
nshiego-mbuvé, un mono troglodita (*Troglodytes cal-
vus*). Sin embargo, Dabaibe, cacique ó soberano fabuloso y como tal inmensamente rico, gozaba desde los
tiempos de Pedrárias de tanto nombre en Tierra Firme, como el Dorado en Quito, Popayan y Bogotá: su
misterioso reino desvanecíase delante de los que iban
á descubrirle, de la misma manera que los lagos que
finge el espejismo en los desiertos africanos, al acer-
carse á sus orillas el sediento viajero. El factor de Castilla del Oro Juan de Tavira gastó 40.000 pesos en una
armada que hizo para subir el rio, la cual, andadas muchas leguas, se perdió, muriendo el factor con otros capitanes y personas señaladas, por ser los naturales ribe-

---

(*a*) Castellanos supone que comenzó esta expedicion á mediados de
abril de 1536 (*Hist. de Cartageña*, canto **IV.**); pero hay una carta de
don Pedro de Heredia al Emperador fecha en Cartagena á 25 de.noviem-
bre de 1535, en que le anunciaba estar ya de camino para ir á ella; y otra
carta de los oficiales reales de Cartagena, tambien al Emperador, fecha
en esa ciudad á 5 de abril de 1536, en que dicen: «no trae el gobernador
de Dabaybe, de do hace 25 años que se tenian maravillosas noticias, sino
6.000 pesos.» (Col. Muñ. t. 80, fos. 122 y 276 vtos.)

reños muy belicosos (*a*). Cuando el gobernador de
Cartagena hizo su jornada, el Dabaibe era hembra, y
decíase "que debia ser cosa de devocion de los indios;
que fué una cacica antigua, llamada Dabaíba, y que
cuando tronaba, era señal de estar enojada. Guardaba
su casa un tigre, y cada luna le daban una moza á comer" (*b*). Si Cieza hubiese ido con don Pedro á tan
famosa expedicion, al describir en la primera parte de
su Crónica las provincias de Cartagena y confinan-
tes, probablemente recordaria el hecho, como recuerda
otros parecidos de mucha ménos importancia.

A contar de los años de 1536 y de la estada de
nuestra aventurero en Buena Vista, ya es más fácil seguirle los pasos por tierra americana hasta que la aban-
done para siempre.

En el cap. II de la primera parte de su Crónica, dice:
"Un lagarto de estos hallamos en seco en el rio de
San Jorge, yendo á descubrir con el capitan Alonso
de Cáceres las provincias del Urute;" y en el XLIII de
la GUERRA DE QUITO: "en el descubrimiento de Urute
melité debajo de su bandera [de Cáceres] y pasamos
muchos trabajos, hambres y miserias."

(*a*) Carta al Emperador del regimiento y oficiales reales de Cartage-
no, fecha á 26 noviembre de 1535. (Col. Muñ. t. 80, f.º 124.)

(*b*) Carta del licenciado Juan de Vadillo al Emperador. De Cartagena,
15 de setiembre de 1537. (Col. Muñ. t. 81, f.º 80 vto.)

No sé de historia alguna general ó particular de las
Indias que refiera la entrada del Urute; pero gracias al
meritísimo Muñoz, no quedará desconocido enteramente este episodio de la vida de Cieza (*a*).

La informacion instruida en Acla á pedimento de
don Martin de Guzman; las vivas reclamaciones del
tesorero Alonso de Saavedra, que dieron lugar á que
el doctor Infante, gobernador de Santa Marta, secues-
trara catorce mil pesos que Antonio de Heredia, hijo
de don Pedro, conducia á Castilla; las quejas de los
conquistadores y vecinos de Cartagena, excluidos de
la explotacion de Cenú, y por último, cierta asonada es-
candalosa promovida por nueve caballeros madrileños
huéspedes del Saavedra y recien llegados de España,
uno de los cuales, de apellido Ludueña, tenia, segun
parece, alguna antigua cuenta de honra que ajustar con
su paisano don Pedro (*b*); movieron á la Audiencia de la

(*a*)　Hay noticias de dicha entrada en la carta del licenciado Juan de
Vadillo á la Emperatriz, escrita en Cartagena á 11 de febrero de 1537; en
la que cito en la nota anterior, y en los "Autos fechos por mandado del
licenciado Juan de Santa Cruz, juez de residencia y gobernador de Cartagena," en esa ciudad y á 20 de noviembre de 1538. (Col. Muñ. t. 81,
fos. 76 vto., 80 vto. y 135 vto.)

(*b*)　Nació en Madrid de don Pedro de Heredia y de Inés Fernández,
ambos de noble alcurnia. Pendenciero y valiente hasta rayar en temerario,
hubo de meterse él solo contra seis en un lance de cuchilladas, de donde
salió con las narices ménos; cuya sensible falta reparó un médico de la
córte sacándole otras nuevas del molledo de un brazo, que por espacio de

Española, de donde Cartagena dependia, á proveer por
juez de residencia de su gobernador al fiscal licenciado
Dorantes. Y no habiendo podido cumplirse aquel
acuerdo, porque el fiscal se ahogó con todos sus criados y comitiva á la boca del Rio Grande de la Magdalena, la Audiencia confió la misma comision á uno de
sus oidores, el licenciado Juan de Vadillo, muy pariente del otro Vadillo que gobernó á Santa Marta
con don Pedro de Heredia por teniente, allá por los
años de 1527 á 1529; cuya circunstancia y la de car-
tearse como buenos amigos el juez y el encausado, hicieron que éste esperase más bien con alegría que con
pena la residencia. Pero los modos amigables de Vadillo no eran otra cosa que disimulo de enconado rencor
contra don Pedro,—segun se cuenta, porque dejó morir de miseria y trabajos en las primeras conquistas
de Nueva Lombardía, á dos sobrinos del oidor, aunque
se ignora si aquel tuvo la culpa con verdad ó sólo la
mala suerte de los sobrinos. Como fuese, ello es que el

---

sesenta dias tuvo aplicado al rostro. Terminada con toda felicidad la
peregrina cura, Heredia no sosegó buscando un cumplido desquite y lo
encontró por fin en la muerte dada con mano propia á tres de sus agre-
sores, uno de los cuales era hermano ó muy deudo de Ludueña. Para evitar escándalos y un mal remate de proceso, habiéndosele ofrecido oportuna
ocasion de pasar á las Indias, dejando en Madrid mujer y dos hijos, Antonio y Juan, se embarcó para la Española en compañía de su hermano
mayor don Alonso.

magistrado, oyendo á su pasion por único consejero,
y áun pareciéndole que no le aconsejaba mal, considerada la gravedad de los excesos cometidos por Heredia, y que la justicia y la venganza podian darse la mano, llegado á Cartagena el 11 de febrero
de 1536, y evacuadas las más indispensables diligencias, se echó sobre los bienes del gobernador y de los
que le inspiraban alguna sospecha (*a*); puso en la cárcel á los amigos de éste que desempeñaban algun cargo
público y á cuestion de tormento á sus esclavos y criados; mandó traer á buen recaudo del Cenú á don
Alonso; cargóle de prisiones dentro de un calabozo estrecho y enfermizo—de cuyas resultas quedó tullido
para siempre de las piernas,—é intentó someterlo á la
misma cuestion que al último de los negros de su hermano, con el objeto de que declarase dónde tenia oculto
el oro de las sepulturas (*b*), del cual se habian encontrado sólo treinta mil pesos (*c*); y en fin, cuando el gober-

(*a*) Fué uno de estos el obispo fr. Tomas de Toro Cabero, en cuyo
poder encontró seis mil pesos mal guardados. (Carta de los oficiales
reales al Emperador. De Cartagena de la Nueva Lombardía á 5 de abril
de 1536.—Col. Muñ. t. 80, f.º 276 vto.)

(*b*) „Al hermano de Heredia condené á cuestion de tormento, para
que declarase del mencionado oro que sin duda tiene escondido Pedro de
Heredia, pues sacó las mejores sepulturas; pero le he admitido apelacion á
la Audiencia de la Española.„ (Carta de Vadillo á la Emperatriz. Cartagena 11 febrero 1537.)

(*c*) Carta de los oficiales reales al Emperador citada más arriba.

nador volvió de su jornada del Dabaibe, le redujo tambien á prision bajo la guarda de un Pedro de Peñalosa, natural de Madrid.

Y mientras continuaban los procésos, no con todo el rigor que él hubiese querido (*a*), como llevaba el cargo de gobernador además del de juez de residencia, por el tiempo que esta durase, se trasladó al Cenú —donde, segun es fama, cometió los mismísimos excesos que estaba castigando,—organizó varias expediciones para hacer esclavos, que despues remitia á sus haciendas de Santo Domingo; y se dispuso á continuar las entradas inútilmente acometidas por don Pedro y

---

(*a*) "La sentencia de tormento á Alonso de Heredia fué confirmada por la Audiencia de la Española; pero con tal moderacion, que solo le pusiesen en el pótro y le echasen dos jarrillos de agua. Trájola el doctor Blazquez, juez de comision. Diósele aviso á Heredia por un hijo suyo, y sin hacer caso de las comisiones ni de los jarrillos, no confesó. Yo queria se le diesen más tormentos: Blazquez lo resistió, y se tornó á remitir á la Española. El, sin duda, sabe dónde su hermano tiene escondido el oro, pues es hermano mayor y el Pedro siempre se dejó gobernar por él. Que este sacase gran suma consta por las sepulturas que abrió. En solo mi tiempo se han sacado cerca de 200.000 mil pesos." (Carta de Vadillo al Emperador. De Cartagena 15 de setiembre de 1537.)—En otra, fecha 30 de mayo de 1537, dice la Audiencia de Santo Domingo al Emperador: "Del Licenciado Juan de Vadillo que reside en Cartagena, se quejan el gobernador Heredia y sus parientes recusándolo á título de apasionado. Hemos proveido que Blazquez, que va de camino á Nicaragua, tocase en Cartagena, y estando veinte dias, acompañado con Vadillo se sentencien los procesos de que se ha apelado, especial de cuestion de tormento á Alonso de Heredia, hermano del gobernador, porque diz no quiere declarar el oro que diz tiene escondido." (Col. Muñ., t. 81, f.º 55 vto.)

su hermano en busca de los veneros de oro de las montañas madres de los rios Atrato, Cáuca y Magdalena, y á emprender otras nuevas por el mismo rumbo; confiándolas todas, por supuesto, de aquellos capitanes más descontentos de su antiguo jefe (*a*).

A César se le dió la del *Guaca* (*b*), para donde salia á 21 de agosto de 1536 con 40 peones, 8 ó 10 ginetes y 50 caballos. Alonso López de Ayala, teniente de Vadillo en Urabá, fué en cuatro barcos por el Atrato arriba á verse con la Dabaiba; de la llamada del *Urute* se encargó Alonso de Cáceres, caudillo de uno de los ejércitos despedidos del Cenú por don Pedro de Heredia, como ya referí, y á quien éste despues hubo de despojar de unos cinco mil pesos, ganados ó rancheados en su penosa vuelta á Cartagena, por mayo de 1536.

Era tambien el tal Urute un cacique ó señor pode-

(*a*) Aparte de la impaciente rivalidad y de las miras codiciosas que pudieron impulsar á Vadillo á meterse en entradas y conquistas, existia otra razon de su conducta: "De acuerdo de todos, dice en su carta á la Emperatriz, se pensó, pués por la cédula de V. M. se habian de emprestar 4.000 pesos á los conquistadores con que se remediasen y sosegasen sus pensamientos acerca del Perú, que se les aviase y armase para descubrir minas desta y de la otra parte de las sierras de Abrevá, donde se esperan."

(*b*) O del Adoratorio, porque se contaba que hácia aquella parte existia, entre otras maravillas, uno semejante al de Fincenú, fabricado con oro y piedra, donde el Diablo, bajo el nombre de Tucubo, recibia multitud de presentes de aquel metal.

rosísimo tan real y positivo como el diablo del Guaca y
la estrepitosa Dabaiba; sus estados venian á caer entre
los rios Cáuca y Magdalena, de Guamocó á Mompox,
y acaso más al oriente todavía, desde la sierra de la
Nueva Pamplona hasta la de las Palmas (*a*). Cáceres
tuvo ya noticias suyas, cuando entró á socorrer á don
Alonso de Heredia hasta Tococona ó Pueblo Nuevo,
y los indios que se las dieron se brindaron á ponerle
en la córte de Urute con los soldados que quisiese llevar; no estaba en su mano entónces aprovecharse de
la espontánea y tentadora oferta, y más tarde, su enemistad con el gobernador vino á incapacitarle para el
desempeño de cualquier cargo de confianza. Pero esa
enemistad se convertia ahora en mérito relevante para
Juan de Vadillo, que no dejó tampoco de tener en
cuenta la pericia de Alonso de Cáceres, y que este capitan habia sido el primero que tuvo nuevas del Urute;
por todo lo cual se resolvió á elegirle para dicha
conquista.

En su demanda, pues, acaudillando cien peones de
los buenos, treinta ginetes y veinte macheteros para
abrir los caminos, y llevando ciento veinte caballos

(*a*) Poco más ó ménos entre los 7° y 9° lat. sept. y los 302° a
304° long. orient., merid. de Tenerife.

★★★★★

de repuesto y para cargar las armas y equipaje de
los de á pié, salió de Cartagena el 24 de octubre
de 1536, por la vía de tierra y en direccion del
pueblo de Cenú, mientras las municiones iban en seis
bergantines por mar y despues por el rio hasta dicho pueblo. Pero habiendo sobrevenido tal diluvio
que estuvo á punto de arruinarse Cartagena, les fué
preciso volver á esta ciudad, donde llegaban el 11 de
noviembre. Tornaron á salir el dia 13 todos embarcados, y fueron de esa manera hasta las bocas del Cenú,
desde donde, la gente por tierra y los seis bergantines por el rio, marchando despacio, llegaron á Fincenú en 20 de diciembre. De allí, reformados y proveidos de nuevo, con mejor tiempo, por ser principio
de verano en aquellas regiones, partieron el sábado 23
muy llenos de esperanzas por las noticias estupendas
que les comunicó cierto cacique de un lugar no lejano
del Cenú, diciendo que las riquezas de Urute no dis-
taban sino doce jornadas de despoblado, caminadas
las cuales, darian en pueblos grandes, en especial uno
de piedra con los postes de las casas aforrados de oro.
Tomáronle por guia con unos cuantos indios de los
suyos y otros que aseguraban ser vasallos de Urute;
caminaron con rumbo hácia el oriente las doce jornadas y muchas más por selvas y pantanos intransitables;
como era de suponer, desatinaron los embusteros ada-

lides, y la hueste castellana, consumidos los víveres y muerta de fatiga, salió por casualidad á la ribera izquierda del brazo de San Jorge, afluente del Cáuca, que corre á unas veinte leguas de la costa (*a*), en donde hallaron, en vez de los palacios de Urute, una pequeña y miserable ranchería de indios pescadores. Probaron á esguazar el caudaloso brazo por varios puntos, y no habiendo podido conseguirlo, emprendieron la vuelta á los fines de marzo de 1537 en direccion de Fincenú, en cuyo pueblo les estaba esperando Vadillo con vituallas y toda clase de socorros.

(*a*)   El Brazo de San Jorge no figura ya con ese nombre en los mapas modernos, y dudo que se encuentre en muchos de los antiguos publicados. Alcedo en su *Diccionario Geográfico Histórico* lo describe así: «Un rio caudaloso de la provincia y gobierno de Cartagena en el Nuevo Reino de Granada; nace de un brazo del grande de la Magdalena y formando un círculo en su curso que coge toda la provincia, sale al mar, cerca del puerto de Tolú.» Pero no hay rio en la dicha provincia que en su caso se encuentre. Por otra parte, no se concibe que de ser ese el curso del San Jorge, le hubiesen encontrado á su paso expediciones que partian de la costa inmediata á Tolú, hácia el oriente.—En un mapa de mano que poseo del vireynato de Santa Fé, trazado por el doctor Escandon en tiempo del virey marqués de la Vega de Armijo, el brazo de San Jorge es un afluente del Cáuca, con su curso de NO. á SE., y entra en este último rio por los 302° 30′ long. or. Mer. Ten., y los 9° lat. sept. Las noticias no muy claras que acerca de dicho brazo trae el P. Simon en la tercera parte de sus *Noticias Historiales*, parecen conformes con los datos del mapa anterior.—D. José Manuel Restrepo, en su *Tabla geográfica de la provincia de Antioquía*, fija la boca del San Jorge en el Cáuca á los 9′ de lat. próximamente.

No murió en la jornada ningun español; perdieron
únicamente veintiocho caballos (*a*).

Repuesto apénas de su infructuosa entrada del Urute, comenzó á prepararse nuestro aventurero para la
segunda y verdaderamente memorable del Guaca, que
el juez Vadillo dirigió en persona.

No fué esa, por cierto, la primera intencion del magistrado, por más que el capitan Francisco César hubo
de regresar de su descubrimiento tan alegre como si
hubiese hallado otro nuevo Perú, trayendo por valor
de treinta mil ducados en alhajas de oro y nuevas de
que el país, en pasando la sierra, era todo sabanas pobladas de naturales bien vestidos, más ricos, cultos y
mejor gobernados que los de Cartagena, y en muchas
cosas semejantes á sus vecinos los de Nueva Castilla;
todo lo cual era incentivo más que suficiente para que
una persona del carácter y condiciones de Vadillo se
moviese á tomar la mejor parte en la gloria y provechos de jornada que tanto prometia, conduciéndola él

(*a*) La jornada del Urute se repitió poco despues, en tiempo de Vadillo todavía, con doce de á caballo y unos treinta peones mandados por el
capitan Gómez Becerra. Tuvo el mismo éxito que la de Cáceres. Más
tarde la hizo tambien sin resultado el sucesor de Vadillo, licenciado Juan
de Santa Cruz: salió de Cartagena por febrero de 1340 y regresó desbaratado á los treinta dias. (Autos citados; carta de Vadillo al Emperador. De
Santo Domingo, 22 de Agosto de 1540.—Col. Muñ. t. 82, f.º 143.)

mismo. Pero, habiendo tenido aviso de là Córte de
que S. M. enviaba á Cartagena al licenciado Juan de
Santa Cruz á que hiciese con él lo que él estaba haciendo con Heredia, mudó de parecer, y aunque
hombre ya de edad, pesado en carnes, y no usado á
trabajos de entradas y conquistas (*a*), calculando que
mientras estuviese empeñado en aquel descubrimiento
evitaba la residencia, y si le concluia felizmente le
seria en descargo de las faltas que hubiese cometido
como gobernador y como juez, se resolvió á tomar el
mando de la gente que tenia dispuesta para el caso y
confiada al mismo capitan que con tanto valor y tanto
acierto acababa de abrir el difícil camino del Guaca.

Y en verdad que si la História ha de ser justa con el
oidor Vadillo, no debe vacilar en admitirle el tal descargo: que en su jornada de doscientas leguas por una
de las regiones más fragorosas del continente americano, doblada de asperísimas montañas, surcada de
caudalosos é innumerables rios, ignota, y defendida
por infinita gente ó esforzada, ó astuta, ó traidora é
irreducible siempre, el verdugo de Alonso de Heredia, el juez apasionado y prevaricador, el falso amigo,
el hombre codicioso, se mostró liberal con todo el

(*a*) Carta de los oficiales Rodrigo Duran y Juan Velázquez al Emperador. De Cartagena, 20 de abril de 1839 (Col. Muñ., t. 81, f.º 297 vto.)

mundo, padre de sus soldados, hermano de sus capitanes, primero en las fatigas y peligros, sobrio, recto y
prudente; y fue de modo, que la entereza y generosidad de su ánimo sostuvieron el de toda la hueste
en los trances más apurados y angustiosos. Ejemplos
como este abundan en los varones señalados de la
conquista: acaso sean, en el órden moral, variedad
comun á todas las especies nobles del género humano;
pero de tal manera se repiten en la raza española,
cuando se halla, como se hallaba entónces, en condiciones de mostrarse tal cual ella es, que semejante
frecuencia bien puede constituir uno de sus rasgos
característicos. Ancha la tierra; sus naturales bárbaros,
de mezquina razon y _esclavos del Demonio_; la autoridad real reconocida únicamente en los pregones y papeles de oficio; la conciencia á cargo de los frailes y
clérigos que, provistos de multitud de bulas para todas
las ocasiones de pecado que en la conquista se ofrecie-
ran, vendian la absolucion y limpiaban el alma por
unos cuantos pesos, ¿qué obstáculos podian atajar, qué
freno moderar la poderosa accion de los conquistadores? La voluntad iba derecha á su querer como jara
lanzada por robusto brazo, así quisiera conquistar un
Perú ó consumar la más rastrera felonía. En aquel
momento histórico, para nuestra raza, la suprema
excelencia era tener valor, constancia y fuerza sufi-

cientes para poner la mano donde estaba el deseo; la li-
beralidad ó la codicia, la mansedumbre ó la fiereza, la
gratitud ó ingratitud, la caridad ó el egoismo, la inge-
nuidad ó la doblez, la ira ó la continencia, la malicia
ó bondad, todas estas cualidades, pasiones ó apetitos,
que tiranizan ó gobiernan el carácter cuando á la voluntad no le es dado moverse libre y soberana, eran
dóciles instrumentos de ella, y que, segun el caso, acudian á servirla. Condenar á esos hombres absolutamente porque una vez ó dos necesitaran cometer un
delito, es tan injusto, en mi concepto, como ensalzar-
los de la misma manera por lo bueno que hicieron á
vueltas de lo malo. Lo que hay que ver es si realiza-
ron lo que se proponian y si lo que se propusieron no
fué la obra más grande en que se ha ocupado la hu-
manidad. Por lo demás, ¡dichosos los que tuvieron
bastante con la virtud para vencer en todos los com-
bates de la vida!

La expedicion de Juan de Vadillo al Guaca, á las
Sabanas ó á las montañas de Abibe—que de estas tres
maneras se la llamó (*a*),—fué la más numerosa y mejor
organizada de cuantas se llevaron á cabo en las Indias
hasta aquella fecha. Dieron principio los aprestos en

(*a*) Y segun Fernández de Oviedo, del Dabaibe tambien, aunque creo
que en esto se equivoca. (Lib. XXVII, cap. X.)

octubre de 1537, en cuyo mes ó al comenzar del inmediato zarpaban de Cartagena tres navíos con gente para San Sebastian de Buena Vista; seguíales el juez en 19 de noviembre con un bergantin y una fusta, y el dia de Navidad de 1537 reunia este caudillo bajo su mando en aquel pueblo hasta doscientos españoles, muchos negros é indios de servicio y quinientos y doce caballos (*a*), con copiosos pertrechos, así para atender á las necesidades de la guerra, del camino y del laboreo de minas, como para cumplir en toda regla con los preceptos religiosos, pues llevaron ornamentos y vasos sagrados y hasta moldes de hierro para hostias. En atencion á las dificultades del terreno y falta de recursos del país por donde habia de transitar la numerosa hueste, cada soldado de á caballo llevaba tres: el uno de montura, otro para el hato y otro del diestro con las armas y para pelear cuando llegara el caso; al servicio del ginete y cuidado de las bestias iban un mozo y un

---

(*a*) Rarísima vez se hallan conformes las historias, crónicas y documentos particulares en el número de hombres y caballos que componian los ejércitos de Indias. Herrera, que indudablemente tomó sus datos del original de Cieza, dice que fueron en esta jornada 350 españoles y 512 caballos. Vadillo, en carta á un amigo suyo, la cual copia casi á la letra Fernández de Oviedo (l. c.), escribe que llevó "hasta 200 cristianos con un clérigo y un fraile de la Merced." Yo me atengo á este dato, pero el lector puede escoger, si quiere, un término medio, ó entre los extremos el que más le plazca.

negro, ó dos negros y una pieza india ó negra, para moler el maiz, pan de aquella tierra; de los peones una buena parte iba con machetes para abrir el bosque y limpiar la maleza, y cada par de ellos se socorria con un caballo que cargaba la comida y calzado de entrambos (a).

A punto ya el ejército de marcha, Vadillo proveyó los principales cargos en la forma siguiente: hizo teniente general á Francisco César; maestre de campo á Juan de Villoria; alférez mayor á don Alonso de Montemayor; capitanes á don Antonio de Ribera y al tesorero de Cartagena Alonso de Saavedra; por adalid ó guía militar, nombró al valiente y consumado vaquiano Pablo Hernández, y de los cuatro sacerdotes que iban en la jornada eligió por vicario á Francisco de Frias.

El dia 23 de enero de 1538 salió de San Sebastian y tomó por la costa una gruesa avanzada conduciendo los caballos, que iban en pelo á causa de los muchos rios que habian de encontrar en su camino; el 24, Vadillo con el grueso de la gente y los mantenimientos, en seis bergantines, se partió de Urabá para el puerto que forma el rio de Santa María—hoy Guacuba—cerca

---

(a) Carta de los oficiales reales de Cartagena al Emperador. De Cartagena, 7 de octubre de 1537. (Col. Muñ., t. 81, f.º 78.)

de la boca del Darien, en donde le esperaban los caballos, y con ellos y la hueste completa abandonó á
Santa María el dia 25 de enero y emprendió su camino hácia la sierra, tomando la direccion de SO.
á NE.

El dia 26 acamparon orillas del rio de *Caballos*; el 27
entraban en el abandonado pueblo de *Urabaibe;* el 31
fueron al rio que se dice de *Gallo;* el 2 de febrero á
otro nombrado de las *Guamas* ó cañas; paraban en Ca-
güey el 5 de febrero, lugar que denominaron de las
Monterías por una danta ó behorí que en sus términos cazaron; prosiguieron hasta la provincia de Guan-
chicoa ó Tinya, regida por el cacique Autibara, donde
se ranchearon de asiento 15 dias; intentaron despues
inútilmente aproximarse á la montaña, salvando un
caudaloso rio por un frágil y movedizo puente
de bejucos; probaron otro camino á los 4 de marzo;
el 5, miércoles de Ceniza, despues de tomarla, empeza-
ron á subir la sierra por la falda llamada de Piten, y el
dia 13 la trasponian por los 301° long. or., mer. Ten.
y 7°, 5, lat. sep., más arriba del pueblo de Abibe, atravesando los dominios del cacique Nutivara. Hallában-
se ya en la cuenca del poderoso Cauca, y siguiéndola—
aunque al principio en el error de que era del Atrato
ó Darien—pasaron en todo el mes de junio por el valle
de Nori, por los de Buy, Buriticá y Nacur; hasta el

15 de agosto fueron atravesando las comarcas de Ca-
ramanta y Aburrá, en la primera de las cuales murieron el adalid Hernandez en el pueblo de Viara, y el capitan Francisco César en el lugar llamado Corid. De
la provincia de Aburrá entraron á las de Arma, la de
Paucura y de Ancerma ó Birú, y allí, buscando las en-
cantadas minas de Cuir-Cuir, y las fuentes del rio de
Darien, se detuvieron hasta el mes de diciembre de
1538; en cuyo dia 18, al cabo de más de un año de
jornada, yendo á la descubierta con algunos soldados
el tesorero Alonso de Saavedra, dió en los contornos
de la ciudad de Cali, fundada recientemente por los españoles en la gobernacion de Popayan, donde el juez
y su gente eran por Navidad bien recibidos y agasaja-
dos de sus compatriotas.—Dejaban atrás, muertos por
el camino, cincuenta camaradas, gran parte del servicio
y más de ochenta caballos.

He omitido los lances novelescos, las dramáticas
escenas que hicieron de la jornada de Vadillo, uno de
los episodios más interesantes y más gloriosos de la
Conquista, porque Gonzalo Fernández de Oviedo (*a*),
Antonio de Herrera—es decir, el mismo Cieza de

(*a*) Lib. XXVII, caps. X á XII. Edic. de la Acad. de la Historia.—
Debo advertir que en esta edicion no se ha leido con mucha exactitud el
original de Oviedo. En los capítulos citados, *Corrura* está por *Orrura*;

Leon (*a*)—y Juan de Castellanos (*b*) los refieren con numerosos y exactos pormenores; mas no resisto á trasladar aquí, como muestra de lo que fué dicha jornada, el pasaje donde se cuenta la muerte de Noguerol, uno de los mejores soldados de aquel ejército, tomado de la tercera parte de las *Noticias historiales* MS. de fray Pedro Simon; pues aunque el reverendo conquense, en rigor, no hizo más que reducir á prosa llana los escabrosos metros del beneficiado de Tunja, de cuando en cuando les añade alguna cosa y casi siempre con oportunidad.

"Luégo comenzó á empinarse el camino por ir subiendo á un peñol altísimo é inaccesible y de tantas dificultades en la subida, que solo era una cuchilla tan angosta, que más parecia apeadero de gatos, pues no daba lugar más que para ir una persona tras otra con derrumbaderos de ámbos lados de más de 500 brazas. Hacíase en lo alto una espaciosa mesa, llena de una gran poblacion donde estaba recogido mucho número de gente con gran copia de sustentos y di-

---

Naaz por *Nacur*; *Meotagoso* por *Nocotagoro*; *Trabuco* por *Tucubo*; *Sarigaz* por *Surigiz*; *coris* (especie de roedor) por *axes* (especie de batata); *Ancerina* por *Ancerma*; *treinta* leguas (desde Abibe á Angasmayo) por *trescientas*.

(*a*)   Dec. VI, lib. VI, caps. IV y V.

(*b*)   Eleg. y Elog. Historia de Cartagena, Can. VI y VII.

versas armas; para mayor fortaleza, sobre la natural, cercado el pueblo de palenque de muy gruesos maderos, y no sin cuidado, á lo que pareció, de lo que les podia suceder con los nuestros, de cuya entrada ya les habia llegado la voz. Puso perpleja á nuestra gente la dificultosísima subida, hasta que, exhortándolos el licencenciado Vadillo, diciendo ser necesario apear la dificultad de aquella fortaleza, pues sin duda por parecerles á los indios ser mucha, tenian allí recogidos todos sus bienes, y que era propio de españoles poner el pecho á las mayores dificultades, se determinó á ser el primero que emprendiese aquella, esforzándose con esto tanto todos, que ya les parecia mucha tardanza el detenerse á armarse, como lo hicieron, de sus escaupiles, rodelas embrazadas, cascos, morriones, escopetas› buena municion y ballestas bien arponadas; y con órden de que fuese delante un rodelero y detrás un arcabuz ó ballesta, comenzaron á subir el recuesto, yendo primero un Noguerol, mancebo valiente y de grandes brios."

"Seguia sus pasos Juan de Orozco, y tras él Hernando de Rojas—que ámbos á dos fueron despues vecinos de la ciudad de Tunja, donde murieron;—iban tras éstos enhilados los demás, y al postre, los caballos armados de algodon colchado que tenian dispuesto para el efecto. No habia concavidad en la subi-

da, por pequeña que fuese, que no estuviese ocupada
de belicosos indios con sus armas, dardos, hondas para
las piedras, macanas, lanzas y otras de que comenzaron á jugar, cuando se llegó el tiempo, que llovia de
todo aguacero sobre los nuestros, que llevaban tan valientes brios, que todo esto no les era causa de retar-
dar un punto la subida; hasta que se fueron acrecen-
tando de manera, que se hubo de detener el Noguerol
como aguardando que pasase un gran turbion de
armas que caian sobre él. Y parece no fué sino aguardando la muerte, pues estando así detenido, se la dió
una lanza pasándole la garganta de parte á parte, de
que cayó luégo muerto. Y cayera por uno de los derrumbaderos, haciéndose mil pedazos, si Orozco no de-
tuviera el cuerpo, dando una voz que pasase la palabra
á que hiciesen alto y rezasen un *Pater Noster* y un
Ave Maria por Noguerol, que era muerto. Usanza en
estas guerras, cuando suceden casos semejantes. Sabido esto por Vadillo, les esforzó más á la subida, diciendo: *Si es muerto un Noguerol, ciento quedan en el
ejército."*

Los pobladores de Cali se hallaban tan necesitados
de gente como la de Vadillo de descanso y sustento,
por lo cual no fué obra muy difícil para aquellos se-
ducir á los de Cartagena, que, á excepcion de unos
pocos, negaron la obediencia á su animoso jefe y re-

solvieron quedarse en Cali á descansar y probar otra vez su fortuna en las conquistas de aquella tierra. Ni amenazas, ni halagos, ni promesas bastaron á mudarlos de su firme propósito; las primeras eran ineficaces en un país donde no mandaba el que las hacia; halagos... eran más positivos los de sus nuevos camaradas; promesas... no igualaban á las que les hicieron al partir de Urabá, y al cabo de la jornada, echadas cuentas, venian á tocar á cada uno sobre cinco ó seis pesos de ganancias. Por otra parte, cuando Vadillo quiso volver pasos atrás y conducir su gente á Buriticá, para poblar allí y dedicarse al beneficio de las gruesas minas que en el viaje habian descubierto, Lorenzo de Aldana, que se hallaba en Cali por teniente de gobernador de don. Francisco Pizarro, se opuso á ello terminantemente, alegando que Buriticá y todas las demás provincias descubiertas entraban en la jurisdiccion de Popayan. De manera que el desairado y desamparado caudillo no tuvo otro remedio que abandonar á Cali y emprender una triste aunque honrosa retirada; y en compañía de Alonso de Saavedra el tesorero y de Juan de Villoria y de otros pocos leales, —el padre Frias y los demás sacerdotes se quedaron,— salió por tierra de Quito con gran trabajo, riesgo y hambres al puerto de San Miguel de Piura el 25 de junio de 1539; aquí se embarcó para Panamá, donde llegó el 25 de julio, y de Panamá se restituyó en Cartagena "á dar cuenta ante el licenciado Santa Cruz de sí y de los males que dél se habian dicho en su ausencia" (*a*).

El marqués don Francisco Pizarro, tan luégo como supo que Sebastian de Belalcázar, su teniente de gobernador en Quito, habia abandonado esta provincia por las tierras que nuevamente descubria más al norte, en la de Popayan, intentando eximirse de su jurisdiccion, mandó secretamente contra él á Lorenzo de Aldana con poderes para prenderle, cortarle la cabeza, en caso necesario, y en ese y en cualquier otro

---

(*a*) Dice Juan de Castellanos al fin del canto VII de la *Historia de Cartagena*, que al llegar Vadillo á Panamá, por órden del licenciado Santa Cruz, se apoderaron de su persona y lo llevaron con grillos y prisiones á Cartagena; que su residencia anduvo muy complicada y dificultosa; que apeló de la sentencia y fué remitido bajo buena guarda á Castilla, donde la apelacion duró veinte años, etc. Pero Vadillo, ni en la carta á su amigo Francisco de Avila, vecino de Santo Domingo, que trasladó en su historia Gonzalo Fernández de Oviedo, ni en otra al Emperador fecha en Santo Domingo de la Española á 22 de agosto de 1540 (Col. Muñ., t. 82, f.º 143), dice una palabra de aquel atropello; en esta última escribe sólo lo siguiente: «Detúveme en Cartagena más de lo que pensaba, porque, con la buena voluntad que hallaron en el licenciado Santa Cruz y sus oficiales, no faltaron émulos que intentaran molestarme. Al cabo, llegado el obispo de aquella provincia (don Jerónimo de Loaisa, despues obispo de Los Reyes), me despaché y salí á principios de mayo; con tiempos contrarios he tardado en venir hasta cuasi mediado agosto.»—Un año más tarde, el 28 de noviembre de 1541, escribia al Emperador el obispo de Santo Domingo y presidente de la Audiencia;

sustituirle en la tenencia. No pudo Aldana cumplir la primera parte de su cometido, porque, cuando llegaba á la ciudad de Cali, Belalcázar, navegando por el rio de la Magdalena, iba camino de España á negociar para sí una gobernacion independiente de la del marqués; pero con esta ausencia, en cambio, le fué mucho más fácil desempeñar la segunda; por lo cual, y á fin de que los descubrimientos de Belalcázar quedasen por Pizarro y engrandeciendo sus dominios, dispuso que se fundara la villa de San Juan de Pasto; que se reformasen las encomiendas hechas por su antecesor, que se socorriese y sustentase la ciudad de Popayan, afligida del hambre, y que se procediese á la conquista

---

dándole cuenta de sus disgustos con los oidores, y expresándose respecto de Vadillo en estos términos: "Es la causa (de los disgustos), que á Vadillo, por lo de Cartagena contra Heredia, se le dieron de término ciento setenta dias. Andando ese término, V. M. le proveyó de aquella gobernacion por el tiempo de su voluntad, con todos los provechos é salarios que gozaba Heredia. En el término de los ciento setenta dias, mandó V. M. se le diese salario de oidor. Pasado este término, como tenia la gobernacion con tantas ventajas, mandamos no se acudiese con el salario de oidor. Venido aquí, sobre haberse aprovechado en la gobernacion de más de 20.000 pesos, recatándose de mí, negociaba con los oficiales y los licenciados Guevara y Cervántes que le pagaran 4 $\frac{1}{2}$ años de su salario, que, á 300.000 mrs., son 3.000 castellanos. Resistiólo el tesorero, por más que Guevara salió por fiador, y le trató mal de palabra, porque no podia vencerle." (Col. Muñ., t. 82, f.º 211 vto.)—Vadillo, como se ve, permaneció en Santo Domingo bastantes años despues de pasar su residencia.—Segun Cieza, se hallaba en España el de 49 ó 50.—Castellanos asegura que murió en Sevilla desacreditado y pobre.

y poblacion de Ancerma, comarca que años ántes habia reconocido Belalcázar muy de paso, siguiendo el curso del poderoso Cáuca.

Vióse obligado Aldana á suspender por falta de hombres la campaña de Ancerma; pero como el refuerzo que le deparaba la oportuna venida de Vadillo y la desobediencia de su gente resolvian de plano la dificultad, volvió á su idea y trató de ponerla por obra al instante, encomendando la jornada á Jorge Robledo, capitan aguerrido en Italia, de condicion tan noble como su sangre, valiente, dotado de una gracia especial para ganarse la voluntad de los indios, y á quien muy pronto habian de dar fama sus hechos, y más que sus hechos su trágica muerte.

La opinion de Robledo le atrajo lo más florido de los *cartagineses*—que así llamaban, por su procedencia, á los soldados de Vadillo,—de los cuales unos ciento de caballo y de pié tomaron su bandera y partieron de Cali á 14 de febrero de 1539. Cieza iba entre ellos, y participando en sus glorias y penalidades, se halló en la fundacion de Santa Ana de los Caballeros—más tarde villa de Ancerma—(15 de agosto de 1539); en la reduccion de las provincias de Umbra, Ocuzca y otras á ella comarcanas; en el descubrimiento de los orígenes del Darien; paso del Cáuca por Irrúa, á 8 de marzo de 1540, en demanda de las provincias situadas á la már-

gen derecha de ese rio, Quimbayá, Picara, Carrapa, Pozo, Paucura, extendiéndose en la exploracion de sur á
norte hasta las de Cenufana y Buriticá, y regresando
á la de Quimbayá, donde, á los fines de setiembre de
1540, se fundaba la ciudad de Cartago.

A los dos ó tres dias de fundada, como Robledo
hubiera tenido aviso de que el adelantado don Pascual
de Andagoya era llegado á la ciudad de Cali con
título de gobernador de aquellas tierras, y le ordenaba
que le fuese á ver y á prestarle la debida obediencia,
se partió á cumplir con la órden, dejando casi toda su
gente en la nueva ciudad. Pero, vuelto á Cartago,
ya entrado en el mes de enero de 1541, tuvo que
regresar al poco tiempo á Santa Ana de Ancerma á recibir á Sebastian de Belalcázar por gobernador de Popayan, cuyo acto formalizó, no sin protestas, el 21 de
abril de 1541. De modo que hasta entónces hubo tre-
gua forzosa en las operaciones militares de la jornada
de Robledo. Acaso Cieza aprovechara este descanso
de las armas para probarse en el oficio de escribir,
pues dice al fin de la primera parte de su Crónica que
la émpezó en Cartago el año de 1541.

Regresado de Ancerma el general Jorge Robledo,
continuaron desde el valle y provincia de Paucura,
veinte leguas al sur de Cartago, las poblaciones y conquistas de que estaba encargado, con un infructuoso

reconocimiento por el valle de Arvi, á que siguieron las exploraciones del de Arma, de la fértil provincia de Aburrá, hoy Medellin, que llamaron de San Bartolomé, donde descubrieron edificios ciclópeos y caminos abiertos en la peña como los del Perú; de las de Curume y Guarami y Buriticá, y por último, de los valles de Hebéjico de Ituany y de Nori, en el primero de los cuales, á 25 de noviembre de 1541, se fundó la ciudad de Antioquía (*a*).

Con esta poblacion, y despues de haber reducido á la obediencia y amistad los indios comarcanos, asegurando así el abasto y servicio de los pobladores, dió Robledo por fenecida su jornada.—No dejarian de advertirle los cartagineses, como prácticos del terreno, que poco más al norte se encontraban el valle de Guaca y las sierras de Abibe, pertenecientes á la gobernacion de Cartagena, y que en años pasados habian ellos mismos descubierto por órden de don Pedro de Heredia ó en compañía del oidor Vadillo.—Pero el teniente general de Belalcázar, en vez de revolver y dirigirse á

(*a*) La fundacion de Antioquía por Robledo, como otras muchas debidas á los descubridores y primeros pobladores de América, fué más bien tentativa ó ensayo de poblacion que establecimiento definitivo; por eso cambió de sitio una ó dos veces. Hoy se encuentra asentada en el valle de Nori, orillas del Tonuzco, á tres cuartos de legua de la márgen occidental del Cáuca.

Popayan ó Cali á dar cuenta á su jefe, como correspondia, del resultado de su expedicion, tentado del ejemplo que el mismo Belalcázar acababa de darle, alcanzando en la Córte el gobierno de las provincias descubiertas en nombre del marqués don Francisco Pizarro y desobedeciéndole, se resolvió á bajar al golfo de Darien y encaminarse á España, con el objeto de pedir para sí una gobernacion independiente en las provincias que habia reducido y poblado.

Salió Jorge Robledo de Antioquía el 8 de enero de 1542 acompañado con treinta y tantos españoles; entró por el pueblo de Cunquiva al valle de Nori, pasó al de Guaca, y despues de ocuparse algunos dias en amistar los naturales de la comarca, despidió la mayor parte de su escolta, que regresó á Antioquía, quedándose para el resto del camino con sólo diez ó doce hombres, todos amigos suyos y probados de valientes y en los riesgos de un viaje como el que iban á hacer. Uno de estos era Pedro de Cieza. Sufrieron lo que no sé contar en la bajada de las sierras de Abibe, entónces más desiertas y desoladas que cuando las subieron César y Vadillo, llegando á tal extremo de desesperacion, que dice el cronista de aquella milagrosa jornada: "E ansí andovimos otros muchos dias sin camino aquí más allí, á las veces topando con rios que no podiamos pasar y otras veces con ciénagas que nos

hundiamos en ellas; é siempre cortando, abriendo camino; é ya no teniamos con qué cortar, porque todas
las espadas é machetes se nos habian quebrado; y ya
íbamos tan hechos á la hambre, que más era el miedo
que llevábamos de ser sentidos de algunos indios,
porque nos podian hacer mucho daño, por no llevar
armas ningunas, que la comida que nos faltaba. Pero
tanto pudo la hambre, que se hobo de trocar lo uno
por lo otro, que ya deseábamos topar indios, que aunque fuera á bocados peleáramos con ellos (*a*)."

(*a*) Tomo este pasaje de la RELACION DEL DESCUBRIMIENTO DE LAS
PROVINCIAS DE ANTIOCHIA, POR JORGE ROBLEDO, de la cual existe copia
en el t. 82 de la Col. Muñ., publicada en el t. II, cuaderno 10, de la
Col. de Docum. Inéd. del Sr. Torres de Mendoza. La redactó el escribáno
del ejército de Robledo, Juan Bautista Sardella, uno de los doce segun él
y diez segun Cieza, que le acompañaron desde Antioquía á Urabá; y
aunque escrito con poca gramática, es uno de los papeles más sabrosos
que yo he leido de los tiempos de la Conquista. Allí y en la RELACION
DEL VIAJE DEL CAPITAN JORGE ROBLEDO Á LAS PROVINCIAS DE ANCERMA
Y QUINBAYÁ, procedente tambien de la Col. Muñ. y publicado asímismo
en la Col. del Sr. Torres de Mendoza, t. II, cuadernos 9 y 10, encon-
trará el curioso todos los pormenores que desee acerca de las jornadas en
que Cieza militó, con algunos descansos, desde julio de 1539 á febrero ó
marzo de 1542.—Herrera compuso con la relacion de Sardella los capítulos V á XI de la Déc. VII; y en el II del lib. VII y los I, II y IV del
libro VIII de la Déc. VI, trata de los descubrimientos de Ancerma y
Cartago con la poblacion de sus ciudades, citando más de una vez el
nombre de Cieza. Este, en los primeros capítulos de la Primera parte de
su crónica, recuerda tambien bastantes episodios de sus expediciones á las
comarcas de Ancerma, Quinbayá y Antioquía. Todo lo cual me escusa
de ser prolijo y minucioso en la relacion de estos sucesos.

Ya en lo bajo de la sierra y cerca del rio de las Guamas, dieron con algunos maizales abandonados, luégo con el camino que otras veces habian transitado los españoles, y al cabo con indios amigos, que les proporcionaron guías para sacarlos hasta el mar; por cuyas orillas y con el agua á la cinta, llegaron al mes y medio de su viaje á San Sebastian de Urabá.

Encontrábase allí á la sazon haciendo gente para entrar en la tierra recien poblada por Robledo, Alonso de Heredia, el cual, despues de recibir con más asombro que caridad al fundador de la nueva Antioquía y á sus mal trechos compañeros, enterado del caso y motivo de su arriesgada caminata, sin prestarles el más leve socorro, los detuvo, los despojó de cuanto traian y dió cuenta del suceso á su hermano—que ya estaba de vuelta en su gobernacion libre y absuelto de la residencia.—Acudió con presteza don Pedro, aprobó todo lo hecho, pues entendia, y con razon, que la ciudad nuevamente fundada y sus términos entraban en los de Cartagena; y además de aprobarlo, formó causa á Robledo, y con ella y en calidad de preso lo remitió á Castilla. Acto más rigoroso en apariencia que en el fondo, toda vez que la intencion de prisionero era pasar á donde le llevaban.

Antes de hacerse á la vela, conviniéndole que la

audiencia de Tierra Firme conociese de todo lo sucedido y estuviese de su parte mientras sus negocios se
resolvian en España, pidió al gobernador de Cartagena
licencia de trasladarse á Panamá para Pedro de Cieza,
á quien confió el delicado encargo de representarle
ante aquella chancillería. Otorgada graciosamente por
Heredia, nuestro cronista fuese á Nombre de Dios y
á Panamá, y evacuada fielmente la comision de su
amigo, se embarcó para Buena Ventura, puerto de
San Sebastian de Cali, en cuya ciudad halló al gobernador Belalcázar muy indignado contra Jorge
Robledo.

Por aquel mismo año de 1542 pasó Cieza de Cali á
Cartago, donde fué testigo de las crueldades de Juan
Cabrera y de Miguel Muñoz, tenientes de Belalcázar,
cometidas en Pindara y en Arma; sin embargo de lo
cual, cuando por los hechos conocieron aquellos naturales la diferencia entre el carácter conciliador y afa-
ble de Robledo y la dura tiranía de Belalcázar, y se
alzaron y así mismo las provincias de Carrapa, Picara,
Paucura y todas las del distrito de Cartago, tomó
partido por el adelantado é hizo con él la guerra in-
terminable y cruelísima de sus indios en alianza con
los caribes carniceros de Pozo, y aceptó de su mano la
vecindad de Arma, villa fundada por Muñoz en dicho año, y el premio de sus servicios en la enco-

mienda del cacique Aopirama y otro señorete comarcano suyo (*a*).

Sobrevinieron, entre tanto (1543-45), las discordias civiles del Perú, originadas de las nuevas leyes—parto del celo de un varon excelente, muy buen apóstol, pero malísimo estadista—y del rigor y la imprudencia con que procedia el virey Blasco Núñez, encargado de ejecutarlas en la Nueva Castilla; el cual, preso por la audiencia de Los Reyes, enviado á España bajo la custodia de uno de los oidores, puesto por éste en libertad, desembarcado en Túmbez (al mediar octubre de 1544), huido á Quito, rehecho y victorioso en Chinchichara, roto en Piura, y acosado por Gonzalo Pizarro hasta los confines de Popayan, acudió á Belalcázar por tres veces mendigando socorro de armas y de gente con que volver por su prestigio y castigar á los rebeldes peruanos. Por la primera, contestó el receloso adelantado con excusas que eran temores de la venganza de los pizarristas; á la segunda, dió licencia para que fuesen á servir al virey cuantos tuviesen voluntad de hacerlo; á la tercera, mediaron buenos pesos de oro y esmeraldas y promesas formales de que S. M. confirmaria sus derechos á las tierras pobladas por Robledo; conque mirándolo mejor, tomó á pechos la causa del

---

(*a*) La Guerra de Quito, cap. CIX.

afligido Blasco Núñez y hasta quiso servirle con su persona.

Cieza tuvo intencion de acompañar á Belalcázar y todavía se dispuso á ello; mas como recibiese por aquel entónces cartas de Robledo, anunciándole que volvia de España nombrado mariscal de Antioquía, y encargándole que le proveyese de algunas cosas que habia de menester tan luégo como llegase á Popayan, pues llegaba con mujer y con casa y con la obligacion de honrarse conforme á su nuevo rango y estado; posponiendo Cieza el servicio del Rey al de su antiguo capitan y buen amigo (aún no habia escrito las notables frases que van copiadas en la página xxxv de este prólogo), encaminóse á Cali en la creencia de que Robledo aportaria por la Buena Ventura. No fué así; el mariscal dejó mujer y casa en la Española y vino á desembarcar él solo á Nombre de Dios, donde informado de que Panamá se hallaba en poder de los pizarristas, dió la vuelta á Cartagena; sabido lo cual por Cieza, regresó á Cartago con el fin de salirle al encuentro.— Esto fué por diciembre de 1545.—Mientras tanto don Sebastian de Belalcázar y su teniente Juan Cabrera iban á la jornada que terminó en el campo de Iñaquito, con la muerte del obstinado Blasco Núñez y los mejores de sus partidarios.

Restituíase, quizás, el mariscal Robledo á su provincia de Antioquía, sin otras ambiciones que conservarla y prosperarla; pero encontróse en Cartagena con su deudo el licenciado Díaz de Armendáriz, visitador y juez de residencia con facultades de tomarla en aquella gobernacion, en la de Santa Marta, en la de Bogotá y en la de Popayan, que por favorecerle y ayudarle contra Belalcázar, aunque no estaba todavía recibido por juez en esta última, le proveyó por gobernador de Antioquía, Arma y Cartago, que fué tanto como proveer su desastroso fin y muerte; porque el mariscal, fiando demasiado en la autoridad que le dió quien ciertamente no podia dársela, desoyendo los consejos de Cieza (*a*) y otros como él, que lealmente le advertian de la falsa posicion en que Armendáriz y sus deseos ambiciosos le habian colocado, entró con mano armada y bandera tendida en aquellas poblaciones, prendiendo y destituyendo los tenientes y justicias puestos por el adelantado, abriendo las cajas reales, atropellando por todo; y cuando Belalcázar regresó de

---

(*a*) "Algunas veces, platicando yo este negocio (la forma en que Robledo se entraba por la gobernacion de Belalcázar) con el mariscal, y áun afeando la entrada, me respondió que temia de muchos que no le eran amigos, aunque en verdad yo muchas veces le dije (á Robledo) que se retirara á la ciudad de Antiocha, pues Belalcázar venia poderoso y al fin era gobernador de Rey, y él tenia voz de teniente de un juez no visto ni recebido por tal como S. M. mandaba." (*La Guerra de Quito*, caps. CXCI y CXCIII.)

Quito tan pizarrista como realista fué con Blasco Núñez, le requirió y amonestó que se estuviese en Cali esperando la venida del juez y le dejase poseer la tierra
desde Cartago hasta Antioquía. En fin, tales violencias
y desaciertos cometió, que al cabo él mismo vino á conocer la sinrazon de su conducta, pues aunque acelerado y ambicioso, era noble y leal; y arrepentido, buscó
manera de avenirse con el adelantado, llegando á pro-
ponerle, como prenda de alianza, el matrimonio de dos
hijos mestizos de Belalcázar con dos nobles doncellas
parientas de su mujer, doña María Carbajal (*a*); sin des-
cuidar por eso la vigilante guarda de su persona ni los
aprestos de guerra, por si fracasaban las negociaciones.
Cieza, que acompañó á Robledo en todas aquellas ma-
landanzas, nos dice que el mariscal "mandó que los
principales amigos suyos durmiesen en su casa, á donde estaban las armas que habia, y para peltrecharse de
más me mandó á mí que fuese con toda priesa á la
ciudad de Cartago á buscar las que hobiese" (*b*). Pero
el arrepentimiento llegó á deshora y las muestras de
él á parte donde holgaron siempre la generosidad y la
blandura; ántes, el inhumano conquistador de Quito,

(*a*)   Era hija de Juan Carbajal, caballero principal de Ubeda y señor
de la casa de Jódar.

(*b*)   LA GUERRA DE QUITO, cap. CXCII.

calculando el partido que podria sacar del cambio de conducta de su émulo, le entretuvo fingiendo con mensajes y cartas que admitia gustoso sus proposiciones (*a*), entretanto que á marchas dobladas y con golpe de gente más numeroso que el ejército de Robledo, iba sobre éste. Y al turbio clarear de una mañana nebulosa, le sorprendió en la loma de Pozo, cerca de la villa de Arma, le hizo prisionero y le dió un garrote el dia 5 de octubre de 1546. Despues paseó su cadáver por el real á voz de pregonero, le cortó la cabeza y rezó sobre ella en son de mofa: "si desta vez no escarmienta Robledo, yo le tendré por muy grandísimo nécio." Pero su corazon no quedó todavía harto de venganza. Rogábanle los criados del sin ventura mariscal que les dejase trasportar su cadáver á la iglesia de Arma, pues dejándolo en Pozo, los indios de seguro le devorarian. Negóse á ello, y aunque sobre la sepultura de Robledo quemaron unas casas para ocultar

(*a*) Belalcázar, "teniendo la intencion ya dicha (de prender y matar á Robledo) les dió (á los mensajeros de este) una carta para el mariscal, la cual yo ví y leí, y en ella decia que se holgaba en extremo de conformarse con él y que no hobiese pasiones ni junta de gente, pues dello Dios y S. M. no eran servidos; y que para que hobiese conclusion aquella paz, debia no creer algunos de los que llevaba en su compañía.....; y en lo demás, que diese crédito á lo que dijesen los que iban con el mensaje, afirmando que no saldria un punto de ello." (*La Guerra de Quito*, cap. CXCIII.)

la tierra removida, al fin fué descubierta por los pozos y el cuerpo que encerraba pasto de estos caní-
bales.

Cieza no presenció la muerte de su amigo: "el mariscal, escribe, salió con su gente para ponerse en la
loma de Pozo á donde años pasados por su causa tantos indios perdieron las vidas y que por algun secreto
juicio de Dios estaba determinado quél muriese en
aquel lugar. Y yo queria salir con él, y me rogó quedase en la villa [de Arma] para proveer algunas cosas
que á él convenian; y desde Pozo me escribió que le
enviase las armas que habia dejado en la villa, y ciertos
tiros, lo cual se hizo (a)." Cuando tuvo noticia de
aquella desgracia, con el temor de las consecuencias
que podia tener para él, abandonando su hacienda y
sus indios de Arma, huyó á esconderse en unas minas
metidas entre los bravos cañaverales de Quimbayá,
donde se proponia aguardar la venida del juez Miguel
Díaz de Armendáriz; lo cual sabido por Hernández
Giron, teniente de Belalcázar, le mandó que abandonase su refugio y se saliese á Cali, órden que Cieza no
se atrevió á desobedecer (b).

Inmediatamente despues de este suceso, nuestro cro-

(a) La Guerra de Quito, cap CXCIV.
(b) La Guerra de Quito, cap. CCXXXVI.

nista se trasladó á Popayan, en cuya ciudad se encontraba al recibirse los despachos de Armendáriz consultando al cabildo sobre su entrada y visita á la gobernacion. Más tarde regresó á la villa de Arma á poner algun órden en los restos de su hacienda; luégo, vínose á Cali, que por su vecindad al puerto de la Buena Ventura, era en aquel entónces el centro de las grandes noticias que en la gobernacion de Popayan corrian con la llegada del presidente licenciado Gasca y la entrega de la flota de Gonzalo Pizarro; y de Cali pasóse á Cartago, en donde dice él mismo que se hallaba el año de 1547.

A los 15 de marzo de ese año, el presidente Pedro de la Gasca, en vísperas de salir para el Perú, remitia con Miguel Muñoz, el fundador de Arma, á Sebastian de Belalcázar, provisiones y cartas declarando los poderes y objeto con que S. M. le enviaba al Perú y aceptando la oferta que le hacia el adelantado de acudir en persona con doscientos hombres; y aunque en junio de 1547 el presidente le escribió desde Manta que suspendiese la jornada hasta nueva órden, á principios del inmediato julio y desde el puerto de Túmbez, diósela de nuevo de que, "quedando en la gobernacion de Popayan la gente que para la defensa y granjerías de ella fuese necesaria, la demás que de su voluntad, y no por premio, quisiese venir á servir á S. M. y merecer que se le hiciese bien, viniese con toda presteza á juntarse con él (*a*)."

No podia la suerte brindar al soldado y cronista es- tremeño con ocasion que más cuadrase á su carácter y propósitos: servir al Rey sin interés y honrosamente y visitar el renombrado imperio cuya historia traia en- tre manos. Así, pues, al llegar á su noticia el urgente mandato de Gasca, preparó sus armas, acabaló su equi- po, y acudió á la bandera que habia de guiarle en aquella campaña.

Salieron de Popayan con él poco ménos de doscien- tos soldados, casi todos ginetes, conducidos por el mismo adelantado y su segundo, el capitan Francisco Hernández Giron; pero entrados por tierra de Quito, á fin de que el servicio de cargas y mantenimientos se hiciese más fácil y con ménos molestia de los naturales, se fraccionaron en pequeñas partidas, que fueron á juntarse con Gasca por diversos caminos y en dife- rentes tiempos.

La primera que llegó á su destino fué la de Her- nández Giron, compuesta de unos quince ó veinte hombres de á caballo; la cual tomó por la sierra y es- taba á las órdenes del presidente en Xauxa al termi-

---

(*a*)   Carta de Gasca al Consejo de Indias. De Túmbez, 11 de agosto de 1547. (*Col. de doc. inéd. para la Hist. de España,* t. **XLIX**, pág. 165.)

nar el mes de noviembre de 1547. Belalcázar, que escogió la vía de la costa ó de los yuncas, se hallaba en Lima con veinte ó veinticinco ginetes al mediar diciembre de ese mismo año, y á principios de enero de 1548, en el campo de Gasca en Antahuaillas. Cieza siguió la ruta del adelantado y quizá se juntara con él en Los Reyes, porque en setiembre de 47 (*a*) pasaba por el valle costeño de Pacasmayu con direccion á esa ciudad y hubo de reunirse con el presidente tambien en el primero de aquellos puntos (*b*). Incorporado con el ejército realista hizo la trabajosa marcha de Antahuaillas al puente de Apurímac, tomó parte en la arriesgada operacion del paso de ese rio, y á los pocos dias en la batalla de Sacsahuana (9 de abril de 1548), que fué, más que batalla, alarde de traidores á la causa de Gonzalo Pizarro y trance donde se vieron y probaron los grandes corazones de este caudillo y de sus fieles capitanes Francisco Carvajal y Juan de Acosta.

(*a*) Primera parte de la Crónica del Perú, cap. LXVIII.—A propósito de esta fecha, es de advertir que en todas las ediciones de dicha parte que he consultado, incluso la de Sevilla, se lee *de* 1548; error evidente, pues en setiembre de ese año, *despues* de haber pasado Cieza por Pacasmayu, tuvieron lugar la batalla de Sacsahuana y otros muchos sucesos á que asistió.—El itinerario del cronista desde Popayan á Antahuaillas puede verse en los caps. XXXVII á XLIV y LVI á XCI.

(*b*) "Aquí (Andahuailas) estuvimos muchos dias con el presidente Gasca cuando iba á castigar la rebelion de Gonzalo Pizarro." (l. c. cap. XC.)

Despues de presenciar la justicia que se hizo del jefe de los rebeldes y de sus más leales partidarios sobre el campo de combate, Cieza volvióse á Lima, en cuya ciudad se hallaba todavía cuando entró el victorioso presidente, en medio de grandes fiestas y exagerados regocijos y al aplauso de malísimas coplas, el 17 de setiembre de 1548. Por ese tiempo, Gasca, instruido de los trabajos históricos que ocupaban al modesto soldado, y estimándolos en todo lo que valian, le ordenó que escribiese ó acabase la Crónica del Perú con el carácter oficial de cronista de Indias, título que el autor omitió en la portada de la Primera parte, pero que ya aparece, como luégo veremos, en el epígrafe de nuestro original de LA GUERRA DE QUITO. La honrosa distincion que Cieza mereció del presidente Gasca, hecho hasta hoy, en mi entender, desconocido, consta por un informe que Antonio de Herrera dió acerca de los servicios de Hernan Mexía de Guzman á pedimento de su hijo don Fernando, del cual, considerada su importancia, extractaré los párrafos que hacen á mi objeto:

"SEÑOR: D. Fernando Mexía de Guzman suplicó á V. M. que mediante que de (*sic*) los libros que tengo, sacase la razon que se hallare tocante á los servicios de su padre hechos en el Perú, y V. M., por su decreto de 17 de abril de este año, en la Cámara Real y Su-

premo Consejo de las Indias, me manda que le dé cer-
tificacion de lo que consta. En cumplimiento de lo
cual, habiendo visto las historias que tengo y papeles
que V. M. me mandó dar para escribir la historia de
las Indias, he hallado lo siguiente:......—En un libro
escrito de mano que salió de la Cámara Real y por
mandado del Rey don Philippe II, de gloriosa memoria, se dió á Antonio de Herrera para efecto de escribir la historia de las Indias; el cual escribió Pedro de
Cieza, cronista de aquellas partes, por órden del presidente Gasca, y viene aprobado de la Real Chancillería de la ciudad de Los Reyes, se halla lo siguiente:...... Y por la verdad lo firmé de mi nombre en
Valladolid á 7 de julio de 1603.—Antonio de Herrera" (a).

No fué esta sola la merced que debió nuestro cronista al licenciado Gasca; permitióle además que se
valiese de sus papeles y diarios reservados para ilustrar
y autorizar la Crónica del Perú: "E sepan los que esto
leyeren, dice Cieza, que el licenciado Gasca desde que
salió de España hasta que volvió á ella, tuvo una órden
maravillosa para que las cosas no fuesen olvidadas, y
fué, que todo lo que sucedió de día lo escribia de no-

(a) Debo una copia de este documento á la obsequiosa amistad de don
Francisco de Paula Juárez, entendido y celoso Archivero de Indias.

che en borradores quél tenia para este fin, y así, por
sus dias y meses é años contaba con mucha verdad
todo lo que pasaba. E como yo supiese él tener tan
buena cuenta y tan verdadera en los acaecimientos,
procuré de haber sus borradores y dellos sacar un traslado, el cual tengo en mi poder, y por él iremos escribiendo hasta que se dé la batalla de Xaquixaguana,
desde donde daremos tambien noticia de la manera
con que escribimos lo que más contamos en nuestros
libros" (*a*).—Y haré notar, de paso, la importancia histórica de esta ingénua revelacion de Cieza, la cual hace
ménos sensible la pérdida que hasta hoy lamentamos
de sus libros IV y V de *Las Guerras civiles*, toda vez
que, como dejo dicho y probado (*b*), la Historia ó Relacion de los sucesos del Perú que Gasca compuso, la
tomó el Palentino á la letra para la primera parte de su
Historia.—Sin contar tambien con que se conservan
y están, en su mayor parte, publicados los despachos
oficiales que el presidente dirigia al Consejo de las
Indias, disponiendo su contenido por los borradores
de que Cieza nos habla.

(*a*) La Guerra de Quito, cap. CCXXXIII.—Yo he visto entre los
papeles que Gasca se trajo del Perú algunos de los documentos originales que Cieza afirma haber tenido en su poder.

(*b*) Págs. VIII y IX de este prólogo y Ap. n.º 2.ª

En fin, cuando éste hizo, en el año siguiente de 49, su viaje por la vasta region del Collao hasta la villa de Plata, con el objeto de estudiar las antiguallas del país y esclarecer muchos sucesos de las guerras civiles, dióle el licenciado cartas suyas, recomendándole á los corregidores y justicias de los pueblos y asientos por donde habia de pasar, con que facilitó sobremanera las investigaciones del activo cronista (a); el cual, con el favor que aquellas le prestaban, pudo obtener noticias fidedignas acerca de la historia y tradicion de los famosos monumentos de Cacha, Pucará, Vinaque, Tiaguanaco, Ayavire y otros, suministrados por los indios viejos, curacas y encomenderos de esas localidades; y consiguió que los cabildos y notarios de Potosí, Plata y el Cuzco le abriesen y mostrasen sus registros, donde constaban los hechos primordiales del alzamiento de Gonzalo Pizarro y de los realistas Diego Centeno y Lope de Mendoza, y de la guerra que les hizo el maestre de campo Carvajal.

A los favores y proteccion de Gasca, Cieza correspondió aplicándose á sus trabajos históricos con una actividad ciertamente pasmosa. Al comenzar el año de 1550, terminada su excursion al Collao, se encontraba en el Cuzco consultando y oyendo á Cayu Tupac

(a) Primera parte de la Crónica del Perú, caps. XCV y CIX.

Yupanqui, descendiente de Guayna Capac, y á los más nobles é instruidos orejones, capitanes y cortesanos de ese inca, reunidos en una especie de consejo con los mejores lenguaraces que se hallaron, sobre el orígen fabuloso de la raza inqueña, sus monarcas, leyes, obras y costumbres, y otros puntos relativos á la antigua, y hasta entónces desconocida, historia del Perú (*a*); y ántes del mes de setiembre del expresado año, sometia modestamente el fruto de sus investigaciones, ordenado para la segunda parte de la *Crónica del Perú*, á la competencia y saber de los oidores de la audiencia de Lima, Hernando de Santillan y Melchor Bravo de Saravia (*b*). El 8 de ese mismo setiembre concluia en aquella ciudad la primera parte (*c*), y no mucho más tarde, ó quizá en la propia fecha, dejaba corrientes la tercera y la cuarta, hasta el tercero libro, por lo ménos (*d*).

(*a*) RELACION DE LA SUCESION Y GOBIERNO DE LOS INCAS, segunda parte de la CRÓNICA DEL PERÚ, capítulo *De cómo remanecieron en Pacaritambo ciertos hombres y mujeres, y de lo que cuentan que hicieron despues que de allí salieron.*

(*b*) L. c., cap. último.—Hernando de Santillan escribió hácia los años de 1558 ó 1559 una extensa y erudita *Informacion del gobierno de los Incas,* de la cual tengo copia. A Bravo de Saravia cita varias veces el P. Juan de Velasco en su *Historia de Quito,* como autor de un tratado de antigüedades peruanas.

(*c*) Véase el final de su capítulo último.

(*d*) En el cap. CCXXIX de este tercero libro se lee: "que estaban en

Pero, vigilias tan continuadas y penosas y la ruda
tension á que obligaban al espíritu, sin contar el influjo
del enervante clima de Los Reyes, gastaron á la
postre su salud, y no es aventurado suponer que por
cobrarla, tanto como por atender á la publicacion de
sus escritos y recompensa de sus méritos, abandonase
para siempre el Perú en aquel mismo año de 1550 (*a*) y
pasase á Castilla; donde con más espacio y medios podia dar á su Crónica la última mano (*b*), y término y
principio respectivamente á otras dos obras: el *Libro
de las cosas sucedidas en las provincias que confinan con el
mar Occéano*, y una relacion ó historia de la Nueva
España; aunque, á decir verdad, no consta que conclu-

---

esta cibdad de Los Reyes;" y en el CCXXXVI: "en las más partes *destas*
Indias."

(*a*) "En el año de 1550 salí yo del Perú" (Primera parte de la
CRÓNICA DEL PERÚ, cap. LXXVI.)

(*b*) Que Cieza la corrigió y adicionó es evidente. En la primera parte,
cap. XCVI, se lee: "y fué tan preciada esta coca ó yerba del Perú el año
de 1548, 49 y 51 que no hay para qué pensar, etc."; cap. CIX: "pues desde
el año de 1548 á 51, le ha valido, etc.;" cap. CXVI: "yo entendí en el
tiempo que *estuve* en aquellas partes (las Indias);" cap. CXX: "Concluyo
este capítulo con que al tiempo que en el Consejo de S. M. de Indias se
estaba viendo por los señores dél esta obra, vino de donde estaba S. M.
el muy reverendo fray Tomás de San Martin proveido por obispo de los
Chárcas." Y en la segunda parte ó sea Relacion de la sucesion y gobierno
de los Incas, capítulo *Que trata de la riqueza del templo de Curicancha*, etc.:
"una obra que ví en Toledo cuando fuí á presentar la primera parte
de mi Corónica al príncipe don Felipe"; capítulo *De cómo hacian grandes
fiestas y sacrificios á la grande y solene fiesta llamada Hatun Raimi*: "Yo me
acuerdo estando en el Cuzco el año pasado de 1550 por el mes de agosto."

yese el uno y comenzase la otra, por más que manifieste
de una manera explícita el propósito en los capítulos XLIII y CCXXV de LA GUERRA DE QUITO con estas
palabras: "pues en el descubrimiento de Urute (*a*) melité debajo de su bandera [de Alonso de Cáceres] y
pasamos muchos trabajos y miserias, como verán los
letores en un libro que yo tengo comenzado de las
cosas subcedidas en las provincias que confinan con
el mar Occéano." "Si yo pudiera dar alguna noticia
de aquellas partes [de la Nueva España], yo lo haré,
porque grandemente lo deseo."

Desde que Cieza vuelve á España, son tan escasas
las noticias que se tienen de él, que en suma se redu-
cen á esto: á fines de 1551 ó principios de 1552, se
traslada—probablemente de Sevilla—á Toledo para
presentar al príncipe don Felipe la primera parte de
su Crónica (*b*); veíase la obra en el Consejo de las Indias en el último de esos años; despachábase la aprobacion y regresaba el autor á Sevilla en el mismo año
de 1552, y en el de 1553, por marzo, se acababa de
imprimir en la ciudad del Bétis. Y todavía algunas de
estas fechas son meras deducciones fundadas, por una
parte, en que si por el año de 1551 retocaba y añadia

(*a*)   Véanse las págs. XXII y LXIII de este prólogo.
(*b*)   Véase la nota *b* de la página antecedente.

su manuscrito, no pudo haberlo presentado al Príncipe
sino en los últimos meses de aquél ó primeros del inmediato; y por otra, en que fray Tomas de San Martin
vino de donde estaba el Emperador, proveido para el
obispado de Chárcas, cuando se estaba examinando en
el Consejo de las Indias la primera parte de la Crónica;
cuya venida fué en setiembre ú octubre de 1552; y la
aprobacion del Consejo no debió tardar y es muy posible que se despachara en ese mismo año de 1552, por
cuanto en marzo de 1553 aquella se concluia de imprimir en Sevilla.

A contar de ese año, ¿qué fué de nuestro Cieza, á
quien su libro dió seguramente justo renombre y fama?
¿Por qué no publicó las otras partes de su Crónica?
¿Faltáronle, por ventura, proteccion y recursos? ¿Intervino la envidia en sus negocios ó llegó á entorpecerlos
y estorbarlos indefinidamente la enredada maraña *ofici-
nesca?* Se ignora; pero consta que el insigne cronista
del Perú falleció en Sevilla oscurecido y poco ménos
que olvidado, no se sabe en qué dia, pues Alfonso
Chacon, de cuyas notas á la *Biblioteca Universal* toma
la noticia Nicolás Antonio, dice que Cieza murió en el
año de 1560 ó poco ántes. Creamos, sin embargo,
que su muerte seria como de quien pasaba de este
mundo harto de trabajar y merecer, con la conciencia
quieta y desengañado de la justicia de los hombres.

III.

Dígamos ahora brevemente del texto original que empieza á ver la luz en este tomo.

Pertenece á la Biblioteca particular de S. M. Es la segunda mitad próximamente de un manuscrito en fólio que constaba de 552 fojas y comprendia, á mi parecer, los tres primeros libros de la cuarta parte de la Crónica del Perú y acaso tambien la tercera. Hállase en buen estado de conservacion, salvo las doce primeras hojas y nueve de las finales—de la 542 á 550, —destrozadas en sus ángulos superiores é inferiores externos, y la penúltima y antepenúltima, á las cuales les falta un gran pedazo desde el medio del borde de afuera al de la márgen de abajo. Además de estas injurias del tiempo y del abandono, el manuscrito ha sufrido de la torpeza de un bárbaro encuadernador, cuya cuchilla, *entrando hasta la carne*, como diria Gallardo, despues de cercenar la primitiva foliacion del tomo de números romanos, y otra puesta más tarde —en el siglo XVII ó XVIII,—ha mutilado varios renglones, que, afortunadamente, pueden restaurarse sin mucha dificultad, así como la inmensa mayoría de las letras y palabras desaparecidas ó destruidas con los ángulos de aquellas veintinueve hojas.

Todas las del códice guardan su órden correlativo, excepto la 340, que en vez de estar en su sitio, se encuentra colocada entre la 320 y 321, circunstancia que tuvo presente el curioso, cuyo nombre ignoro, que las leyó y folió no hace muchos años. Carece el manuscrito de portada y comienza al fólio 261 en esta forma: *en las trezientas é sesenta é siete hojas, que le parecia que le a [bia aca] ecido en su obra como á los que por los vados é rrios entran en el [agua], que tanta mayor hondura é profundidad hallan, quanto más dentro entran; y esto podré yo justamente decir, pues llegado el visorrey, ovo los movimientos y juntas y aparatos de guerra que emos dicho, en muchas é diversas partes del rreyno; y el remedio que yo tendré será seguir la brevedad.*

LIBRO TER RRAS CEVILES
Tercero libro de las guerras ceviles del Perú, el cual se llama la guerra de Quito, hecho por pedro de Cieza de leon coronista de las cosas de las yndias.
CERO DE LAS GUE- DEL PERÚ.

Sigue el epígrafe del capítulo primero.

El título y fragmento que le antecede, están tachados, y añadido despues con letras grandes de la misma mano que los tachó, lo impreso en caractéres versales. Todo lo cual demuestra, al parecer, que, perdida ó separada del primitivo manuscrito la primera mitad, el dueño de la segunda, por razones que no alcanzo, si procedia de buena fé, se propuso ocultar, aunque lo hizo con bien poca maña, el nombre del autor de LA GUERRA DE QUITO, borrando el título de la obra, donde aquél se expresaba, y el indicado fragmento, que sin duda alguna es el fin del libro segundo de *Las Guerras civiles* ó sea la de *Chúpas*.

Nuestro códice, escrito á dos letras claras, cursivas y de mediados del siglo XVI, ofrece todo el aspecto de una copia en limpio y acaso preparada para darse á la imprenta. Tiene varios pasajes borrados, y algunos de ellos considerables, sin contar muchas frases y palabras sueltas, y presenta raspaduras y enmiendas de otra mano, unas sobre lo raspado, otras intercaladas, otras al márgen, que bien pudieran ser del puño del mismo autor, ó cuando ménos ordenadas ó advertidas por él, especialmente las del comienzo del cap. LVII. Además lleva multitud de llamadas, señales y acotaciones, en diferentes lugares y en diferentes formas, de otra tinta más clara y de letra más reciente, algunas de las cuales casi me atrevo asegurar son del cronista Herrera; sobre todo la acotacion que consiste en haber subrayado el nombre de Hernan Mexía cuantas veces se repite en el discurso de la historia, hácia los últimos capítulos; accidente muy digno de notarse, porque recuerda al punto lo que dicho cronista declaraba en la Informacion de méritos y servicios de aquel sujeto, y juntando ambos datos, resulta, ó una coincidencia singularísima, ó poco ménos que la certidumbre de que el manuscrito publicado aquí es el mismo que Antonio de Herrera tuvo en su poder y procedia de la Cámara de Felipe II. En mi concepto, el nombre del capitan sevillano se acotó para señalar los pasajes donde constaban los hechos históricos que le concernian y habian de certificarse por Herrera.

El original de La Guerra de Quito está repartido en CCXXXIX capítulos, aunque por la numeracion—rectificada desde el VI—solo resultan CCXXXVIII. Estriba la diferencia en que, al numerarlos, se pasó por alto el que debia contarse CLXXXIX, y se le dió este número al inmediato siguiente. Tengo para mí, sin embargo, que dichos doscientos treinta y nueve capítulos no son todos los que á La Guerra de Quito debia comprender: en los CCXXVIII, CCXXXVI y CCXXXVII hay pasajes que parecen revelar en el autor propósitos de ocuparse más adelante en sucesos relacionados con esa guerra y que entran en el prospecto de ella publicado en el Proemio de la primera parte de su Crónica, de los cuales no trata ni poco ni mucho. Y no es que le falten hojas al manuscrito, porque el capítulo CCXXXIX acaba en la primera página del fólio 552 ó último con nueve renglones y medio de una letra, aunque del siglo XVI, muy distinta de las otras; como si el autor, despues de puesto en limpio aquel capítulo, hubiese querido añadirle alguna cosa más.

Del códice conservado en la Biblioteca particular de S. M. se sacó probablemente la copia que figura en el *Catálogo de manuscritos relativos á América* de Mr. Rich, bajo el núm. 90 y este título: *"Tercer libro de las Guerras civiles del Perú*, el cuál se llama la guerra de Quito, hecho por Pedro de Cieza de Leon, coronista de las Indias (420 fol. en f.º);" y que, segun las noticias de don Enrique de Vedia, *"*perteneció á la exquisita coleccion que reunió la diligencia de don Antonio de Uguina, la cual pasó despues de su fallecimiento á manos de M. Ternaux-Compans, de París, y despues á las de Mr. Lennox, de Nueva-York, que la adquirió en precio de 600 libras esterlinas el año de 1549" (*a*).

(*a*) Historiadores Primitivos de Indias, t. II., p. X.—Mr. Markham dice que Mr. Rich fué el que vendió á Mr. Lennox el MS del libro tercero de las Guerras civiles. Asegura tambien, que aquel bibliófilo en-

—Y es, por cierto, curioso si no es incomprensible, que habiendo peregrinado nuestro libro tanto tiempo, por tan cultos países, y dádose á conocer de tanta persona ilustrada y pudiente, no haya habido una que entrase en ganas de publicarlo.

Al emprender yo ahora, lleno de buena voluntad, esa tarea, no confio muy mucho en acabarla como merece la memoria del insigne soldado de Llerena, pero procuraré sacar su obra del olvido, siquiera con el respeto que de otros no alcanzó. Yo mismo la he trasladado á las cuartillas para la imprenta, regularizando, de paso, la caprichosa y discordante ortografía de los amanuenses, enmendando los errores, supliendo los artículos, preposiciones y conjunciones perdidas al correr de la pluma, restaurando, en lo posible, las palabras y líneas que han dejado incompletas las manchas y roturas del papel, y descifrando los pasajes tachados, para que se conozcan del libro hasta los *arrepentimientos* del autor. Despues he comparado detenidamente el texto de Cieza con el de su plagiario Antonio de Herrera, advirtiendo los cambios ó variantes de más trascendencia que éste se permitió y ano-

---

contró en Madrid la segunda y tercera parte de la Crónica del Perú. (*Travels of Pedro de Cieza de Leon*, Introd., p. XVIII.) ¿No seria esa *parte tercera* el *libro tercero* de la cuarta?

tándolos al pié de la página respectiva; he procurado
asímismo evacuar todas las citas que se hacen en el
discurso de La Guerra de Quito, señalar las referencias á otros libros y partes de la Crónica del Perú,
y definir los términos ó expresiones que, en mi concepto, lo necesitan.

No contento con esto, he reunido copias, tambien
de mi puño, de cantidad de documentos inéditos que
atañen á los sucesos de aquella rebelion, y pueden
ilustrar, apoyándolos, contradiciéndolos ó declarán-
dolos, los asertos, conceptos ú opiniones de nuestro
historiador; y á fin de que su lectura no embarace la de
la Crónica, van impresas en forma de apéndices nu-
merados, con paginacion aparte y letra más pequeña,
junto con las notas y observaciones que, por lo extensas, se hallan en igual caso y ofrecerian el mismo inconveniente; y se publicarán en cada tomo los que
correspondan á los capítulos que éste incluya, repi-
tiendo los números de dichos apéndices en los lugares
del texto que piden su lectura. De esa manera, las
ilustraciones á La Guerra de Quito compondrán una
série metódica de documentos, aunque relacionada especialmente con aquella, de interés general para la
historia de Indias.

·Así los apéndices como el texto llevarán por sepa-
rado catálogos geográficos y biográficos y repertorios
ó efemérides de los sucesos más notables que en el
uno y en los otros se registran. Creo que el editor de
escritos cuya utilidad y principal interés consisten en
la riqueza é importancia de datos históricos, debe facilitar su consulta y áun su crítica con todo género dè
trabajos auxiliares, no mirando á lo poco que estos
lucen, sino á las conveniencias del lector estudioso,
que necesita de aquellos y los busca, y que, al fin, agra-
dece la comodidad y prontitud con que los halla. Pero,
aunque estas razones no existieran, tratándose de una
crónica americana, me obligarian á ilustrarla, en particular con noticias geográficas y biográficas, la incu-
ria, la confusion, la torpeza con que se escriben y es-
tampan los nombres de personas y de lugares en pu-
blicaciones españolas de libros y documentos relativos
á Indias, acusando en sus editores la más completa y
censurable ignorancia de una historia que ha sido la
nuestra durante tres siglos, y de unos países que
nos pertenecian hace sesenta años. No parece sino
que, olvidados del ejemplo de los Bárcias, Muñozes y
Navarretes, quieren exponernos á las burlas de la
gente instruida de allá y, en cierto modo, conceder la
razon á los que pretenden que hemos perdido del
Nuevo Mundo hasta la historia.

★
3

IV.

Dadas las condiciones de nuestra BIBLIOTECA, no hay para qué decir que su publicacion sería punto ménos que imposible, si no contaran los encargados de sostenerla con la facilidad de recoger sus materiales en las públicas y particulares de esta córte, y con el favor y condescendencia de quienes las dirigen ó poseen; sin embargo, en algunas y de algunos de sus dueños ó jefes, yo, por mi parte, he merecido tan benévola acogida, que me considero en el deber de reconocerlo y de consignar aquí mi gratitud de una vez para siempre.

Mencionaré en primer término la Biblioteca particular de S. M. De ella proceden la mayor parte de los manuscritos que han de ver y están viendo la luz en la nuestra, y en ella he podido copiarlos y estudiarlos, tiempos atrás, merced á extraordinarias deferencias del señor don Manuel Carnicero, hoy, gracias á la buena amistad del señor don Manuel Remon Zarco del Valle, ilustrado y dignísimo jefe de esta Real dependencia.

No frecuento ménos la Biblioteca de la Academia de la Historia, en donde mi consecuente amigo, el consumado paleógrafo y erudito filólogo don Manuel de Goicoechea, me ahorra no pocas veces la mitad del camino en el trabajo de investigar noticias y rebuscar papeles.

El señor don Pascual de Gayángos me auxilia con sus conocimientos de bibliografía y de historia americanas, y con los libros de su preciosa é inapreciable biblioteca.

Debo tambien mil atenciones al señor don Cayetano Rosell, jefe de la Nacional, y al encargado en ella de la seccion de manuscritos, don José Octavio de Toledo; y el conocer muchos é interesantes documentos relativos á la historia del Perú, á los señores don Francisco de Paula Juárez, Archivero de Indias, don Luis Tro y Moxó y don José Sancho Rayon.

M. J. DE LA ESPADA.

CAPÍTULO I. — De cómo el visorey Blasco Núñez Vela salió de Sant Lúcar, y lo que le sucedió hasta ser llegado á la cibdad de Panamá, que es en el reino de Tierra Firme.

Pues como el visorey Blasco Núñez hobiese mandado aderezar las naves para salir de España é proseguir su viaje á los reynos del Perú, despues de estar todo aderezado, con los caballeros que le iban acompañando (*a*) salió de aquel puerto sábado á tres dias del mes de Noviembre, año de Nuestra Reparacion de mill y quinientos y cuarenta y tres años; y navegando con gran velocidad por el gran mar

---

(*a*) Por el registro de la flota que partió de San Lúcar en 3 de Enero de 1543, hecho por los oficiales de la Contratacion de Sevilla, consta que aquella se componia de 49 naos y la en que debia ir el virey Blasco Núñez; que este llevaba 50 criados, los cuales no se registraron; que el total de los pasajeros ascendia á 915, entra ellos 36 casados en compañía de sus mujeres, y 87 solteras y muchachas con sus padres y madre; y que entre los pasajeros de más nota contábanse: Agustin de Zárate, contador

océano (*a*), anduvo hasta ser llegado en la Gran Canaria; á donde, despues de haberse proveido de las cosas
necesarias para la mar, entrado en la nave el licenciado
Cepeda, que iba por oidor, salidos de aquella isla, prosiguieron su viaje, enderezando al Nombre de Dios, y
pasaron algunas cosas en él que no tocan á nuestra
escritura. Allegó al Nombre de Dios el visorey dos
dias despues de la Pascua de los Reyes del año de mill
y quinientos é cuarenta é cuatro años, á donde estuvo
quince ó diez y seis dias, los cuales pasados, acompañado de los que venian con él, se partió á la cibdad de
Panamá.

En gran manera me congojo en ver que un varon
tan acabado como fué el visorey, fuese á meterse en las
manos de varones tan iníicuos y perversos; porque ya que
en él faltó consejo, y en alguna manera no se hobo con
prudencia en las cosas de la gobernacion, no merecia

---

de cuentas de Tierra Firme y Perú, y su hermano **Diego de Leon**; el licenciado Zárate con su mujer, 2 hijos y una hija; el gobernador Rodrigo de
Contreras y su hijo Hernando de Contreras; doctor Lison de Tejada, oidor
de la Audiencia del Perú, y su mujer; el licenciado Alvarez; el licenciado
Gomez de Santillan, oidor de Nueva España; el licenciado Juan Rojel,
oidor de Los Confines; Pedro de Fuentes Manrique, contador de Honduras;
el licenciado Pedro Ramírez; el licenciado Francisco Tello de Sandoval,
Jerónimo de San Martin, contador de Santa Marta; Vasco Godínez, vecino de Jerez; don Gonzalo, cacique del Nuevo Reyno de Granada; el
capitan Diego de Fuenmayor.

El virey no iba notado en ninguna de las 49 naos, aunque en una de
ellas se apuntaron algunos criados suyos, con su hermano Francisco Velázquez de Vela Núñez (Col. Muñoz, t. 83, f.º 114).

(*a*) *Tuvo alguna tormenta en el golfo que llaman de las Yeguas, y pasado el uaufragio* (Borrado en el original).

que se le diera muerte tan cruel como hoy lo testifica
Añaquito, tan vecina á la equinocial. Las cosas que
han de ser no las podemos excusar, pues mana todo de
la voluntad del altísimo Dios.

Allegado el visorey á la cibdad de Panamá sin
aguardar á los oidores, que por algunas causas no salieron con él, ántes quedaron en el puerto de Nombre
de Dios, halló en aquella ciudad al licenciado Pedro Ramírez de Quiñones, oidor ques agora de Los Confines,
tomando residencia al doctor Villalobos y al licenciado
Paez (*a*), oidores que habian sido en la audiencia que habia estado asentada en aquel reyno. Luégo tomó el sello
real y fué puesto en un cofre con la veneracion que convenia; y sin considerar más de hacer lo que le habia
mandado S. M., é trayendo como traya diversos capítulos
de las ordenanzas para ejecutallas en toda parte que se
hallare, entendió luégo en la ejecucion dellas, queriendo que todos los indios é indias del Perú fuesen enviados á aquel reyno, cada uno á su tierra é naturaleza á
costa de las personas que los tenian, pues la voluntad
del Rey era que fuesen libres como súbditos vasallos
suyos. Y no embargante que era cosa santa é justa lo
que se mandaba, algunos dellos habia que eran casados y
otros que querian bien á sus señores y estaban media-
namente industriados en las cosas de nuestra Santa Fe
Católica; y aun destos que mandaban que fuesen, se
huyeron no pocos dellos á partes secretas, por no ir á
donde les mandaban, y otros se iban á las iglesias, de

(*a*) Lorenzo de Paz le llama Herrera. (Déc. VII, lib. VI, cap. VI.)

donde por mandado del visorey los sacaban; y metidos
en las naves fueron la vuelta del Perú; y en el camino
murieron muchos dellos en la mar; de manera que llegaron muy pocos á sus pátrias, é los que llegaron volvian á sus ritos é idolatrías como ántes solian; de manera que ningun provecho resurtó (*sic*) querer cumplir
esta ordenanza. Y algunos conquistadores que se iban
á España é de muchos años tenian indias de su servicio
en las quales habian habido hijos, queriéndolas llevar
consigo, se las mandaba quitar, para enviallas á sus tierras á costa de sus amos; y si sobre ello altercaban ó
hablaban algo, les mandaba pagar doblado en flete ó
matalotaje; é como algunos tuviesen los hijos pequeños
é quisiesen suplicarle no permitiese que muriesen por
no tener madres, mandaba que pagasen mayor suma,
usando en este caso como los jueces portugueses del
toston (*a*).

Llegados los oidores á Panamá, se hicieron algunas
fiestas, y cuentan que los oidores y el visorey no estaban
muy conformes, ántes en secreto ni él trataba bien
dellos, á lo que dicen, ni ellos dél. E como se tratase
del rigor de las nuevas leyes, y la dificultad que traya
el querer ejecutallas en el Perú, por haberse alterado
los de aquel reyno en tanta manera, los oidores hablaron al visorey sobre que no debia mostrar voluntad de

---

(*a*)　He procurado informarme, consultando á personas eruditas y com-
petentes de España y del vecino reino, acerca de esos *jueces del toston*, ó
del *uso del toston* entre las jueces portugueses, pues de ambas maneras puede entenderse el pasaje; pero mis diligencias han sido inútiles.

la ejecucion de las leyes por entónces, hasta que se viere
apoderado en el reyno del Perú, y el audiencia asentada, seria más fácil hacer lo que S. M. mandaba. Y
el visorey tuvo aviso de las cosas que habian pasado
en el Perú é la mucha gente que habia en aquel reyno,
de lo que habia hecho el gobernador Vaca de Castro (8),
é como estaban muchos tiros de artillería é arcabuces
é pólvora en las ciudades del Cuzco é Lima; é le avisaron muchos que entrase con sufrimiento é modestia
en el Perú, porque si entraba de otra manera, podria
ser levantarse contra él; porque demas de las armas y
gentes que habia en aquel reyno, cada dia pasaban
muchas, y agora de nuevo iban. Mas él, no mirando á
estos dichos, dicen que respondia: quél solo con una
capa y una espada bastaba para todo el Perú. Y muchos, oyendo sus dichos, adevinaban en lo que habia
de parar; porque viendo que las ordenanzas eran ásperas para gente que tan libremente habia vivido como
los que estaban en el Perú, y cuán duro les habia de
parecer el yugo tan grande dellas, entendian que se
ponian en arma, pues estaban ya acostumbrados por
cosas livianas á contender en guerra (*a*).

(*a*) Casi todo lo que en este capítulo se refiere á la conducta del virey
lo suprimió Herrera en sus Décadas, y lo que dejó queda bastante ate-
nuado.

CAP. II.—*De las cosas que más pasaron en Panamá; de lo que le dijeron al visorey el gobernador Rodrigo de Contreras y los oidores sobre las ordenanzas.*

No habia ménos bullicio y alboroto en la Tierra Firme que en el Perú, oyendo al visorey que decia que luégo habia de ejecutar las ordenanzas y tener el reyno en tanta retitud y justicia, que ninguno se desmandase á vivir con tanta soltura como hasta ' allí habia sido. Rodrigo de Contreras, gobernador que habia sido de la provincia de Nicaragua, estaba en aquel tiempo en Panamá, y mirando que el visorey no queria retener en su pecho cosa alguna de lo que habia de hacer,—ántes publicamente, que por todos era oydo, afirmaba con juramento que no seria desembarcado en el puerto de Túmbez, cuando los indios habian de conocer que eran vasallos y súbditos del Emperador, nuestro señor, y que los encomenderos no habian de tener con ellos en que entender en más que en cobrar los tributos que eran obligados á les dar, y que luégo las ordenanzas reales se habian de ejecutar como el Rey mandaba,—se fué á su posada y le dijo:—La alteracion que hobo en este nuevo imperio de Indias desde

las islas á esta parte, en saber los españoles que en ellas
vivian venir las nuevas ordenanzas, Vuestra señoría
no creo que lo inora, pues si las orejas no tiene sordas,
el tomulto no siendo acabado, podrá oir ' el clamor que
sobre ello tienen. No me quejo yo ni los de acá de que
S. M. haya enviado las nuevas leyes, mas como sea
príncipe tan cristianísimo, desea que con retitud las
cosas de acá sean gobernadas é con moderacion; y
teniamos por cierto que viniendo á las ejecutar sus
ministros, celosos de su servicio real, mirarian que
la expedicion de los negocios no requiere llevarlas á
ejecucion; y viendo que Vuestra señoría públicamente
da á entender que no habrá llegado á la Nueva Castilla, cuando han de ser cumplidas y ejecutadas en uno
mismo, me congojo (*a*). Y las ordenanzas que trae no
sólo no las publique, mas vaya al reyno y esté un año
y más en él, y despues de ver asentadas las provincias
y que en ellas no hay alboroto, en tal caso, el tiempo,
que es maestro de acaescimientos, dirá lo que haya de
hacer; y si se cumplen, yo desde aquí me hago adivino
de grandes males que han de rescrecer, porque los
que viven en aquel reyno no son de baja suerte (*b*)
como en España decian, sino todos los más hijos-
dalgo, y vienen de padres magníficos, y han de permitir ántes morir, que venir á tener por bien el cumplimiento de las ordenanzas; y como haya cabeza (*c*)

(*a*)   *Y no tenga en poco mis palabras, ántes las oya con atencion* (Borr.)
(*b*)   *Ni gente suez* (Borr.) ¿
(*c*)   *Y abtor* (Borr.)

principal (*a*), prometo que no falten dicinciones ni
guerras, pues ya el alboroto de allá es tan grande.

Esto dicen que Contreras dijo al visorey; el cual
dicen tambien que le respondió en esta manera:—Si
es que la maldad de todo punto precede á la bondad,
y la tiranía á la lealtad, y el Rey con estos reinos no
tiene más parte que aquella que los que en él están
le quieren dar, yo creeré que lo que decís será ansí;
pero si afirmais que no les ha alterado la intencion de
S. M., ¿cómo no querrán que se cumpla su voluntad
real? Con la pobreza que nuestros padres vinieron á
descubrir este imperio, bien lo sabeis, pues no ha tantos años que Colon salió de España, y háse ido la cobdicia en tanto metiendo en las voluntades de los de acá,
que, por adquirir dineros, han hecho grandes males y
casi destruido totalmente las provincias; y si agora
estas leyes no vinieran, de aquí á diez años no hubiera otra cosa que en ellas ver, que los edeficios arruinados, los collados y rios de la tierra. Y pensar ninguno
que los ministros del Rey hemos de guiarnos á los apetitos de acá, no lo creais (*b*); y ninguno se desvergüenza-
rá que yo no le quite la cabeza de los hombros, en señal
de su traicion. Y diciendo esto, se metió en su retraimien-
to, y el gobernador Rodrigo de Contreras se salió de allí;
no tardando mucho que el licenciado Zárate (*c*), pe-

(*a*)   *Yo* (Borr.)

(*b*)   *Porque la espada terná atravesada mi corazon; y si la voz yo pudie-
re formar, lanzaré de mi pecho palabras en que por ellas dé á entender, que
tengo de ser secutor de las leyes* (Borr.)

(*c*)   *Como fuese varon tan entendido y de tan claro juicio* (Borr.)

sándole de que el visorey dijese que luégo habia de
ejecutar las nuevas leyes, paresciéndole que no era cordura hablar sobre cosa que tan enojosa era de oir á
todos, y entrándose á donde el visorey estaba, le dijo:
que oyendo las cosas que oia sobre lo tocante á las
ordenanzas, le parescia que para entender cómo se habian de ejecutar, que era cosa decente por entónces no
hablar en ellas nada, ántes las debia echar en el fondon
de una caja, fasta verse en la tierra del Perú, y entender si se podian cómodamente ejecutar. Y á esto y á
lo que le dijeron los oidores Cepeda, Alvarez, Tejada,
respondió: quél se entendia y haria lo que le paresciese.
Y porque el contador Juan de Cáceres le afirmaba que
por la noticia que tenia de la gente del Perú, colegia
que si luégo mandaba ejecutar las ordenanzas, se por-
nian en arma, ántes que obedescerle, respondió ásperamente, diciendo: que si no fuera criado del Rey, le
mandara ahorcar.

Y pasando estas cosas y otras, el visorey se apresta-
ba para se ir al Perú; y los oidores le tornaron á hablar
sobre las ordenanzas, aconsejándole que primero que
se publicasen, diese lugar á sentar el audiencia, y que
despues de formada, se haria lo que S. M. mandaba, con
maduro consejo. Y el visorey, teniendo en poco sus
amonestaciones, les respondia: que habia de hacer lo
que le era mandado, y que para hacello, él sólo bastaba.
Y crecia la sospecha entre los oidores y él (*a*).

(*a*)   Herrera suprime por completo el presente capítulo.

CAP. III.—*De cómo Francisco de Carvajal allegó á la cibdad de Los Reyes con gran deseo de se ir á España, y de cómo el visorey se embarcó en Panamá para el Perú.*

Ya hemos dicho en lo de atrás (*a*), cómo Francisco de Carvajal, deseando salir del reyno, habia procurado el favor del gobernador Vaca de Castro para ello y de los del cabildo del Cuzco; y ansí, con la ayuda que le hicieron, salió de aquella cibdad con todo el más dinero que pudo, deseando verse en España, para tener alguna quietud. Y de su ida no perdiera nada Antonio de Altamirano y Lope de Mendoza y otros muchos; pero estaba ya por Dios determinado, por nuestros muy grandes pecados, que este fuese azote tan cruel como presto la escritura dará á entender. Y salido de la cibdad del Cuzco, anduvo hasta que llegó á la cibdad de Los Reyes y se fué á apear á las casas del tesorero Alonso Riquelme; el cual, como supo su venida,

(*a*) En uno de los últimos capítulos del libro II de *Las guerras civiles*, ó sea *La guerra del Chúpas*; cuyo capítulo corresponde al XI del lib. VI de la Déc. VII en Herrera.

temió no le viniese á matar por mandado de Vaca de
Castro, por la enemistad que con él tenia; y luégo otro
dia, por todas las vías exquisitas que pudo, procuró de
no tener tal huesped en su casa; mas como Francisco
Carvajal era tan mañoso, demas de entender al tesorero, se aposentó de más reposo en su casa. Y á cabo de
algunos dias que habia que llegó á Los Reyes, dió las
cartas que traia de Vaca de Castro y cuenta á los del
cabildo de su viaje á España, y de la utilidad y provecho que al reyno se recrescia con su ida, y que por su
parte habia S. M. de ser bien informado de las cosas de
la provincia y del agravio que se les hacia á los conquistadores, si por entero las nuevas leyes se hubiesen
de cumplir:—lo mismo decia Vaca de Castro por sus
cartas, y que diesen poder á Carvajal para que nego-
ciase en España lo que convenia al reyno. Los del cabildo, vista la carta de Vaca de Castro y lo que decia
Francisco Carvajal, respondiéronle equívocamente, que
pues el gobernador por sus cartas les avisaba su venida á Los Reyes seria breve, que se estuviese en la cibdad hasta que viniese, y venido, se haria lo que mandaba como gobernador que era del Rey: y esta respuesta se le dió dentro en su cabildo y ayuntamiento,
estando en su congregacion. Y Carvajal, paresciéndole
que por le tener en poco los del cabildo de Los Reyes,
le habian dado respuesta tan frívola, se salió dél muy
sentido, y los del regimiento quedaron riendo, haciendo burla dél; teniendo por cierto, que cuando Vaca de
Castro viniese del Cuzco, estaria ya en la tierra el visorey, y no seria parte para les hacer ninguna moles-

tia, por no haber querido enviar á Francisco de Carvajal (*a*) á la España.

En este tiempo, el visorey Blasco Núñez Vela deseaba en gran manera salir de Tierrra Firme, y embarcado en la mar austral en naves, navegar, para con
presteza allegar al reyno de Perú; porque en gran manera deseaba asentar el audiencia en Los Reyes, teniendo por fácil cosa ejecutar las ordenanzas, oyendo
enojosamente y con dificultad á los que otra cosa le
hablaban (*b*). Y dejando en Panamá á los oidores, llevando consigo el sello real, se embarcó en la cibdad de
Panamá á diez dias andados del mes de Hebrero del
mismo año, y allegó al puerto de Túmbez en nueve
dias, viaje no visto ni oido que con tanta presteza ni
velocidad haya allegado ningun navío. Y desde Túmbez escribió sus cartas á la cibdad de San Francisco del
Quito, é Puerto Viejo é Guayaquil, para hacelles saber
de su venida al reyno y del cargo que en él traia por
mandado del Emperador nuestro señor, y que su
deseo era de hacer á todos bien y tenellas en justiçia; y
que por eso lo habia aceptado; y que en llegando á la
cibdad de Los Reyes, se fundaria el audiencia y chancillería real, á donde oiria y haria justicia á los que cares-
ciesen della. Y aunque les envió á decir esto, proveyó
algunos mandamientos para la nueva gobernacion y
sobre el tratamiento de los indios; los cuales se tuvieron por enojosos y pesados, porque hasta aquel tiempo

(*a*) Así varias veces, con la partícula *de*.
(*b*) Suprimido este pasaje en **Herrera**.

la justicia habia sido, como dice el pueblo, de entre compadres; y murmuraban del visorey, y á donde llegaba la fama de su venida, pesaba no poco, y de todos los más era su nombre aborrecido, y todos por temor de la tasacion no entendian en otra cosa que en sacar la más cantidad de oro que podian á los indios y caciques.

CAP. IV.—*Cómo el gobernador Vaca de Castro escribió desde la cibdad del Cuzco al capitan Gonzalo Pizarro, y de su salida del Cuzco.*

PASADAS en la cibdad de Cuzco las cosas que hemos contado en los capítulos pasados (*a*), no cesando el alboroto y tomulto que cabsó las nuevas de las ordenanzas, ántes se practicaba lo mismo; y aún cuentan que Hernando Bachicao (*b*), Juan Velez de Guevara, Gaspar Rodríguez de Camporedondo, Cermeño con otros hablaron á Vaca de Castro, diciéndole, que pues era gobernador del Rey, que se estuviese en su mando y cargo, pues sabia que todos le habian de servir y dar

---

(*a*) Ultimos de *La guerra de Chúpas*—Caps. X y XI, lib. VI, Déc. VII, en Herrera.

(*b*) Herrera escribe constantemente *Machicao;* pero él firmaba todas sus cartas *Bachicao.*

favor en lo que les mandase. A lo cual dicen que Vaca
de Castro les respondió como quien entendia cuán
mutables eran las voluntades de los hombres del Perú
y cuán inconstantes, y que para hacer sus hechos desean tener cabeza á quien despues, saliéndose ellos
á fuera, echen la culpa de lo que subcediese. Y en
esto no se engañaba Vaca de Castro, porque los que
mueven sediciones é pendencias locas y guerras colo-
readas con justificaciones, tomando cabdillo y quien
tome la voz del negocio, aunque ellos le sean cómplices en la demanda, cuando ven tiempo, sálense á fuera,
publicando conciencia y afirmando con grandes juramentos que por fuerza sirvieron al tirano, y alegan
otras cosas que al fin les vale.

Entendiendo esto Vaca de Castro, les respondió, que
habia tenido la provincia á su cargo por mandado del
Rey, y que no haria otra cosa que irse á la cibdad de
Los Reyes á aguardar al que por mandado de S. M.
venia por visorey. Y diciendo esto, mandó al secretario
Pero López que aderezase las escrituras y testimonios,
porque queria luégo salir del Cuzco.

Quieren algunos decir, y aun hombres de vista me
lo han á mí afirmado, que el gobernador Vaca de Castro escribió á Gonzalo Pizarro que viniese con toda
presteza y se mostrase procurador del reyno y su defensor, y que casándose con una hija suya, él iria á España
á negociar la gobernacion del Nuevo Toledo para él, y
otras cosas, persuadiéndole á que se moviese á ello.
Estando yo en la cibdad de Los Reyes, me dijo don
Antonio de Ribera, que entre las cartas que Gonzalo

Pizarro allí tenia,—que yo me acuerdo eran tantas, que tres secretarios continamente las leyeron al presidente de la Gasca y no acabaron en cuatro dias (*a*),—y que en ella decia (*b*), que sabiendo que muchos le habian escrito incitándole á que viniese á responder por ellos, que no lo hiciese, sinó que se estuviese en su casa, porque S. M. habia enviado á su visorey, el cual, entrado en la tierra, haria lo que viese que á su real servicio convenia; y otras cosas que no eran escritas con intencion tan mala como algunos han querido decir. Bien podria ser que entrambas cartas fuesen escritas por él (9). E desde á pocos dias salió del Cuzco acompañado de Gaspar Rodríguez de Camporedondo y de Antonio de Quiñones y Diego Maldonado y el licenciado Carvajal, Antonio de Altamirano, Gaspar Gil, Pedro de los Rios, Hernando Bachicao y otros principales y algunos soldados, y con ellos comenzó de caminar hácia la cibdad de Los Reyes.

(*a*) No hay exageracion en esto; porque sólo las que el presidente se trajo á España, y yo he visto y leido, formaran un tomo en fólio de más de quinientas fojas.

(*b*) Falta algo antes de esta frase, que seria: *habia una de Vaca de Castro á Gonzalo Pizarro*, ó cosa equivalente.

CAP. V.—Cómo el visorey partió de Túmbez para la cibdad de Sant Miguel, yendo executando las ordenanzas, por lo cual mostraban los del Perú gran sentimiento.

Allegado, pues, el visorey Blasco Núñez Vela al puerto de Túmbez acompañado de Francisco Velazquez Vela Nuñez, su hermano, y del capitan Diego Alvarez de Cueto, su cuñado, y de otros caballeros y criados suyos, entendió luégo, como hemos dicho, en la ejecucion de las ordenanzas, enviando sus mandamientos, sin estar recibido por visorey, para que todos le toviesen por tal, pues S. M. era dello servido; mandándoles que no sacasen ningun tributo demasiado á los indios, ni les hiciesen ninguna fuerza ni mal tratamiento, y otras cosas, que aunque eran justas, se habian de mandar ejecutar con gran órden y templanza, é no tan severamente ni con tanta aceleridad; no embargante que no era causa equivalente para que los del Perú se levantasen.

En Túmbez, Diego Alvarez de Cueto y otros de los que venian con él y de los que residian en el Perú, le aconsejaban por entónces no ejecutase las leyes, ni entendiese en más que asentar el audencia y verse apoderado en el reyno; pero jamás quiso tomar en este caso parescer, por donde me parece que Dios, por los pecados grandes de los hombres que vivian en Perú, fué servido que se guiase desta manera, para despues castigallos con su poderosa justicia; porque cierto la soberbia dellos y su gran soltura y disoluciones de algunos en pecar públicamente, merescian que Dios los hiriese con su mano, y que por la graveza de sus pecados tan grandes, pasasen por las calamidades y trabajos excesivos que por ellos vino. El visorey respondia lo que siempre: que habia de hacer lo que el Rey le mandase, aunque supiese perder la vida.

En Túmbez estuvo quince dias entendiendo en estos proveimientos, los cuales pasados, determinó de salir de allí y partirse para la cibdad de Sant Miguel; é por sus jornadas anduvo hasta llegar á aquella cibdad, á donde fué rescibido alegremente, á lo que mostraban en lo público, no embargante que lo interior de sus ánimos verdaderamente á todos pesaba de verlo, por traer las leyes. Mas al fin fué rescibido por visorey, y luégo entendió en la ejecucion de las ordenanzas, mandando tomar copia de los repartimientos que habia en los términos de Sant Miguel, preguntando á los caciques lo que daban y á los encomenderos lo que recibian, para conforme á esto tasar los tributos que habian de dar á los principales; y á los indios naturales hacia entender como S. M. era servido que fuesen libres y tratados como subdictos (*sic*) vasallos suyos.

Los del cabildo de aquella cibdad, viendo al visorey como ejecutaba las ordenanzas, suplicáronle con toda

2

humildad no lo hiciese por entónces y diese lugar á quel
Emperador fuese informado generalmente de todo el
reyno, para que, constándole los grandes servicios que
le habian hecho, fuese servido de facerles mercedes en
no consentir que por entero las ordenanzas sean cumplidas. Mas aunque con grandes lloros se lo suplicaban,
alzando sus manos derechas en testimonio de que siempre servirian al Rey con toda lealtad, no aprovechó sus
ruegos ni apelaciones, requerimientos, protestaciones
que sobre ello hicieron, ántes suspendió luégo los indios á Diego Palomino, porque habia sido teniente de
gobernador, y á todos los indios puso en gran libertad,
mandándoles que á ningun español diesen cosa alguna
sin que primero lo pagasen, y que usasen de pesos y
medidas con ellos (10).

De todas estas cosas que pasaban iban á las cibdades
de Trujillo y Los Reyes nuevas, y áun se contaban con
mayor extremo que ello pasába, haciendo más grave y
dificultoso el rigor del visorey, como suele acontecer
en los semejantes casos. Y sin la gente que iba por
tierra, allegó al Callao, ques el puerto de la marítima cibdad de Los Reyes, una nave de un Juan
Vazquez de Ávila, y el maestre que en ella venia,
dijo quedar el visorey Blasco Núñez en Túmbez. Con
esta nueva hubo grande alboroto en la cibdad, sabiendo lo que pasaba á donde el visorey estaba, creyendo
que luégo habia de mandar ejecutar las leyes; é juntos
en su cabildo é ayuntamiento los regidores y oficiales
y los demás que solian juntarse en semejantes congregaciones, y praticaron sobre la venida del visorey y

el alboroto que andaba en el reyno, y lo que les convenia hacer ; y despues de altercado, se resumieron en
que saliesen de su cibdad algunos varones doctos y de
autoridad á encontrarse con el visorey y dalle la norabuena de su venida, y á que le informasen de lo que
pasaba en el reyno, y de cómo todos, el pecho por
tierra, harian lo que su Rey y señor natural les mandaba (*a*).

*CAP. VI.—Cómo de la cibdad de Los Reyes
salieron algunos caballeros á rescibir al visorey, y de su salida de Sant Miguel para Trujillo.*

Determinados, pues, los del cabildo de Los Reyes
de inviar personas de su cibdad, para que se encon-
trasen con el visorey, señalaron para ello al factor
Yllan Xuárez de Carvajal, y al capitan Diego de
Agüero, regidores, y á Juan de Barbarán, procurador
de la cibdad, con los cuales salieron Pablo de Menéses, Llorenzo de Estopiñan, Sebastian de Coca, Her-

---

(*a*) Calla Herrera todas las durezas y muchos de los actos del visorey
consignados en este capítulo; y tambien la actitud respetuosa y humilde con
que las autoridades le recibieron, y suplicaron del rigor de las ordenanzas.

nando de Várgas, Rodrigo Núñez de Prado y otros, entre los cuales iba fray Esidro (*a*) de la órden de los dominicos, que salia por mandado del reverendísimo don Jerónimo de Loaisa, obispo de Los Reyes. Y dejando ir caminando á los que digo, volveremos á Blasco Núñez, que despues de haber hecho en la cibdad de Sant Miguel y sus términos lo que contamos en el capítulo precedente, determinó de se partir para Trujillo, y ansí, acompañado de los suyos, salió de aquella cibdad.

El factor con los que salieron de Los Reyes anduvieron hasta que llegaron á unos aposentos que se nombran de las Perdices (*b*), que están diez leguas de Los Reyes, con voluntad de no parar hasta encontrarse con el visorey; y vieron venir á gran priesa un español, el cual, llegado junto á ellos, supieron llamarse Ochoa, y dijo venia con despachos del visorey para el cabildo de Los Reyes y el gobernador Vaca de Castro, lo cual era verdad, porque el visorey lo envió desde el camino. El factor Yllan Xuárez de Carvajal, y el capitan Diego de Agüero, como regidores, y Juan de Barbarán, como procurador, abrieron el

---

(*a*) De San Vicente. Herrera le llama Egidio.

(*b*) El nombre indiano de estos aposentos ó *tambo* era *Llachu* ó *Llachay*; pero los primeros españoles que fueron con Hernando Pizarro y el veedor Miguel Estete desde Caxamarca á Pachacámac, le llamaron el tambo de las Perdices, por las muchas de aquella tierra (*Nothura*) que los indios tenian enjauladas en sus casas; probablemente en calidad de *machac*, guaca ó cosa sagrada, pues aquella galinácea era entre los yuncas ó habitantes de la costa peruana pájaro agorero.

pliego, y hallaron que venia un traslado de la provision que S. M. dio á Blasco Núñez de su virey, y una
carta para Vaca de Castro, en que le mandaba que no
usase más el cargo de gobernador y que se viniese á
Los Reyes, y otras cosas que en la carta se contenian.
Para el cabildo de la cibdad de Los Reyes venia otra
carta, y por ella les mandaba que le recibiesen por
visorey por virtud de traslado de la provision que les
inviaba, teniendo los alcaldes la justicia, sin tener más
tiempo á Vaca de Castro por gobernador. Dícese quel
visorey, desde que entró en el reyno, tuvo por odiosas
las cosas de Vaca de Castro, y que tuvo por muy acetos
á los que siguieron la parte de don Diego de Almagro.
Dichos vulgares son, é yo no sé lo cierto dello (*a*).

Vistos estos despachos por el factor y por los otros,
my alegres, por la enemistad que con Vaca de Castro
tenian, determinaron que fuese con la nueva Juan de
Barbarán, como procurador; el cual á toda furia revolvió á Los Reyes, y allegado á la cibdad, entró cor-
riendo por las calles, como si la tierra estuviera rebe-
lada del servicio de S. M., diciendo:—¡Libertad!, que
el señor visorey viene; veis aquí sus despachos. Y con
esta nueva, entraron en su cabildo el tesorero Alonso
Riquelme y el veedor Garcia de Saucedo y Juan de
Leon, Francisco de Ampuero, Niculás de Ribera el
Mozo, regidores; Alonso Palomino, Niculás de Ribera
el Viejo, alcaldes. La provision real de S. M. mandaba,

(*a*)   Esto lo suprimió Herrera; pero la carta del virey inserta en el Apéndice núm. 8.º no es mal fundamento de los tales *dichos vulgares*.

que por virtud della, rescibiesen á Blasco Núñez por visorey; y aquel diz que era un traslado simple, con el cual achaque pudieran por entónces no rescibir á Blasco Núñez por visorey. Y entraron tres veces en cabildo sin se concordar, y al fin, por las pasiones públicas que con Vaca de Castro tenian, más que por otra cosa, el visorey fué rescibido en la cibdad de Los Reyes como S. M. lo mandaba (*a*); habiendo enviado á llamar al cabildo donde estaban en su congregacion al licenciado Esquivel, natural de la cibdad de Badajoz, el cual, deseando el servicio del Emperador, dió voto que rescibiesen por su visorey á Blasco Núñez: y hecho esto, fué este licenciado hasta Trujillo á juntarse con el visorey y á ofrecerse á su servicio.—A Vaca de Castro se envió el trasunto de todo ello y la carta que el visorey le enviaba. —El licenciado de la Gama, que era allí su teniente, no embargante que el visorey le escribió alegremente, se salió de la cibdad para se ir á encontrar con Vaca de Castro, quedando el gobierno en los alcaldes; y dieron la vara de alguacil mayor á Juan de Barbarán, y fueron apregonadas las provisiones del visorey públicamente, el tenor de las cuales es este que se sigue:

DON CÁRLOS, por la divina

clemencia, Emperador semper-augusto, rey de Alemania: Doña Juana, su madre, y el mismo Don Cárlos, por la misma gracia, Reyes de Castilla, de Aragon, de Leon,

---

(*a*) Aseveracion omitida por Herrera.

de las dos Cecilias, de Jheruselém, de Navarra, de Granada, de Toledo, de Valencia, de Galicia, de Mallórcas, de Sevilla, de Cerdenia, de Córdoba, de Córcega, de Múrcia, de Jaen, de los Algarves, de Algecira, de Gibraltar, de las islas de Canaria, de las Islas, Indias y Tierra Firme del mar Occéano, condes de Barcelona, señores de Vizcaya é de Molina, duques de Aténas y de Neopatria, condes de Flándes y de Tirol, etc. Por cuanto nos, viendo ser cumplidero á nuestro servicio, bien y noblecimiento de la provincia de la Nueva Castilla, llamada Perú, habemos acordado de nombrar persona que en nuestro nombre y como nuestro visorey la gobierne, y haga y provea todas las cosas concernientes al servicio de Dios Nuestro Señor y aumento de Nuestra Santa Fe Católica, y á la instruccion y conversion de los indios naturales de la dicha tierra, y ansí mismo haga y provea las cosas que convengan á la sustentacion, perpetuidad y poblacion y noblecimiento de la dicha Nueva Castilla y sus provincias, por ende, confiando de vos Blasco Núñez Vela, y porque entendemos que ansi cumple á nuestro servicio y al bien de la dicha provincia de la Nueva Castilla, y que usareis del dicho cargo de nuestro visorey y gobernador della, con aquella prudencia y fedilidad que de vos confiamos; por la presente vos nombramos por nuestro visorey y gobernador de la dicha Nueva Castilla y sus provincias, por el tiempo que nuestra merced é voluntad fuere, y como tal visorey y gobernador proveais, ansí en lo que toca á la instruccion y conversion de los dichos indios á Nuestra Santa Fe Católica, como á la perpetuidad y

poblacion y noblecimiento de la dicha tierra y sus provincias lo que viéredes que conviene. Y por esta nuestra carta mandamos al licenciado Vaca de Castro, nuestro gobernador que al presente es de la dicha provincia,
y·al nuestro presidente é oidores de la audiencia real
que hemos mandado poveer en Los Reyes, y al nuestro
capitan general y capitanes de la dicha tierra, y á los
consejos, justicias é regidores, caballeros, escuderos,
oficiales é homes buenos de todas las cibdades, villas,
y logares de la dicha Nueva Castilla, que al presente
están pobladas y se poblaren de aquí adelante, y á cada
uno de ellos; que sin otra larga ni tardanza alguna,
sin nos más requerir ni consultar, esperar ni atender
otra nuestra carta ni mandamiento, segunda ni tercera
jusion, vos hagan, resciban y tengan por nuestro visorey
y gobernador en la dicha Nueva Castilla, llamada Perú,
y sus provincias, y vos dejen y consientan libremente
usar y ejercer los dichos oficios, por el tiempo que,
como dicho es, nuestra merced y voluntad fuere, en
todas aquellas cosas y cada una de ellas que entendais
que á nuestro servicio y buena gobernacion, perpetuidad y noblecimiento de la dicha tierra, é instruccion de
los naturales della viéredes que conviene; y para usar
y ejercer los dichos oficios todos se conformen con
vos y vos obedezcan y cumplan vuestros mandámien-
tos y con sus personas y jentes vos den y fagan dar
todo el favor é ayuda que les pidiéredes y menester
hobiéredes, y en todo vos acaten y obedezcan y que en
ello ni en parte alguna dello embargo ni contrario alguno vos no pongan ni consientan poner; ca nos por

la presente vos rescibimos y habemos por rescibido á
los dichos oficios y al uso y ejercicio de ellos, y vos damos poder y facultad para los usar y ejercer, caso que
por ellos ó por alguno dellos á ellos no seais rescibido.
Y otrosí es nuestra merced, que si vos el dicho Blasco
Núñez Vela enterdierdes ser cumplidero á nuestro
servicio y á la ejecucion de la nuestra justicia, que
cualesquier personas que agora están y estuvieren en
la dicha provincia de la Nueva Castilla y tierras y provincias della, se salgan y no entren ni estén en ella, vos
les podais de nuestra parte mandar y los hagais della
salir conforme á la premática que sobre esto habla,
dando á la persona que así desterráredes la causa porque lo desterrais; y si os paresciere que conviene que
sea secreta, dársela heis cerrada y sellada, y vos por
otra parte nos enviareis otra tal, por manera que sea-
mos informado dello; para lo cual todo que (*sic*) dicho
es y para cada cosa y parte dello, por la presente vos
mandamos poder cumplido con todas sus incidencias y
dependencias, anexidades y conexidades; y mandamos
que hagais y lleveis de salario en cada un año con los
dichos oficios de nuestro visorey é gobernador de la
dicha tierra, cinco mill ducados, contados desde el dia
que os hiciéredes á la vela en el puerto de San Lúcar de
Barrameda, para seguir vuestro viaje á la dicha nuestra
provincia de Perú, todo el tiempo que por vos tovié-
redes los dichos oficios; los cuales mandamos á los
nuestros oficiales de la dicha provincia del Perú que os
den y paguen de los derechos que en cualquier manera
tuviéremos en la dicha tierra, y que tomen vuestra

carta de pago, con la cual y con el traslado de esta
nuestra provision mandamos que les sean recibidos y
pasados en cuenta los dichos maravedís, siendo tomada
la razon desta nuestra carta por los nuestros oficiales
que residen en la cibdad de Sevilla en la casa de la
contratacion de las Indias. Dada en la villa de Madrid
á primero dia de mes de Marzo de mill y quinientos y
cuarenta y tres años.—Yo el rey.—Y *(sic)* Juan de Sa-
mano el secretario de sus Cesárea y cathólicas magestades la fice escrebir por su mandado.=Y en las espaldas de la dicha provision real de S. M. estaban las
firmas y nombres siguientes: frag! *(sic)* carlis. hispa-
lens. *(a)* S. eps. Conchen *(b)*, el doctor Bernal, el licenciado Gutierrez Velazquez, el licenciado Gregorio
Lopez, el licenciado Salmeron.—Registrada.—Johan
de Loyando.—Por chanciller, Blas de Sayavedra.

(a) *Fr. García*, *Cardinalis Hispalensis*. Don Fray García Jofre de
Loaysa.

(b) *Sebastianus*, *Episcopus Conchensis*. Don Sebastian Ramirez de Vi-
llaescusa, obispo de Cuenca.

CAP. VII.—De cómo el gobernador Vaca de Castro venia del Cuzco, y lo que le subcedió al factor Illan Xuárez y á los demás que se iban á encontrar con el visorey.

Ya contamos en los capítulos de atrás cómo el gobernador Vaca de Castro queria salir de la cibdad del Cuzco para se venir á Los Reyes con voluntad de se ver con el visorey Blasco Núñez Vela, no ostante que muchos de sus amigos le aconsejaban y amonestaban se fuese al puerto de Quilca, á donde se podia embarcar en un navío para irse, sin ver al visorey, á Tierra Firme; mas él, no teniendo por cordura hacello ansí, salió de la cibdad del Cuzco, llevando alguna gente y armas y artillería para guarda de su persona, ó segun otros quieren decir, para con ella suplicar por el bien comun del reyno. Otros afirman, y ansí es cierto, que la sacó por no dejalla en el Cuzco, adivinando lo que habia de ser; y como de aquella cibdad saliesen siempre los nublados para derramarse por todas partes, paresció le cordura sacar el artillería y armas, como lo hizo. Salido, pues, del Cuzco, anduvo hasta que llegó á la cibdad de Goamanga, á donde tambien se le allegaron algunas personas, y de allí fué á la provincia de Xauxa,

en la cual se encontró con el licenciado de la Gama y supo dél lo que habia pasado; y despues de haber
praticado con sus amigos algunas cosas acerca de las
ordenanzas y de lo que se decia del visorey, acordó de
inviar á su secretario Pero López á que se fuese á encontrar con él y á que de su parte le diese la norabuena de su venida, certificándole que le sirviria en todo
como aquel que venia en nombre del Rey nuestro señor; y ansí se partió Pero López á lo que digo.

Pues como los del cabildo de la cibdad de Los Reyes supiesen que Vaca de Castro venia acompañado ó
traia mucha gente consigo, le escribieron que deshiciese la gente y dejase las armas y entrase en Los Reyes
privadamente sin se nombrar más gobernador del reino, pues ya no lo era, y que, venido, le guardarian su
honor por ser del Consejo real y haber sido su gobernador y capitan general.

Despues de haber vuelto á la cibdad de Los Reyes
Juan de Barbarán, el factor Illan Xuárez de Caravajal
y el capitan Diego de Agüero con los demás caminaron acercándose hácia la ciudad de Trujillo, y anduvieron jueves y viernes sancto y llegaron á un pueblo de
indios que ha por nombre Guáura, que es diez y ocho
leguas de la cibdad de Los Reyes, de donde el viernes,
ya tarde, partieron para ir otro dia á otro que ha por
nombre de la Barranca; y el sábado, víspera de pascua
de Resurecion del año de mill y quinientos y cuarenta
y cuatro, encontraron con un Ruiloba, que era criado del gobernador Vaca de Castro, que no poca turbacion causó su venida, porque, preguntado si habia

visto al visorey, respondió quedar cerca de Trujillo y que venia quitando indios; y en Sant Miguel que ya estaban sin ellos el teniente Palomino y otras personas; y aún, que decia que en todas partes había de hacer lo mismo, no dejando afuera á los oficiales de. la real hacienda. Y diciendo esto Ruiloba, se partió á dar aviso á Vaca de Castro. El factor Illan Xuárez, cansado del camino y enojado con las nuevas, se recostó sobre un pilar del aposento, no pudiendo fácilmente oir lo que decian, y el capitan Diego de Agüero á grandes voces dijo:—Yo no quiero parar hasta encontrar con el visorey, y si me ha de quitar los indios, quítemelos luégo, que á mi hijo no le ha de faltar de comer, pues tiene hacienda con que vivirá. Y diciendo esto, se partió luego para Trujillo (*a*). Con él fué Rodrigo Núñez, vecino de Guánuco, que tambien estaba mal con Vaca de Castro, por le haber quitado los indios de repartimiento, por haber seguido á don Diego de Almagro el Mozo.

Ya hicimos mencion como el visorey habia partido de la cibdad de Sant Miguel acompañado de algunos vecinos y de otros soldados, dando oido, á lo que dicen, cuando le decian algun mal de Vaca de Castro, porque desde que entró en Perú, se allegó á la parte de los Almagros, y ellos, sin refrenarse, hablaban lo que querian del mismo Vaca de Castro.—Ya tengo otras veces dicho, cómo el antiguo nombre de Sant Miguel es Piú-

(*a*) Herrera entendió este pasaje al revés. (Déc. VII, lib. VII, capítulo XVI.)

ra, y el de Trujilllo, Chimo, y el de Los Reyes, Lima;
aunque, olvidados de los nombres, unas veces los pon-
gamos de una manera y otras de otra, todo es uno, y
el lector sabrá tener entrambos nombres.—Yendo,
pues, el visorey caminando por el real camino de Los
Llanos, mirando los grandes desiertos que habia y
arruinados edificios, que daban á entender haber habido
gran poblado, le pesaba, diciendo, que por el mal gobierno vinieron aquellas gentes á tanta diminucion,
admirado de ver los grandes y antiquísimos edificios
que con tanta sontuosidad habia por los caminos hechos.
Y en los valles á donde habian quedado algunos indios,
hacia entender á los señores y caciques ser vasallos del
Rey de España, diciéndoles, que desde entonces habian
de tener gran libertad y los tributos que daban á los
encomenderos serian moderados, y lo mismo el bastimento y cosas necesarias; y que si más quisiesen, que se
lo habian de pagar. Llegado á la cibdad de Trujillo, le
hicieron grande recibimiento, aunque con ánimos llo-
rosos y rostros muy pensativos, y le recibieron en ordenanza, como insinia de guerra ,que fué harto ruin y triste agüero, si decirse puede, pues viniendo á poner paz,
le recibian con órden de guerra; y fué metido con
palio, vestidos de púrpura los regidores, y lo recibieron por visorey, como S. M. lo mandaba.—El factor
Illan Xuárez de Carvajal y los otros caballeros se volvieron á Los Reyes, y dicen quel factor puso un mote
en la barranca que decia: *Cada uno mire lo que hace y no
quite su hacienda á otro, porque podia ser quedarse burla-
do y costarle la vida.* Otros afirman queste mote puso

Francisco Descolar (*a*), y ansí se tiene por cierto, el cual es vecino de Los Reyes.

CAP. VIII.—De cómo el gobernador Cristóbal Vaca de Castro, vista la carta del visorey y cómo ya estaba rescibido en Los Reyes, deshizo la jente y envió el artillería á la cibdad de Sant Juan de la Frontera de Goamanga.

GRANDE admiracion ha de ser oir las cosas quel discurso de nuestra obra ha de ir prosiguiendo; y verdaderamente fueron muchas las alteraciones que hobo en estos reinos; y ansí como la riqueza dél es tan grande, que los collados y cordilleras de sierras, rios, arroyos estén tan abastados de metales de plata y oro, no puede sustentarse en paz tanta grandeza. Y no quieran los más que vivian en él dorar sus iniquidades y grandes traiciones, echando la culpa al capitan Gonzalo Pizarro, que sin comparacion eran muchas las cartas que le iban de todas partes, persuadiéndole á que que viniese de donde estaba, que todos le sirvirian y acudirian con sus haciendas y personas. En esto, aunque algunos han querido culpar á los del Cuzco, son

---

(*a*) Así, por *del Solar.*

los que ménos culpa tuvieron, como adelante dará
la escritura á entender y yo lo mostraré con toda
claridad.

Llegada que le fué al gobernador Vaca de Castro
la nueva de la entrada del visorey en el reyno, y vista
la carta que le escribia, y como ya le habian recibido
por visorey, rescibió grande alteracion, ansí por las
cosas que Ruiloba su criado le habia dicho, como por
el recibimiento que se le habia hecho; por quél quisiera, segun dicen, entrar en Los Reyes como superior, y al tiempo del recibimiento, suplicar de las ordenanzas; y deseaba que su secretario Pero López se en-
contrase con brevedad con el visorey, para que fuese
informado de las cosas que por él habian sido hechas. Y
estuvo perplexo pensando lo que haria, viéndose por
todas partes cercado de grandes cuidados, ques para
los ánimos generosos fatiga muy grande, y que en
los principios de semejantes casos requiere mirar con
gran prudencia lo que se ha de hacer; porque despues, si se yerran, es la culpa de los que bien no lo
miran, y si se acierta, son tenidos por prudentes. Y en
los casos grandes más requiere determinacion que consejo, porque cuando han parado las alteraciones y los
alborotos convertidos en guerras, más me aterné á
seguir á un hombre osado, que no á un letrado avisado, porque por estos se dijo, que por dorar un yerro,
hacen ciento. Vaca de Castro miraba en sí mismo que
si entraba en Los Reyes acompañado con artillería,
armas, arcabuces, que sonaria mal y no le ternian á
lealtad, y que si entraba privadamente, que se obligaba

á quel visorey hiciese dél á su voluntad, sin querer
guardar el decoro de su persona, ni tener atencion á lo
mucho que habia servido al Rey, por venir mal con
él, como era público; mas, no obstante estas cosas,
derramó la gente, y el artillería mandó que fuese llevada á Sant Juan de la Victoria de Goamanga, y que
allí donde esta nueva le tomó, que es en el valle de
Guadacheri, diez y ocho leguas de Los Reyes, quedasen las picas con las otras armas que tenia.

El licenciado Benito Xuárez de Carvajal estaba
con Vaca de Castro, y vínole una carta del fator su
hermano, en que por ella le hacia saber el visorey le
quitaria los indios como habia hecho á los demás que
habian sido tenientes, y lo mismo á él por ser oficial;
por tanto, que convenia que, vista aquella carta, volviese á donde tenian los repartimientos de indios y sacase todo el más dinero que pudiese, para se ir á España, inviando una dejacion al fator de sus indios en
Rodrigo de Carvajal y Jerónimo de Carvajal y Juan
Vázquez de Tapia. Vista esta carta por el licenciado
de Carvajal, la leyó públicamente, y negociado con
Vaca de Castro la dejacion, aunque ya no era gobernador, se partió á hacer lo que por el fator le era escrito.
Y este fué un principio por donde el visorey estuvo
mal con el fator, porque fué avisado desta carta que
escribió, por Antonio y Juan de Leon, cuando le salieron á rescibir.

En este tiempo, Vaca de Castro, despues de haber
deshecho la gente, venia acompañado de muy pocos á la
cibdad de Los Reyes, no dejando de procurar con todas

sus mañas nuevas amistades, y en las que tenia fijas
arraigarse de nuevo.

CAP. IX.—*Cómo el gobernador Vaca de Castro entró en Los Reyes, y de lo que más pasó.*

No podemos negar que Vaca de Castro fué un varon
avisado, y que si la codicia no le subjetara, verdaderamente él gobernó el reyno prudentemente; mas
no embargante que habia deshecho la gente y no venia
sino con algunos caballeros vecinos del Cuzco, con
ellos trataba la manera que ternia para entrar en la
cibdad; porque, sabido por él que los del cabildo
habian recibido al visorey por un traslado simple,
deseaba que ellos mismos le tornasen á ofrecer el
gobierno, para que pudiese responder al visorey.
Y mandó al licenciado de la Gama, su teniente que
habia sido, que se partiese para la cibdad y tornase
á tomar la vara de su teniente, y escribió cartas á
muchas personas muy graciosas y llenas de favores y
de esperanzas, y á algunos que dél estaban quejosos,
hacia nuevos proveimientos. Y en esto de dar cédulas
y provisiones, Vaca de Castro nunca lo dejó de hacer
hasta que entró en Los Reyes; si la fecha de las cédulas
y despachos quél daba decia de entónces ó de ántes, él

y sus escribanos lo saben, que yo no lo puedo saber; aunque lo que fué y cómo pasó no lo inoro ni el letor lo dejará de entender. Y ansí sabemos que Vaca de Castro en este camino repartió muchos indios de los que estaban puestos en su cabeza y de los del marqués don Francisco Pizarro.—Y el licenciado de la Gama era vuelto á tomar la vara de teniente, porque en la cibdad, cuando vino Juan de Barbaran con los despachos, nunca quiso entrar en los cabildos, ni se halló al recibimiento del visorey.

¡Oh, Dios mio, y cuántas muertes, cuántos robos, desvergüenzas, insultos, destruicion de los naturales se apareja por las invidias destos hombres y por querer consiguir mandos! ¡Pluguiera á tu divina bondad que Vaca de Castro se sumiera en aquellas nieves de Pariacaca donde jamás paresciera, y al visorey le diera un tal dolor, que en Trujillo, á donde estaba, fuera su fin, pues lo hobo de ser en Quito con harta afrenta suya; y á Pizarro y á Carvajal se abriera otra cueva como la que en Roma aparesció (*a*) y los tragara y sorbiera! Siquiera, faltando estas cabezas, no resceciera en esta miserable tierra tantos males, pues bastaba las dolorosas batallas de las Salinas y Chúpas. Los pecados de los hombres eran tan inormes y la caridad entre ellos tan poca, que fué Dios servido que pasasen por tan grandes calamidades como el letor presto verá.

El licenciado de la Gama se partió para la cibdad de

(*a*) T. Livio, Hist. ab u. c., lib. VII, cap. VI.

Los Reyes á lo que vamos contando, y Vaca de Castro, por saber que estaba mal con el tesorero Alonso
Riquelme, y quél y los otros regidores habian recibido
al visorey por el traslado simple de la provision, habló con Lorenzo de Estopiñan (*a*),—que allí habia venido
á le informar de las cosas que pasaban y á ver si podia
negociar con él que le diesen algunos indios,—que pues
era amigo del tesorero, que lo confederase con él, que
le daria mejores indios que los que le habia quitado.
Estopiñan se volvió á la cibdad, y el tesorero le respondió á lo que de parte de Vaca de Castro dijo, que ¿qué
amistad habia él de tener con Vaca de Castro, pues le
habia quitado los indios y sobre todo vendria y le cor-
taria la cabeza? Era este tesorero muy sábio y entendido y cauteloso para hacer sus hechos; en todos los ne-
gòcios árduos y de calidad metió las manos, y despues
sabia salirse afuera.

El licenciado de la Gama, llegado á Los Reyes, fué á
la posada del tesorero Riquelme, y le persuadia, como á
hombre más principal, que hiciese cabildo, y quél tor-
naria á tomar la vara de tiniente, porque, al tiempo
que salió de la cibdad, no la habia dejado ni partido mano della con las solenidades y hábitos que se requerian; y que sin esto, el visorey le habia escrito que
se estuviese en la cibdad como se estaba y hiciesen
que le rescibiesen como S. M. lo mandaba; y aunque
esto fue verdad y el visorey lo escribió, la intencion del

_____

(*a*) Este apellido se halla escrito en el texto de diferentes maneras,
pero adoptamos la propia.

licenciado de la Gama y su deseo no era sino de volver á tomar la vara en cabildo, para que, venido Vaca de Castro, entrase de nuevo en el gobierno á ser gobernador, recelándose que, por haber sido teniente de los gobernadores pasados, le serian quitados sus indios; y no pudo negociar cosa alguna.

Vaca de Castro se vino caminando hasta que llegó á la cibdad de Los Reyes, y aunque en ella supieron su venida, no se le hizo gran recibimiento ni salieron al camino sino algunos criados y amigos suyos; y con ellos entró en la cibdad y se fué á aposentar en casa del obispo don Jerónimo de Loaysa, y allí le vinieron á visitar todos los vecinos, hablando en las cosas quel visorey hacia y de la reguridad de las nuevas leyes.

CAP. X.—*Del gran alboroto que hobo en la cibdad de Arequipa, cuando supieron las nuevas de las leyes, y de cómo Francisco de Carvajal se fué de Los Reyes.*

AL tiempo que fueron á la cibdad del Cuzco Alonso Palomino y don Antonio (*a*) de Ribera con la nueva de las ordenanzas, el gobernador Vaca de Castro

(*a*) *Alonso* en el MS; pero es error evidente.

habia mandado á un Tomás Vázquez que fuese con toda la presteza que pudiese á la cibdad de Arequipa, llevando una carta de creencia, y dijese á los de aquella cibdad, que no se alterasen ni ficiesen alboroto ninguno con saber la nueva del visorey y de las ordenanzas que traia, porque S. M., siendo informado de que no convenia á sù servicio real que se ejecutasen, proveeria sobre ello con gran brevedad, y que enviasen sus procuradores á Los Reyes, para la suplicacion que se habia de hacer. Tomás Vázquez se partió del Cuzco y llegó al cabo de siete dias, y en la iglesia halló á los más de los vecinos de aquella cibdad; y despues que hobieron visto la carta de creencia, les dijo á lo que venia, y les mostró un traslado de las ordenanzas; el cual, como por ellos fué visto, grande fué el alboroto que se hizo y sentimiento que se mostró, tocando la campana como si fuera pregon de guerra. Tomó las ordenanzas en la mano un vecino de aquella cibdad llamado Miguel Cornejo, con las cuales subió en el púlpito, donde se suelen poner los pedricadores para hacer sus sermones; y al repique de la campana se habia llegado lo más del pueblo, y delante de todos comenzó á leer las leyes, y llegando á donde el Rey mandaba que, muertos los encomenderos, los repartimientos se pusiesen en su cabeza real, decia á grandes voces que no lo habian de consentir, sino perder las vidas ántes que vello ejecutado; y lo mismo decia sobre las otras ordenanzas que le parescian regurosas. Y entre los que allí estaban no hobo ménos ruido y tumulto que en Los Reyes, y andaban como asombrados, discurriendo por una y por otra parte, llamándose desdichados y faltos de ventura, pues, habiendo con tanto trabajo y fatigas descubierto la provincia, les era pagado tan mal. El capitan Alonso de Cáceres por su parte procuraba quel alboroto cesase, pues no aprovechaban nada aquellas palabras. Y dejando esto, concluyamos con la venida de Carvajal.

Pues cóntamos habia sido con voluntad de se ir á España, conosciendo por la espirencia que de la guerra tenia, que no podria estar el reyno en paz ni dejar de haber alborotos en las más provincias dél con la venida del visorey; y aunque por su parte lo procuró mucho, los del cabildo de Los Reyes no le quisieron dar nada ni despacho, como hicieron los del Cuzco; y queriendo meterse en alguna nave, no pudo conseguir su deseo, á causa de que las justicias no querian dar lugar á que ningun navío saliese del puerto hasta que el visorey viniese. Y visto el poco remedio que allí tenia, acordó de se ir á la cibdad de Arequipa, creyendo en el puerto de Quilca podria hallar nave en que pudiese cumplir su deseo; y con toda priesa se salió de la cibdad de Los Reyes, llevando los dineros que tenia, y adevinando la gran calamidad que habia de venir por todo el reyno. Mas tampoco halló aparejo en el puerto de Quilca como en el de Los Reyes, porque Dios era servido que no saliese de la tierra, sino que fuese azote suyo y castigo de muchos, como lo fué, pues tantos y tantos murieron por su mandado, que es harto dolor pensarlo.

*CAP. XI.—De las cosas que subcedieron en la
cibdad de Los Reyes despues que entró el licenciado Cristóbal Vaca de Castro, y de lo
que hacia el visorey en Trujillo.*

Ya era tiempo que contáramos la salida de los Chárcas del capitan Gonzalo Pizarro, pero conviene que
tratemos tambien lo que subcedió en la cibdad de Los
Reyes con la entrada del licenciado Vaca de Castro;
escrito esto, volveremos á lo demás. Aposentado, pues,
el licenciado Vaca de Castro en las casas del obispo don
Jerónimo de Loaysa, venian siempre nuevas á Los
Reyes de las cosas hechas por el visorey en la cibdad
de Sant Miguel, y las que de nuevo hacia en Trujillo,
en cumplimiento de las ordenanzas, y cómo las ejecutaba en las cosas de los indios y en otras cosas.
En gran manera les pesaba ya á los del cabildo por le
haber recibido, pues sin llegar á Los Reyes y fundar el
audiencia, ni sin acuerdo de los oidores, hacia las cosas
que contaban; y decian unos á otros que habia sido
mal acuerdo recibille, hasta quél personalmente entrase en la cibdad, pues lo podian bien hacer; y que S. M.
no mandaba que lo rescibiesen por traslados simples,

sino por las provisiones oreginales, y que tambien lo
pudieran dilatar hasta que viniera Vaca de Castro,
pues era gobernador del reyno. Vaca de Castro dicen
que habló á los regidores de la cibdad, disculpándose
de la gente que traia y armas del Cuzco: que no lo hizo
sino por saber que las ordenanzas venian y era, si se
cumplian, en el daño comun; y tambien porque con el
aparejo de armas no subcediese algun alboroto en el
Cuzco y en las provincias de arriba, pues conocian la
gente del Perú cuán exenta y mal sufrida es; é que visto su voluntad dellos, con paciencia y buen ánimo, sin
se acordar de sus cargos y dignidades pasadas, mas que
por la carta del visorey, habia deshecho la gente y rete-
nido las armas y entrado en la cibdad como todos vian,
privado de gobernador é con poca compañía; y que si
mal les viniese, de quél no dubdaba, que á sí y á sus
súpitos consejos echasen la culpa, que en lo que á él
habia competido, siempre habia hecho lo que convenia
al servicio del Rey nuestro señor.

Oidas estas cosas por los vecinos y regidores, conosciendo la voluntad de Vaca de Castro, deseaban
volvelle al gobierno de la provincia, y que siendo gobernador, mirase por el bien comun, y que S. M. fuese
informado de como á su servicio real no convenia que
las nuevas leyes se ejecutasen ni cumpliesen; y para
aquesto poder concluir, entraron en sus cabildos, enviando á suplicar á Vaca de Castro viniese á se hallar
en ellos presente, para que se concordasen en lo que
todos deseaban; y quél volviese á tomar á cargo el gobierno del reyno, pues no le dieron parte del recibi-

miento del visorey. Vaca de Castro, teniendo en más
su abtoridad que su deseo, respondió graves palabras:
que viniesen ellos á hacer el cabildo y ayuntamiento á
donde él estaba, pues era más razon que no ir él con
su persona á donde ellos querian; y de una parte á otra
fueron y vinieron algunos mensajeros, sin que Vaca
de Castro quisiese venir al cabildo, ni el cabildo ir á
donde él estaba, teniendo, á lo que yo creo, Vaca de
Castro sospecha del cabildo y el cabildo de Vaca de
Castro, porque en los tiempos pasados siempre se quisieron mal. La resolucion destos negocios fué quel
cabildo ordenó ciertos capítulos para que Vaca de Castro los firmase, que por ser cosa que de secreto pasó
entrellos, no se supo por entero.

El obispo don Jerónimo de Loaysa entrevenia en
estas cosas, é hizo amigos á Alonso Riquelme, el tesorero, y al fator Illan Xuárez con Vaca de Castro. Y
despues de hechos los capítulos, el tesorero Alonso Riquelme los dió á Lorenzo de Estopiñan, para que los
llevase á Vaca de Castro que los firmase; y despues que
los hubo visto y leido, dijo que no firmaria tal cosa,
porque dellos era menester quitar y á otros añadir. Estopiñan importunó quél mismo hiciese la enmienda
dello y los firmase; Vaca de Castro respondió que no
haria, porque conoscia que no eran hombres de constancia, y no habia él de fiar su honor dellos. Y pasadas otras cosas entre Vaca de Castro y los del cabildo,
no se concordaron en nada; ni tenemos ninguna cosa
que decir por agora de Vaca de Castro, porque no se
concluyó nada de lo que querian; y él se estuvo en Los

Reyes; y aun dicen que no mostraba pesalle con las cosas que decian del visorey (*a*).

El cual, muy de reposo se estaba á todo esto en Trujillo, entendiendo en cosas tan livianas, que, despues de fundada el audiencia, bastaba á las hacer cumplir un mandamiento quél inviara con un alguacil. Todos los que tuvieren cargo de regir reynos y gobernar provincias que sin consejo se guiaren, ellos cairán como han muchos hecho; y si el visorey con priesa dejara los arrabales y se viniera á las cibdades y con prudencia entrara en ellas, no vinieran los escándalos y grandes daños que hobo, que no fueron pocos. Todo lo que en Trujillo hacia, era que los indios supiesen lo que habian de dar y imponelles en lo que dejaba impuesto á los de Sant Miquel; y quitóles indios de repartimientos al capitan Diego de Mora, porque era teniente de gobernador, y á Alonso Holguin, porque lo habia sido.—En esta cibdad de Trujillo estaban su hermano Francisco Velázquez Vela Núñez, caballero muy noble y de grandes virtudes, y Diego Alvarez de Cueto, su cuñado, varon muy cuerdo y asentado, y que se preció siempre de dar buenos consejos al visorey, y los que más dijimos que salieron con el visorey de Túmbez.—En la cibdad de Los Reyes, Hernando Bachicao, Diego Maldonado, Gaspar Ro-

(*a*) Herrera, ó suprimió lo que hay en estos capítulos VIII, IX y XI desfavorable á Vaca de Castro, ó lo aderezó de suerte que resulta en honra del padre del arzobispo de Granada. (V. Dec. VII, lib. VII, capítulos XVI, XVII y XVIII.)

dríguez, Pedro de los Rios y otros, como entendian lo que pasaba en Trujillo y cómo el visorey ejecutaba las nuevas leyes, platicaron muchas cosas entre ellos mismos, determinando de volver al Cuzco, sin aguardar á quel visorey entrase en Lima, para ver lo que habian de hacer en lo tocante á las ordenanzas.

CAP. XII.—De cómo estando en los Chárcas el capitan Gonzalo Piçarro, le fueron cartas de muchas personas, y con ellas Bustillo, para que viniese á procurar por el reyno.

Bien se acordará el letor (*a*) cómo el capitan Gonzalo Pizarro habia salido de la cibdad del Cuzco y ido á la villa de Plata, que es en la region de los Chárcas, á donde él tenia repartimientos de indios muy ricos; y estando en un pueblo que se llama Chaqui, enviando recabdo á las minas de Potusí, que en aquel tiempo se empezaban á descubrir, para sacar plata, allegó á él un criado del comendador Hernando Pizarro, llamado Bustillo, el cual lo envió don Antonio

(*a*)   Otra referencia á uno de los últimos capítulos de *La guerra de Chúpas.* Herrera trata ese asunto en el cap. III del lib. VI de la Déc. VII.

de Ribera, é Alonso Palomino, y Villacorta y otros
muchos con cartas. Y ansí mismo, en este tiempo, me
dijo á mí Luis de Almao, criado de Gonzalo Pizarro,
que Vaca de Castro le escribió se estuviese quedo sin
se alterar, aunque las cosas no llevaban buenos términos con las ordenanzas; y que S. M. seria informado
de la verdad y mandaria lo que más á su servicio real
conviniese. Las de don Antonio, é Palomino, é Villacorta y Alonso de Toro y otros escribian que viniese
luégo á los librar y redimir de tan gran mal como era
el que se esperaba; y tambien le llevaron las ordenanzas. Y allegó este mensajero á tiempo que estaba ca-
zando ocho leguas de allí en una estancia ó hacienda
suya, que ha por nombre Palcócon, sus criados bien
descuidados de tal cosa. Pues como allegó este Bustillo al pueblo, halló á Luis de Almao y le rogó que fuese en persona á donde estaba Gonzalo Pizarro y le
dijese, que luégo con toda presteza viniese, porque le
convenia mucho, que le querian cortar la cabeza. Allegado Luis de Almao donde estaba Gonzalo Pizarro á
la segunda vigilia de la noche, alteróse mucho, pensando que era otra cosa, y pidiendo lumbre Gonzalo
Pizarro, le dijo:—¿Qué venida tan de priesa es esta?
Respondióle Almao:—Levantaos, ques venido Bustillo y trae despachos y avisos que os guardeis, porque
os quieren cortar la cabeza. Creyendo Gonzalo Pizarro
que lo decia por Vaca de Castro, respondió:—¡Juro á
Nuestra Señora que yo se la corte á él primero! Y le-
vantóse luégo de su lecho sin preguntar cosa alguna,
y ántes quel resplandor del dia viniese, cabalgó en un

caballo, y con mucha priesa anduvo hasta que llegó al
pueblo de Chaqui, á donde halló al mensajero; y tomando los despachos, estuvo oyendo las cartas todo
aquel dia y hasta la media noche; y como vido las ordenanzas, mostró rescibir gran alteracion, y sin las acabar de leer, salió fuera, diciendo á los que con él estaban, que unas nuevas tan malas le habian venido, que
ni ellos las entenderian ni él sabria decírselo; y como
esto habló, les arrojó las cartas con las ordenanzas, para que las leyesen: y despachó luégo á Juan Ramírez
á la cibdad de Arequipa, para que ciertos dineros quél
habia enviado para que fuesen enviados á España, que
los detuviese. Y holgó allí un dia, el cual pasado, se
partió y fué á dormir en el camino de Porco, mostrando mucha tristeza: y áun afirman que muchas veces
lloró, casi adivinando los grandes males que habian de
rescrecer en el reyno. No sé yo si eran lágrimas (*a*) fingidas ó no, porque los que quieren levantarse y ser
tiranos, muchas son las disimulaciones con que enga-
ñan á los que les siguen.—En pocos dias fué á las minas de Porco, donde llegó el más dinero que pudo.

(*a*) Faltaba esta palabra en el MS.

CAP. XIII.—De las cosas que pasaron en la villa de Plata, é de los procuradores que salieron para ir á Lima.

DESPUES quel gobernador Vaca de Castro hobo desbaratado en Chúpas á don Diego de Almagro, proveyó y nombró por su teniente de gobernador de aquella villa á Luis de Ribera, caballero muy principal, natural de la cibdad de Sevilla; y estando la villa quieta y pacífica, sin señal de ningun alboroto, llegó á noticia de todos las nuevas ordenanzas y leyes que S. M. del Rey nuestro señor enviaba, y de la venida de Blasco Núñez por visorey. Sin estas nuevas, fueron cartas del cabildo de la cibdad del Cuzco y del gobernador Vaca de Castro que lo afirmaban, amonestando que inviasen procuradores, para que, con los más que fuesen del reyno, suplicasen de las ordenanzas.

No dejó de causar grande alboroto en sus ánimos estas nuevas, como habian hecho en todas partes que fueron oidas, y pasado aquel tomulto, entraron en su cabildo el teniente Luis de Ribera y Diego Centeno, y Antonio Alvarez, alcaldes; y Lope de Mendieta y Francisco de Retamoso y Francisco de Tapia, regidores perpétuos; y consultado entre ellos de la manera que ternian para rescibir aquellas ordenanzas y capítulos, despues de bien pensado sobrello, acordaron que, no embargante quel Rey nuestro señor hobiese proveido las ordenanzas, que no seria cordura que con punta de rebelion ni de desacato las reprobasen ni dejasen de obedescer, ántes que como obedientes vasallos, con grande humildad le suplicasen las suspendiese todas ó algunas dellas; é que para este efeto la suplicacion habia de ser general; que inviasen de su villa personas que, en voz de su república, suplicasen al visorey no las ejecutase, hasta que S. M., siendo avisado de la verdad, proveyese lo que más á su servicio conviniese. Y mirando á quién señalarian por sus procuradores, despues de bien pensado, se nombraron á Diego Centeno, alcalde, y á Pero Alonso de Hinojosa, regidor que tambien era en la villa; y les dieron poder cumplido, para que pudiesen juntarse con los demás procuradores que fuesen de las cibdades y villas á la suplicacion, y obligar las haciendas y personas de su villa, para lo que se ofreciere en aquel negocio, con tanto que la suplicacion fuese con toda humildad (11).—Y Luis de Ribera graciosamente hablaba á todos los vecinos, diciéndoles que no se congojasen ni fatigasen en oir las ordenanzas, que S. M. seria servido de mandarlas revocar.—Diego Centeno y Pedro de Hinojosa se partieron de la villa para ir á la cibdad de Los Reyes, habiéndose visto primero Pedro de Hinojosa con Gonzalo Pizarro en el pueblo de Chaqui.

*CAP. XIV.—De las cosas que más fueron he-
chas por el capitan Gonzalo Piẓarro, y de
cómo eran muchas las cartas que de todas
partes le venian.*

Muy congojado estaba el ánimo del capitan Gonzalo Pizarro en oir las cosas que se decian, y como
era hombre de poco saber, no miraba con prudencia
los acaecimientos que en lo foturo se podrian rescrecer. Pensaba unas veces de se estar en su casa y no
mostrarse, como dicen, cabeza de lobo por el pueblo,
pués despues, en viendo que sus cosas se hacian prós-
peras, le negarian y dejarian dentro en el lazo; otras
veces pensaba que seria falta de ánimo, y que pues los
ojos en él todos ponian, no serian tan ingratos que no
conosciesen el bien que les venia de querer él por su
persona mostrarse abtor de aquel negocio. Tambien
consideraba que habia ido al descubrimiento de la Canela, donde salió desbaratado y tan gastado, que con
cincuenta mil pesos no pagaria sus debdas; y que fuera justo S. M. le nombrara gobernador, que era todo
su pró, alegando que por el testamento del Marqués,
y por su provision real, él lo habia sido ya en el Quito.
Esto le daba más deseo de ir al Cuzco y hacer junta

4

de gente, y oponerse contra el visorey.—Dañó el negocio tambien cartas que no dejaban de venir de todas partes, incitándole á que con brevedad saliese de allí, provocándole á mayor ira, diciendo, que tomase la empresa por suya, pues era por libertar la provincia, y los amparase y tuviese debajo de su favor, como patron suyo y persona que juntamente con, el Marqués habia sido en descubrir el reyno; y que se condoliese de la miseria y subsidio tan grande que S. M. les queria echar; y para que con más voluntad lo hiciere, escribíanle que á él mismo, Gonzalo Pizarro, y á todos los que se habian hallado en las alteraciones pasadas, les mandaba cortar las cabezas y quitar sus haciendas.

Pues, vistas todas estas cosas y que Gonzalo Pizarro, como ya dije, era hombre de poco saber, sin mirar que era locura y gran desvarío oponerse contra los ministros del Rey, concibe en su pecho de se acercar á la cibdad del Cuzco, á donde él tenia amigos muy fieles, y con ellos haria que viese qué más le convenia para este negocio, escribiendo á todas partes alegres cartas que iria y haria lo que le inviaban á mandar y aventuraria su vida por les hacer placer. Y recogida toda la plata, que tanta cantidad de ella habia que le sacaban cada dia cien marcos y más, determinó de se partir para la gran cibdad del Cuzco, dejando mandado que la que le sacasen, se le llevase con gran recabdo. Saldrian con él de aquel lugar hasta catorce hombres, todos criados suyos, y un su hermano que habia por nombre Blas de Soto. Y yendo hácia el Cuzco, le venian muchas cartas de Lima y de todas partes, y él, llevando en su pecho concebido lo que habia de hacer, callaba, mostrando con el silencio que tenia, que haria lo que por ellos le era escrito.

CAP. XV.—Cómo Gonzalo Pizarro envió una espía, para que fuese á Arequipa é más adelante, á saber nuevas del visorey, y de cómo se le allegaban algunos soldados.

EN gran manera deseaba saber el capitan Gonzalo Pizarro si el visorey Blasco Núñez Vela habia entrado en el reyno y en la parte que dél estaba; y para con brevedad salir desta dubda, llamó en secreto á un soldado que habia por nombre Bazan, muy diligente y que conocia muy bien la tierra y sabia los caminos, al cual rogó se partiese luégo para la cibdad de Arequipa y procurase saber en ella el visorey á dónde estaba y lo que dél se decia; teniendo grande aviso de que no entendiesen que iba por su mandado, ántes, si el visorey estuviese en alguna provincia del reyno, volviese con gran disimulacion á toda furia á le avisar; y si no hallase que el visorey habia entrado en Perú, allegase á la cibdad de Los Reyes, á donde sabria cierto dónde estaba y lo que haria. Bazan, con ánimo pronto y aparejado para complacer á Pizarro, se obligó de facer lo

que por él le era mandado; y ansí, llevando cartas
del mismo Pizarro para muchas personas que eran vecinos de Arequipa y de Los Reyes, se partió, y andadas algunas jornadas, dió la vuelta, porque supo ciertamente el visorey estar cerca de Trujillo.

En esto, Gonzalo Pizarro llegaba al lago de Titica-
ca, que es en la provincia del Collao, á donde se encontró con el capitan Francisco de Almendras, el cual,
juntamente con dos mancebos sobrinos suyos, llamados
Diego de Almendras y Martin de Almendras, venia á
juntarse con Pizarro, entendido lo que pasaba y de su
ida al Cuzco; y ansí, desde que se vieron Gonzalo Pizarro y él, mostraron gran contento, porque tenian
grande amistad desde el tiempo que anduvieron en la
conquista del reyno.

Prosiguiendo su camino, iban praticando entre ellos
muchas cosas; y como por todas partes se dijese que el
capitan Gonzalo Pizarro venia al Cuzco, y esta fama se
hobiese extendido, salieron algunos vecinos de las cibdades á encontrarse con él, y ansí en el pueblo de Ila-
be, ques del Rey nuestro señor, se vieron con él Gómez de Leon y Noguerol de Ulloa, Hernando de Torres, vecinos de Arequipa, y un soldado que se decia
Francisco de Leon. Y ansí, cuentan que despues de
que hobieron holgádose unos con otros, todas sus práticas y congregaciones era tratar sobre la aspereza de
las ordenanzas y rigor tan grave con que el visorey las
ejecutaba, y la poca benivolencia que mostraba para
oir la suplicacion que los vecinos querian hacer para
adelante el acatamiento de Rey, como á su soberano y

natural señor. Sin estos acudian muchos soldados á
juntarse con Pizarro de los que andaban derramados
por aquella provincia; y el primero que con él se juntó,
ha por nombre Martin Monje, y siguió la guerra harto
tiempo, y agora es vecino de la villa de Plata. Los soldados juntábanse con Pizarro porque barruntaban la
guerra y aborrescian la paz, por poder robar á su voluntad y usar de lo ajeno como suyo propio; y porque
por ispirencia, que todos tenian, sabian que con la mudanza son aprovechados unos, y otros perdidos; de manera que, faltando la paz y el sosiego y tranquilidad en
el reyno, de soldados pobres remanecen vecinos prósperos, y de señores de grandes repartimientos se hallan
pobres y áun sin las vidas, que es lo peor. Y ansí,
muy alegres, se ofrecian á Pizarro, mostrando ánimos prontos y aparejados para todo lo que por él les
fuese mandado; y él, que néciamente se queria oponer
por la comunidad, les respondia graciosamente, agra-
desciéndoles la voluntad que le mostraban.

Pues yendo caminando Gonzalo Pizarro de la suerte que vamos relatando, le llegaron nuevas cartas que
le inviaban Alonso de Toro, Francisco de Villacastin
y otros vecinos del Cuzco, en las cuales le daban aviso
de lo que pasaba; y todos los más de los vecinos del
Cuzco, y otras partes del Perú, aunque mostrasen los
sentimientos que hemos dicho por la venida de las
ordenanzas, no se les olvidaba el robar á los indios y
sacarles todo el más haber que podian, recelándose de
la tasacion, la cual habia de poner freno á su cobdicia.
Andando Gonzalo Pizarro, por sus jornadas allegó al

pueblo de Ayavide, ques fin de los términos de los Có-
llas por aquella parte, y en él halló que lo estaba aguardando el encomendero deste pueblo, ques Francisco
de Villacastin, el que dijimos haberle escrito, y á un
Tomé Vázquez, vecino del Cuzco, que salió para ir
á ver ciertas minas suyas, al rio de Carabaya, y como
viese á Gonzalo Pizarro, alegre como los demás, dejando la ida á Carabaya, se volvió con él á la cibdad del
Cuzco.

Gonzalo Pizarro, viendo que las obras y voluntades
de todos conformaban con las promesas y ofertas que
le habian hecho en las cartas que le habian escrito, estaba muy alegre y contento, deseando verse ya en la·
cibdad del Cuzco. Por poderlo hacer con más brevedad, dejó el bagax en un pueblo que ha por nombre
Quiquixana, desde donde, doblando las jornadas, cami-
naba la vuelta del Cuzco, habiendo primero díchole un
soldado que habia por nombre Espinosa, que tuviese
por tan cierto estar el visorey en Los Reyes como Jesucristo en el cielo. Y cuentan que muchas veces en
aquel camino le oyeron decir á Gonzalo Pizarro, que
si Blasco Núñez no ponia remedio en las ordenanzas,
que le habia de hacer un juego que para siempre tuviese que contar, pues ninguno habia querido salir de
España á ejecutallas sino él; y que S. M. del Emperador nuestro señor, lo miraba mal en no enviarle título de gobernador del reyno, pues sus hermanos y él lo
habian descubierto á su costa; y que juraba á Nuestra
Señora, que las ordenanzas se habian de revocar ó él
habia primero de perder la vida.

Yendo más adelante, encontró á Francisco Sánchez, vecino del Cuzco, el cual, con muy gran desenvoltura, á voces altas le dijo: que fuese bien venido, y que se diese toda priesa á andar, porque seria muy justo ir á encontrarse con Blasco Núñez á pagalle el bien que traia con sus ordenanzas: y áun sin esto dicen que habló palabras feas en deservicio del poderoso Emperador nuestro señor, que no poca lástima es pensar en ello. A Juan Ortiz de Zárate encontró Gonzalo Pizarro en la provincia de Collao y le persuadió fuese con él al Cuzco; Juan Ortiz avisadamente le respondia, sin querer seguirle, conociendo por las sueltas y desvergonzadas palabras que hablaban él y los que le seguian, no llevar buena intencion ni leal propósito.

CAP. XVI.—De cómo el capitan Gonzalo Pizarro entró en la cibdad del Cuzco, en la cual halló en muchos de los vecinos mucha tibieza y poca voluntad, y de lo que hacia el visorey en Trujillo.

En el tiempo que estas cosas pasaban, era teniente de gobernador por Vaca de Castro García de Montalvo, el cual juntamente con los alcaldes y regidores de aquella cibdad supieron la venida de Gonzalo Pizarro y

cómo ya estaba junto á su cibdad; y despues de haber
tratado en su congregacion lo que harian, acordaron
de le salir á recibir con ánimos alegres, creyendo que
no pretendia ni queria más que ser procurador general del reyno; y ansí salieron todos á encontrarse con él
y le hicieron alegre recibimiento, y él se fué aposentar
á sus casas ó palacios, á donde muchos de los vecinos
le visitaban poco y no mostraban que deseaban quél
con mano armada respondiese por todos; y otros, al
contrario, le hacian grandes ofrecimientos, animándole
para que, sin mirar dificultades, tuviese fuerte, para
salir adelante con lo comenzado.

Primero que hiciéramos narracion de la entrada de
Gonzalo Pizarro en la cibdad del Cuzco, habia de
contar nuestro cuento la del visorey en la cibdad de
Los Reyes; por llevar con órden el curso de nuestra
historia, no se puso al tiempo que se habia de poner;
pero basta que entienda el letor que fué descuido mio,
y que el visorey entró en Los Reyes primero que Pizarro en el Cuzco.—Tambien contamos en lo de atrás
cómo el visorey estaba en la cibdad de Trujillo, ordenando algunas cosas tocante al buen tratamiento de los
naturales y poniendo órden en la tasacion, y que los
indios supiesen la libertad que tenian; lo mismo decimos agora, que todavía entendia en estas cosas y en
otras, que despues se pudieran hacer por su mandado.
Y ántes que digamos su venida á Los Reyes, contare-
mos la salida que hicieron della ciertos vecinos del
Cuzco.

CAP. XVII.—*Cómo algunos vecinos de la cib-dad del Cuzco se fueron de Los Reyes sin aguardar al visorey, y cómo tuvo de ello aviso.*

Todavia era grande el alboroto que habia en la cib-dad de Los Reyes en saber las nuevas que siem-pre del visorey venian y de la gran reguridad que mostraba en cumplimiento de las nuevas leyes, y la demasiada órden que mandaba á los indios que tuvie-sen para con los encomenderos. Vaca de Castro no se holgaba poco en oir lo que del visorey decian, á lo que cuentan, y cuán mal quisto venia; y fingidamente, de industria, en lo público lo aplacaba, diciendo algun bien, para, en viendo tiempo, venir á decir más mal, poniendo por delante á todas las provincias cuán pa-cíficas estaban y cuán en servicio de Dios Nuestro Se-ñor y de S. M., ántes que el visorey entrase en ellas; y que era mal aconsejado en entrar en el reyno con tanta reguridad (a). Y los vecinos del Cuzco Hernando Ba-chicao y Gaspar Rodríguez con los más que habia,

_____

(a) Suprimido en las Décadas lo que se refiere á Vaca de Castro.

tambien hablaban lo mismo, mostrando tener voluntad
de irse de Los Reyeś sin aguardar al visorey. Y como
praticasen estas cosas en muchas partes, Santillana (*a*)
mayordomo del visorey, tuvo aviso dello, el cual á
gran priesa le hizo un mensajero, avisándole cuánto
convenia que con brevedad viniese á ella, y no estar
en Trujillo entendiendo en cosas livianas y muy menudas, y que no convenia á su abtoridad y gravedad de su persona; en fin, le dió cuenta de lo que pasaba y del gran tomulto que habia en la cibdad y en otras
partes. Y ansí, un Mendieta, criado tambien del visorey, tomó la carta y con mucha presteza salió de Los
Reyes y en pocos dias allegó á la cibdad de Trujillo, á
donde ya el visorey habia sido informado por Diego de
Agüero de algunas cosas de las que habian pasado. Y á
Los Reyes fué nueva que el visorey le tenia preso, lo
cual no era cierto ni él jamás pensó de lo prender.

Llegado, pues, Mendieta, alguna turbacion mostró
rescibir el visorey, no ostante quél no creia quel reyno
abiertamente se levantaria contra él; é decia, que si en
su compañía toviera cincuenta avileses, que con ellos
bastara á la pacificacion de todo el Perú, aunque quisieran tirar coces contra las ordenanzas. Y luego dió
órden en su venida á la cibdad de Los Reyes, no embargante estar Vela Núñez su hermano enfermo; y con
él salieron de Trujillo el capitan Diego Alvarez de
Cueto, su cuñado, y el mismo Vela Núñez y los demás

(*a*) *Santillan* en el original.

caballeros con algunos vecinos de Trujillo y de Piúra (*a*).

Pasadas en la cibdad de Los Reyes las cosas que hemos dicho, visto por los vecinos del Cuzco que en ella
estaban, como no hobo eteto lo que se trataba entrel
licenciado Vaca de Castro y el cabildo, y quel visorey
seria salido ya de Trujillo, paresciéndoles ya que era
gran dificultad para ellos el cumplimiento de las leyes
y que fácilmente les seria oponerse contra el visorey y
constreñirle á salir del reyno y volver á colocar en el
gobierno dél al licenciado Vaca de Castro, con quien
todos tenian grande amistad y le eran muy amigos, especialmente Gaspar Rodríguez de Camporedondo; con
el cual quieren decir y afirman por verdad quel licenciado Vaca de Castro habló en gran secreto que fuese
á la cibdad del Cuzco, y si hobiese á ella venido el capitan Gonzalo Pizarro, se conformase con él, y si no,
que se hiciese rescibir por teniente de gobernador, pues
el visorey en ella no estaba rescibido; y que hobo cierta trama entre Vaca de Castro y los vecinos para que,
mostrándose abtor Gonzalo Pizarro, se opusiese contra
el visorey, creyendo que despues fácil cosa les seria el
fazer volver á su casa á Gonzalo Pizarro y que se de-
sistiese de lo comenzado, tornando á rescibir de nuevo
todos los cabildos á Vaca de Castro por gobernador.
—Estas cosas y otras muchas cuentan que pasaron

(*a*) Faltan en las Décadas los sucesos comprendidos en los dos párrafos anteriores.

entre unos y otros, que yo holgara de saber para
las escrebir, no embargante que me dieron la razon dello varones de autoridad y que no saldrian de la verdad por cosa ninguna.—Ansí que,
praticado entre unos y otros lo que decimos, Gaspar
Rodríguez de Camporedondo salió á la plaza, y
mirando á los que en ella estaban, conosció á Santillana, criado del visorey, y á grandes voces le dijo, como
él se iba á la cibdad del Cuzco á defender su hacienda,
y lo mismo harian todos, pues el visorey tan cruelmente se queria haber con ellos; y como esto dijo, despi-
diéndose de Vaca de Castro, salió él y Hernando de
Bachicao y Beltran del Conde, para se ir á la cibdad
del Cuzco (*a*). Diego Maldonado y Pedro de los Rios
hicieron lo mismo, tomando el camino marétimo de
Los Llanos con voluntad de se ir á meter en la provincia de Andaguáilas y no hallarse en los movimientos
que creian que se habian de levantar, pues ya los nublados estaban tan congelados, que por via ninguna
podia dejar de venir en el reyno gran trabajo y calamidad.

Allegados á la provincia de Guadocheri Gaspar
Rodríguez y Bachicao y los demás que con ellos iban,
quemaron las picas que allí habia dejado Vaca de Castro, y los arcabuces y tiros de campo pequeños lleva-

---

(*a*) Herrera suprime este largo pasaje relacionado con Vaca de Castro.
Dice solamente que Gaspar Rodríguez hablaba y echaba planes por su
cuenta y en perjuicio de Vaca de Castro, que lo ignoraba todo. (Déc. VII,
lib. VII, cap. XIX, al fin.)

ron á la cibdad del Cuzco, encomendándolos al padre
Loaysa, que con toda priesa los fuese siguiendo. Despues de idos estos vecinos, salió de la cibdad el licenciado de la Gama, yendo con él un soldado llamado
Olea.

*CAP. XVIII.—De cómo Gonzalo Pizarro envió
por espia á Mézcua á la cibdad de Los Reyes;
y de cómo, no hallando el aparejo que él pensó
en la cibdad, se queria della salir.*

APOSENTADO el capitan Gonzalo Pizarro en la cibdad
del Cuzco, como en los capítulos de atrás contamos, viniéronle á visitar algunos de los vecinos, y no
todos tenian el pensamiento de seguir á Pizarro en su
deseo; el cual, por ganar la gracia de ellos, les decia
que habia de poner todas sus fuerzas por el bien comun, como por sus própios hermanos y compañeros,
sin decir palabras que diesen á entender su mala intencion y tiránico pensamiento, que era de haber el reyno
como él pudiese. Los vecinos, como ya tuviesen nuevas el visorey venir de Trujillo para la cibdad de Los
Reyes, á donde ya le habrian recebido, pues lo mismo
habian hecho en todas las más de las cibdades y villas
del reyno, mirando cuerdamente que en lo foturo no

les recreciese algun daño el levantamiento de Gonzalo
Pizarro, no solamente acuerdan de no le dar favor,
mas pocas veces le visitaban; y él, conociendo cuán
frios estaban los ánimos de aquellos que la habian inviado á llamar, entristecióse, diciendo que cosa de comunidad no podia ser ménos que aquello, y quél se
queria volver á los Chárcas; y llamando á un Mézcua,
criado suyo, le mandó que con toda diligencia fuese á
la cibdad de Los Reyes y supiese lo que habia, y si el
visorey entraria en ella presto. Mezcua lo hizo ansí, y
Gonzalo Pizarro quiso aguardar á ver su respuesta é si
entretanto los vecinos del Cuzco le quisiesen rescibir
por su defensor y dalle nombre de procurador general.

En este tiempo allegó al Cuzco el licenciado Benito
Xuárez de Carvajal, tratando mal de las cosas del visorey, y cómo se mostraba riguroso en la ejecucion de
las nuevas leyes, y con su venida se alegró en gran
manera Gonzalo Pizarro. El licenciado de la Gama
venia caminando la vuelta del Cuzco muy alegre, por
haber salido de aquella cibdad ántes quel visorey en
ella entrase, viniendo muy enojado por las cosas que
dél decian, hablando á todos los que encontraba que se
volviesen á la cibdad del Cuzco y dejasen de ir á Los
Reyes, porque la crueldad del visorey era grande. El
licenciado Leon, sabido quel visorey venia cerca de
Los Reyes, se salió de aquella cibdad por el camino
marítimo de Los Llanos hácia la cibdad de Arequipa,
dejando escrita una carta al visorey, diciendo en ella
quél no iba á hallarse en ninguna alteracion, ni en
deservicio del Rey nuestro señor, ni de Su señoría,

sino á sus pueblos de repartimientos; que por aquella escrita de su mano, afirmaba nunca se juntaria con ninguno que no fuese servidor del Rey. Mas no lo cumplió ni guardó más tiempo de cuanto tardó en escribir la carta, porque luégo se fué al Cuzco, á donde mostró holgarse de la estada en aquella cibdad de Gonzalo Pizarro; y no solamente le siguió, pero afirmaba y decia que por leyes y derechos podia Gonzalo Pizarro con título de procurador general ir á suplicar las ordenanzas, aunque fuese con mano armada, para defender á sí y á los que con él fuesen, si el visorey los quisiese prender ó hacer algun mal; y con los dichos deste letrado y de otros que no faltaron á afirmar lo quél decia, muchos simples siguieron á Pizarro, y no les costó despues más de las vidas y haciendas y quedar por traidores.

Una cosa quiero afirmar, que los vecinos ansí del Cuzco como de Los Reyes no deseaban, ni era su voluntad otra, más que S. M. el Rey nuestro señor suspendiese las nuevas leyes, porque decian que les venia mucho daño con ellas; y si como escojeron á Pizarro para procurador, nombraran á tres ó cuatro conquistadores cuerdos, para que con su abtoridad fueran al visorey á la suplicacion, y la pidieran con grande humildad, nunca pararan en lo que pararon; mas, siendo ellos las ovejas, escojeron al lobo para ser su guardia.

Los que de tiranos se han procurado hacer reyes, no ha sido sino por repúblicas necias fiarse dellos: los de la isla de Cális, que con sus desafueros movieron guerra á los andaluces turdetanos, y constreñidos por necesidad, enviaron á Cartago por ayuda y les vino, no sola-

mente quedaron despues por su loco juicio vasallos de
sus fingidos amigos, mas toda su república perdida (*a*).
Y dejando de hablar en cosas muy antiguas, que no
hobiera pocos enjemplos en ellas ansí en los tiranos de
Cecilia como de Grecia, todas las cibdades de Italia
que en poder de señorío estaban, libres y exentas
eran; y si agora sirven y tienen señores, ellas y sus
regimientos fueron cabsa de perder su libertad: cómo
y por qué, los que son curiosos lo saben, y claro pueden ver. En son de libertad peleaba Pompeyo; César
decia lo mismo, y Octaviano y Marco Antonio; y
quedaron ellos señores, y quien les dió favor, los unos
muertos y los otros vasallos. Si los de Cartago no
dieran á Asdrubal é Annibal su cuñado mando y poder sobre su cibdad, aun sus cosas iban adelante.

Y querian los del Cuzco y Lima que Pizarro fuese
su procurador y que habia de aventurar él la vida y
honra por su libertad dellos, no se acordando de su
abtoridad y que era hermano de Hernando Pizarro,
el otro movedor de las guerras pasadas, y que era
público que despues que salió de la Canela (*b*), muchos
le oyeron decir el Rey nuestro señor lo miraba mal
con él, por no le haber dado el gobierno de la provincia por la muerte del Marqués; y otras muchas ve-

---

(*a*)　Trátase aquí de la expedicion de Maharbal, primera de cartagi-
nés que vino á España; pero no está todavía bien averiguado si en auxilio
ó en contra de los gaditanos.

(*b*)　Es decir, de la provincia de la Canela, donde fué la traicion de
Orellana y descubrimiento del rio de las Amazonas.

ces dijo que habia de gobernar aunque pesase á todo
el mundo. Y desque Gonzalo Pizarro supo la entrada
del visorey, y que le escribian cartas que tomase la
empresa, desde entónces se tuvo por gobernador, aunque industriosamente lo disimulaba, diciendo él no
desear más que el bien comun de todos é su descanso,
que para sí harto tenia con que poder vivir.

*CAP. XIX.—De cómo el visorey Blasco Núñez
Vela venia acercándose á la cibdad de Los
Reyes, y de cómo don Alonso de Montemayor
se fué á encontrar con él, y lo mismo hizo el
secretario Pero López y otros algunos.*

Salido, pues, de la cibdad de Trujillo el visorey Blasco Núñez Vela, se venia acercando á la cibdad de
Los Reyes con gran deseo de verse en ella, teniendo
por cierto que con su presencia se amansarian los bolli-
cios que por todas partes habia. De la cibdad de Los
Reyes salieron, sabida la venida del visorey, dos hombres bien cautelosos, llamado el uno Anton de Leon y
el otro Juan de Leon, que estaban agraviados de Vaca
de Castro, y por ganar el favor del visorey, salian al
camino para le dar cuenta de lo que pasaba. Caminando, pues, el visorey, allegó al pueblo que nom-

5

bran de la Barranca, á donde se encontró con el secretario Pero López, que de la provincia de Xauxa se
habia adelantado y dió cuenta al visorey de lo quel
licenciado Vaca de Castro le mandó; y dicen quel visorey oia no muy bien las cosas de Vaca de Castro, no-
tándolo de hombre de mucha cobdicia.

Don Alonso de Montemayor habia venido de la
cibdad del Cuzco con el licenciado Vaca de Castro, y
como supiese quel visorey llegaba cerca de Los Reyes,
le salió al camino; y el visorey, por ser don Alonso
caballero tan principal, se holgó que hobiese venido á
verse con él, y le rescibió muy bien, y supo de la salida
que habian hecho de Los Reyes los vecinos del Cuzco,
y áun de lo que habia hablado en la plaza Gaspar Rodríguez de Camporedondo, y sintiólo grandemente,
pesándole por que tan fácilmente se oviesen movido á
aclararse contra lo que S. M. mandaba, temiendo no
fuesen parte de causar algun alboroto ó escándalo, de
manera que haya dificultad para lo amansar; y esto, porque él ya tenia aviso de las cartas que le habian escrito
de todas partes al capitan Gonzalo Pizarro. E yendo
acercándose á la cibdad de Los Reyes, salieron della
otros caballeros á le rescibir, y por algunos fué aconsejado no debia ejecutar las nuevas leyes, porque gran
daño venia al reyno dello y S. M. seria deservido. El
respondia, quél no habia de dejar de complir lo que
por su Rey (*a*) le habia sido mandado (12). Si él qui-

(*a*) Y *señor* (Borr.).

siera (*a*), desde que entró en el Perú é vido las provincias alborotadas, é que quitando á las mujeres viudas
sus indios de repartimiento tuvieran trabajo,—y la
honra con necesidad mal se sustenta—otorgar la suplicacion para (*b*) el Emperador (*c*), como hizo (*d*) don Antonio de Mendoza y otros gobernadores, (*e*) tuviéra-
se por servido y estuviera este reyno sin pasar por tan
grande miseria y calamidad (*f*). Mas, ¿qué digo? (*g*),
quel proveimiento del Emperador (*h*) y venida del visorey no era sino lo que muchas veces he dicho, azote
que Dios inviaba á castigar la soberbia desta tierra y
otras cosas demasiadas. Sinó, díganlo los vecinos del
Quito, cuánta fué su prosperidad en aquel tiempo; pues
en los banquetes y fiestas, alguno (*i*) dellos ponia en sus
tablas saleros llenos de oro molido en lugar de sal, y
todos tenian á treinta mill y á cuarenta mill pesos, y
otros ménos y otros más, los cuales en breve tiempo
habian sacado de las minas. Ellos mismos fueron por el
visorey y le trajeron á su cibdad, á donde en los campos de Añaquito fué su muerte y de muchos dellos.

(*a*)   *visorey quisiera,* tachado; pero hay que dejar el *quisiera* para que
haga sentido.
(*b*)   *delante del acatamiento de* (Testado).
(*c*)   *nuestro señor* (Test.).
(*d*)   *el presidente* (Test.).
(*e*)   *S. M. se* (Test.).
(*f*)   *como por él vinieron* (Test.).
(*g*)   *yo* (Test.).
(*h*)   *nuestro señor* (Test.).
(*i*)   *muchos* tach., y de mano del autor? la palabra puesta en su lugar.

No eche nadie la culpa, no, de las cosas que en el
Perú pasaron (a) á la venida del visorey, sino á los
grandes pecados que cometían las gentes que en él
estaban, pues yo conocí algunos vecinos que en sus
mancebas (b) tenían pasados de quince hijos; y muchos
dejan á sus majeres en España quince y veinte años y
se están amancebados con una india, haciendo la cumbre de su natural mujer. Y así como como los cristianos é indios peçaban grandemente, ansi el castigo y
fortuna fué general.

*CAP. XX.—Cómo en la cibdad de Los Reyes se
supo el visorey estar cerca della, y de cómo
salió á le recibir el obispo don Jerónimo de
Loaysa y el gobernador Vaca de Castro, con
otros caballeros y vecinos.*

En la cibdad de Los Reyes, sabido que el visorey
venia cerca, habia grande alboroto y tomulto y toda
la cibdad se queria poner en armas. Los del cabildo se
juntaron para determinar lo que debrian de hacer, ha-

(a) é tiranos (Tach.).

blando á los vecinos de su cibdad que no se alborotasen
ni mostrasen grave sintimiento con la venida del visorey, hasta que, entrado en la cibdad, se viese si todavía
queria ejecutar las leyes; las cuales, como á todos fuesen
tan aborrecibles, dicen que en las juntas y congregaciones que tenian, hablaban sobre el no obedecellas,
aunque el visorey quisiese cumplirlas. Y aún el arzobispo (*a*) de Los Reyes me dijo á mí que el alcalde
Alonso Palomino y el tesorero Alonso Riquelme y el
veedor García de Saucedo, le fueron á hablar para que
saliese con ellos á recibir al visorey y á requerille no
ejecutase las ordenanzas; á lo cual dicen que respondió,
que á recibille que sí saldria, pero que no le requeriria
nada, que ellos viesen en aquel caso lo que más des
conviniese. Y aún tambien afirman, que hablaron al
arzobispo sobre que querian á campana repicada hacer
llamamiento, para tratar lo tocante al recibimiento; y
afirman que el arzobispo lo afeó, diciendo, que más pa-
resceria campana de aldea que otra cosa. Y aún tambien dicen que los del regimiento pensaron de prender
en el cabildo al visorey; y aún otros cuentan que en la
posada del obispo de Los Reyes se trató entre Vaca
de Castro y otros de dar hierbas al visorey para ma-
tarlo; lo cual me contó á mí el padre Baltasar de Loaysa,
que lo supo de cierto. Tratando yo esto no ha muchos
dias con el reverendo fray Domingo (*b*), de la órden de

(*a*) Es el mismo don Jerónimo de Loaysa, elevado ya á esa dignidad
en el tiempo en que Cieza escribia (1549).

(*b*) De Santo Tomás.

Santo Domingo, varon de gran dotrina y santidad, me juró que nunca de tal cosa fué avisado el arzobispo en aquel tiempo, ni fué participante en ello. Y aún el mismo arzobispo me ha dicho esto propio, diciendo, que bien podria ser en su casa praticarse entre los que estaban en ella, pero quél no supo nada. Soy largo en esto, porque anda derramado por el vulgo, é lo cierto es que se praticó entre algunos, más con ánimos airados y que el nombre de visorey les era aborrecible, que por tener deseo de deservir al Rey; mas no se puede averiguar quel obispo ni Vaca de Castro lo entendiesen (13).

Pasados estos furores y tomultos, fué elegido y nombrado por procurador el licenciado Rodrigo Niño, y ordenaron tres requirimientos para requirirle que suspendiese de presente las nuevas leyes, hasta que S. M. otra cosa mandase y fuese informado del agravio notable que se hacia al reyno si se hobiesen de cumplir. Por el un requirimiento se lo pedian con grande humildad; por el segundo le daban á entender los grandes daños que se siguirian si se ejecutasen y cumpliesen, porque todo el reyno estaba alborotado, y los vecinos de la cibdad del Cuzco se habian salido de Los Reyes, sin le querer aguardar en ella; que era público Gonzalo Pizarro haber recibido cartas de muchos llenas de alteraciones y otras cosas, para persuadille se nombrase procurador y defensor de todos. El tercero era para le protestar los daños, muertes que se rescreciesen. El capitan Diego de Agüero se habia levantado por mandado del visorey, y llegado á donde el cabildo se hacia, dijo á los regidores que recibiesen al visorey con toda voluntad, y que no tenian necesidad de ningun requirimiento; y ansí, por el dicho de Diego de Agüero, se alegraron algo y dieron órden para el recibimiento (a).

En este tiempo, don Jerónimo de Loaysa, obispo de Los Reyes, que tambien lo habia sido de Cartagena, y el licenciado Vaca de Castro y el fator Illan Xuárez y el capitan Juan de Saavedra, Pablo de Menéses y el fator Juan de Sálas y otros caballeros vecinos, sabido quel visorey ya estaria cerca de la cibdad, salieron á le recibir y anduvieron hasta que se encontraron con él, y se rescibieron muy bien, mostrando holgarse el visorey de ver al obispo; y pasaron entrel visorey y el obispo ciertas práticas sobre lo de Vaca de Castro, al cual el visorey mostró gran voluntad. Y pasadas otras de buena crianza, el obispo le dijo que pluguierà á Dios hubiera llegado con más brevedad á la cibdad de Los Reyes, porque con su presencia hubiera cesado la ida de los vecinos que se fueron al Cuzco; y que le parescia seria cosa provechosa y de buena cristiandad suspender las leyes y avisar á S. M. del alboroto y escándalo que habia causado el sonido dellas; y que supiese que para todo lo que conviniese àl servicio del Rey estaba muy aparejado. A lo cual respondió el visorey: que tal confianza tenia S. M. de Su señoría y no ménos él; y que pensaba con su favor cobrar ánimo

---

(a) Todo esto desde el principio del capítulo lo calla Herrera.

para cumplir lo que por el Rey le habia sido mandado;
y en cuanto á las ordenanzas, que se veria lo mejor y
más acertado, que eso se haria. Y en esto allegó el
fator Illan Xuárez de Carvajal diciendo:—Déme Vuestra señoría las manos. El visorey se holgó con él y le
abrazó, porque le conocia de la córte de España, y le
respondió, segun dicen:—No me pesa sino que no os
puedo hacer bien ninguno. El fator se demudó en oir
tal palabra. Y vueltos con el visorey, llegaron á donde
dicen el Xagüey, donde el obispo y Vaca de Castro y
el fator y los demás caballeros le suplicaron que aquella
noche allí durmiese, que aunque fuese temprano, no era
inconveniente, que por la mañana se partiria á la cibdad de Los Reyes. El visorey alegremente respondió
que era contento.

Muchos vecinos y caballeros salieron luégo á ver al
visorey y á le besar las manos, el cual los rescibia á
todos muy bien; y dijo al arzobispo, apartados, que
ninguno lo pudo oir, que estando él en España sin
cuidado de venir á estas partes, ni conocer el Perú, ni
tratar con la gente dél, le habia mandado S. M. que
viniese por su visorey y á ejecutar las nuevas leyes; y
que harto le pesaba á él venir á quitar lo que otros habian dado, aunque tenia por cierto S. M. seria servido
de revocar las leyes y hacer más mercedes á los conquistadores; y que le suplicaba le avisase de lo que habia pasado, porque le habian informado que ciertos vecinos del Cuzco iban alborotando la tierra. A lo cual
le respondió el obispo, cómo muchos dias habia que se
tenia nueva de las ordenanzas, las cuales habian cau-

sado grande alboroto en todo el reyno, y que debia prudentemente haberse en la ejecucion dellas; y otras cosas de las que habian pasado. Estas pláticas pasaron aquella noche el visorey y el obispo, habiendo tambien hablado otras personas con Vaca de Castro y con los más caballeros que allí estaban.

Lorenzo Estopiñan habia salido á recibir al visorey, y viendo en él voluntad para no ejecutar las leyes hasta que los oidores viniesen, adelantóse á les dar la nueva, y lo mismo hicieron otros; mas, aunque lo afirmaban, no dejaba de haber gran tristeza en los ánimos de todos, adevinando que habia de causar grandes males la entrada en Perú del visorey, y la guerra se habia de encender de nuevo y habia de ser peor y más larga que la pasada; porque se levantaba por causa más importante y pesada que las otras (*a*).

CAP. XXI.—Cómo el visorey Blasco Núñez Vela entró en la cibdad de Los Reyes.

Los del cabildo de la cibdad, como con la venida del visorey no se holgasen, ni les diese ningun contento lo que traia, no habian entendido en aderezar el

---

(*a*) Faltan en las Décadas estos sucesos, á contar de la parada en el **Xagüey.**

recibimiento que se le debia al cargo tan preminente
que por mandado del Rey traia; y como Estopiñan
llegó y les dijo el visorey no venir con voluntad de
ejecutar las leyes hasta quel audiencia fuese asentada,
trujeron del templo el palio con que dél es sacado el
Santísimo Sacramento, cuerpo de Nuestro Dios, cuando
va á visitar algun enfermo, y se juntaron los alcaldes
Niculás de Ribera, y Alonso Palomino, y el capitan
Diego de Agüero, y Francisco de Ampuero, y el veedor García de Saucedo y el fator Illan Xuárez de Carvajal, y Niculás de Ribera, el Mozo y Juan de Leon,
regidores, y el procurador Rodrigo Niño. El tesorero
con su gota no salió. Toda la cibdad estaba triste, llo-
rosa, con saber cuán en breve las leyes habian de ser
ejecutadas. Los regidores estaban vestidos de ropas
rozagantes y tenian en un palio puesto el paño que
decimos, que era de carmesí, porque como les pesaba de
su venida, ningun recibimiento le tenian ordenado, sino
era los tres requirimientos que no le presentaron por
consejo de Diego de Agüero. Los regidores y alcaldes
llevaban las varas del palio; acompañados de mucha
gente, allegaron hasta el rio, mostrando en lo público
todo regocijo con su venida.

El visoréy, luégo por la mañana, se partió de allí
donde durmió, y en breve espacio llegó á donde le
estaban aguardando; habló á los del cabildo con mucho
amor, y ellos á él lo mismo, y fué metido debajo del
palio, yendo en un caballo morcillo con la estradiota
de terciopelo negro con clavazon dorada. El fator
Illan Xuárez de Carvajal dijo con voz alta:—Vuestra

señoría como visorey, pues entra en esta cibdad, le suplicamos con toda humildad á la cibdad confirme sus previllejos y libertades como es justo. El visorey miró al pecho, y no viendo la cruz de la. encomienda, respondió:—Por el hábito de Santiago, prometo de guardar é complir los previllejos que piden conforme al servicio de S. M. Lleváronle á la iglesia á donde estaban dos estrados quel obispo habia mandado poner; en el uno estuvo el visorey y en el otro el obispo y Vaca de Castro; y díjose misa, y acabada, le llevaron á las casas del marqués don Francisco Pizarro. Los bárbaros, visto quel visorey entraba con palio, honor quellos no veian á ningun capitan ni español se hacia, sinó era cuando el Santísimo Sacramento salia de la iglesia, decian unos á otros, y lo preguntaron á algunos cristianos, si era hijo de Dios aquel á quien tanta honra hacian. Avisáronles lo que era, y ellos se mostraban muy alegres con su venida. Entrando en el aposento, le habian puesto unas letras por cima de la puerta de la cámara donde habia de dormir, que decian: Spiritus Santisimus superveniat in te; y en la puerta de la sala decian otras: Velociter exaudi Domine, quia deficit spiritus meus (*a*). Dejándole en su aposento, fueron los alcaldes y regidores á hacer su cabildo para tratar en él lo que habian de hacer.

(*a*) Falta un *me* y sobra el *quia*. *Velociter exaudi me Domine: defecit spiritus meus* (Vulg.)—*Cito exaudi me Domine, defecit spiritus meus* (Otra version de San Jerónimo).—Ps. CXLII, 7.

El visorey, como el secretario Pero López fuese
bien quisto en el reyno, habíale mandado en el camino
que se aparejase para ir con las provisiones reales á la
cibdad del Cuzco,. para notificallas al cabildo y vecinos
della (*a*).

*CAP. XXII.—Cómo los del cabildo de la cib-
dad de Los Reyes trataron de inviar mensajeros á la cibdad del Cuzco, para que en ella no
hobiese ningun alboroto; y de cómo viniendo
Pedro de Hinojosa y Diego Centeno y Lope
Martin á Los Reyes, se volvió Hinojosa del
camino, y de lo que pasó con el visorey el tesorero Alonso Riquelme.*

QUEDANDO aposentado, como hemos dicho, el visorey Blasco Núñez Vela, los regidores y alcaldes
acordaron entrar en su cabildo, adonde trataron en su
ayuntamiento y congregacion que seria cosa decente,
que pues el tesorero Alonso Riquelme era tan docto,
que en nombre de todos hablase al visorey, para que,

(*a*)   Omite Herrera los pormenores más interesantes del recibimiento
del virey en Lima que aquí se refieren.

sabida su voluntad, hiciesen mensajero á la cibdad de
Cuzco; y ansí, venido el tesorero en una silla, que por
la enfermedad de la gota que tenia no podia andar, le
dijeron su intencion, y él fué á hacerlo con gran voluntad. Y llegado á donde estaba el visorey, se holgó
mucho de vello y lo abrazó; y el tesorero le dijo:—
Muy ilustre señor, Vuestra señoría sea muy bien
venido como aquel que viene por madado de nuestro
Rey y señor natural; plugiera á Dios que Vuestra
señoría hobiese venido con más brevedad, pues el
cabildo con sus cartas le avisó del daño que resultaba
de su detenida y del provecho que rescrecia venir aquí.
Ninguno que á ninguna provincia va á negocios nuevos, conviene tratallos con los arrabales, sino derecho
venirse á las cibdades principales, pues al fin las fuentes y rios pequeños se consumen en los mayores. Vuestra señoría se ha fatigado en gran manera, descanse y
huelgue algunos dias, tiempo tendrá despues para
hacer lo que fuere servido, que nosotros lealmente le
serviremos, é yo en nombre del cabildo é vecinos desta
cibdad ansí lo prometo. El visorey alegremente respondió, que no dudaba en la lealtad que debian á su
Rey tantos caballeros como en aquella cibdad estaban;
que fuese en buen hora á reposar, pues su mala disposicion lo permitia, quél aguardaria á los oidores, y se
fundaria el audiencia y se daria órden en lo que más al
servicio de S. M. conviniese y al bien y paz de las provincias. El tesorero se partió muy alegre con la buena
respuesta, y dió cuenta á los del cabildo, y todos se holgaron, y praticaron que seria bien inviar á la cibdad del

Cuzco, para que no hobiese ningun alboroto, y hacer saber las buenas nuevas del visorey del deseo que mostraba de hacer por todos.

El alcalde Diego Centeno é Pedro de Hinojosa, regidor de la villa de Plata, que es en el riñon de los Chárcas, venian acercándose á la cibdad de Los Reyes, para dar órden en hacer lo que les habia sido mandado de parte de su villa. Con ellos venia Lope Martin, vecino de la cibdad del Cuzco; y como hobiesen salido de Los Reyes Gaspar Rodríguez de Camporedondo y Bachicao y los demás que hemos receptado, y contasen del visorey cosas que, por cierto, no era justo decirse en un tal varon, contando que las ordenanzas las ejecutaba y cumplia, y quitaba por donde quiera que venia los indios á los que habian sido tenientes; pues como aquello fuese oido por Pedro de Hinojosa y Diego Centeno, como ya se hobiesen visto con el capitan Gonzalo Pizarro é supiesen que habia de venir al Cuzco, acuerdan de que Pedro de Hinojosa se volviese y le diese aviso de todo, y Diego Centeno que prosiguiese su camino á la cibdad de Los Reyes, yendo tambien Lope Martin; y ansí se hizo. E allegado Diego Centeno á la cibdad de Los Reyes, fué muy bien recibido del visorey, y le mostró grande amor.

Los del cabildo de la cibdad de Los Reyes, estando en su ayuntamiento, les pareció que seria cosa decente que luégo hiciesen mensajeros á la cibdad del Cuzco, para que no se moviesen fácilmente con la ida de Gaspar Rodríguez é los demás, é que no diesen lugar á movimientos, ni que hobiese ningun alboroto, pues

vian la gran dificultad que venia si se hiciese; y hablaron al tesorero Alonso Riquelme y al veedor García
de Saucedo, para que de parte de todos ellos rogasen á
Lorenzo de Estopiñan que fuese con la carta de creencia para este efeto. Estopiñan se ofreció á hacer aquello
que le decian; é ya que se queria apercibir, entraron
en su cabildo y consulta, á donde acordaron de nuevo
de que los negocios se guiarian mejor con que Diego
Centeno, pues habia de volver á su villa, los llevase é
hiciese entender á los del Cuzco la voluntad que tenia
el visorey de hacer por el reyno; y ansí, dieron parte
dello á Diego Centeno, el cual habia ya pedido licencia
al visorey para se volver á los Chárcas. El cual fué
luégo á donde estaba, y le dijo cómo él habia venido
á aquella cibdad como procurador de la villa de Plata,
de lo cual él estaba muy alegre por le haber visto y conocido, porque entendia que á todos en nombre del
Rey haria mercedes; y que los del cabildo de aquella
cibdad le habian hablado sobre que llevase ciertos despachos al Cuzco, que Su señoría viese lo que mandaba
y seria dello servido. A lo cual respondió el visorey,
que no tenia ménos confianza de su persona, pues era
hijodalgo, y que se holgaba que llevase las cartas que
los del cabildo le diesen, sin las cuales él le daria el
trasunto de las provisiones reales que de S. M. traia,
para que por virtud dellas le recibiesen por visorey en
la cibdad de Goamanga y en el Cuzco; diciéndole más
que le rogaba hablase á todos los vecinos de aquellas
cibdades, no entendiesen en ningun mudamiento, ni
su venida, pues era en nombre del Rey, fuese parte

para los alborotar. Diego Centeno prometió de lo hacer ansí; el cual, despues de haber practicado otras cosas con el visorey, se despidió dél y le fueron dados
los despachos y provisiones.

E porque en lo de adelante hemos de hacer gran
mincion de este Diego Centeno, por las cosas altas que
emprendió, aunque las más acabó infelicemente y con
desgracia, por algun secreto juicio de Dios, diremos
aquí en esta parte su naturaleza y padres quienes eran.
Y ansí, digo, que Diego Centeno era natural de Cibdad
Rodrigo; su padre se llamó Hernando Carveo, su
madre Marina de Vera; hijodalgo no de muy alto
cuerpo, blanco, el rostro alegre, las barba rubia, nobles
condiciones; no le tuvieron por liberal de su hacienda,
y de la del Rey que gastó muy largo (*a*), notándole de
algunos vicios generales que los hombres de Indias,
con el vicio y soltura dellas, tienen; y tambien le podrian agraviar algunos afectos naturales, aunque los
malos y envidiosos nunca dejan de hallar que notar de
los buenos y virtuosos. Pasó á estas partes de las Indias
de edad de veinte años; tuvo grande afinidad con el
capitan Peranzúles (*b*) y con otros caballeros deste
reyno.

Tomadas las provisiones y despachos, se partió para
la cibdad del Cuzco; Lope Martin lo mismo. Llegado á

(*a*) «Es este Diego Centeno viznieto de Hernando Centeno, aquel que
fué el gran ladron en España:" dice Gonzalo Pizarro á su hermano Hernando Pizarro, en carta de Quito y 29 de Mayo de 1546.

(*b*) Peransúrez ó Pero Ansúrez.

Goamanga, fueron las provisiones del virey obedecidas como S. M. lo mandaba. Y diremos agora de como fué rescibido en el Cuzco Gonzalo Pizarro por justicia mayor y procurador.

CAP. XXIII.—De cómo estando Gonzalo Pizarro muy triste porque los del Cuzco no le acudian como él creyó, vino Mézcua, que habia ido por espía, y trujo cartas de algunos, y lo que más pasó.

En lo de atrás ha hecho la historia mincion cómo allejado á la cibdad del Cuzco el capitan Gonzalo Pizarro, no embargante que le visitaban Alonso de Toro, Villacastín y Tomás Vázquez con otros algunos los cuales le mostraban gran voluntad, diciendo ser sus amigos fieles, habia en todos una rimision grande para no cumplir lo que él deseaba; la causa era saber cómo era público el visorey estaba ya en Los Reyes é no les parecia que seria cordura oponerse contra el mandado real. Y como Pizarro aquello viese, muy triste y algo enojado decia: quél habia sido neeio y falto de conocimiento en moverse por cartas ni palabras de comunidad; y mandó que luégo fuesen venidos

6

indios para salir del Cuzco; y ansí, cuentan que todo
su fardaje salió. Y estando ya su persona para hacer lo
mismo, allegó Gomez de Mézcua, que es el que dijimos que por su mandado habia salido del Cuzco á ser
informado de lo que habia en la cibdad de Los Reyes;
el cual, yendo á hacer lo que le fué mandado, encontró
en Goamanga con Gaspar Rodríguez de Camporedondo, y con Bachicao y con los otros que venian abra-
sando la tierra y echando de sí palabras feísimas contra el visorey y sus ordenanzas; los cuales, como de
Mézcua supieron estar el capitan Gonzalo Pizarro en
la cibdad del Cuzco, grandísimo fué el placer que rescibieron, diciéndole que luégo se volviese y le avisase
de su ida, dándole cartas que le traian de algunos vecinos de Los Reyes, que por ellas daban á entender el
odio que tenian con el visorey, y que con todas sus
fuerzas habian de procurar por le echar del reyno, si no
quisiese suspender las ordenanzas, hasta que S. M. del
Rey nuestro señor fuese informado del agravio grande
que se les hacia. Mézcua, con mucha presteza, por
llevar tan alegres nuevas, anduvo hasta que llegó al
Cuzco á tiempo que, como decimos, Gonzalo Pizarro
se queria salir dél.

Pues como fué entendido en la cibdad la venida de
los vecinos y las cosas que se decian del visorey, alteráronse en gran manera, diciendo que no habian de
sufrir tan gran mal; é Pizarro, llamando á Alonso de
Toro é Villacastin y á los otros amigos suyos, les
mostró las cartas que de la cibdad de Los Reyes le
escribian, y ansí mismo mandó á Mézcua que dijese lo

que habia oido á Gaspar Rodríguez y á los demás (*a*); por las cuales nuevas, cesando ya su querer ir á los Chárcas, incitaba los ánimos de los vecinos para que le eligiesen por procurador general, para defender que las leyes no se cumpliesen, y suplicar para ante S. M.

Por aquí puede ver el lector este mundo cuan frágil y deleznable es, pues tantos movimientos hay en cada hora que en él vivimos, pues estando Gonzalo Pizarro con voluntad de se volver, é los del Cuzco sin ninguna de le rescibir por procurador ni dalle otro ningun cargo, hubieron de venir los vecinos que de Lima salieron para alterar su cibdad, é quel otro con la cobdicia del mandar desease se ver metido en tal mando, que pudiese como superior de todos ir á la cibdad de Los Reyes á echar al visorey della, y despues, por virtud de la cláusola del testamento del marqués, su hermano, hacerse rescibir por gobernador. El gran Pompeyo, pasado Julio César el Rubicon, fué recibido por capitan general contra él, y estando en la Grecia, por parecer del cónsul Lentulio, le fué dada comision para poder hacer gente, y nombrar capitanes y despachar flotas contra aquel que ya tenian por enemigo y se habia nombrado contra su cibdad. Los simples y gentes de todas naciones, como vieron el mandamiento del senado romano, y quel gran Pompeyo era nombrado por defensor de la república y capitan general, fácilmente se movian á seguir aquella opinion, creyendo

---

(*a*) Herrera alteró este pasaje, suponiendo que el alboroto fué por haber mostrado Gonzalo Pizarro las cartas, y no ántes.

que Pompeyo solamente peleaba por el bien comun; lo cual, sabe Dios, si como fué vencido venciera, ques lo que hiciera.

Y ansí, en el reyno del Perú, extendida la fama de que los del cabildo y más vecinos habian nombrado á Gonzalo Pizarro por procurador, creyendo quél no quisiera más de mostrarse por todos, alegráronse, y acudian, los que le acudieron, y teniendo más tiempo que tuvo Pompeyo para aclarar la intencion que en el tiránico pecho tenia, lo mostró. ¡Dichosos aquellos que estaban en el reyno (*a*) y pudieron con industria dejar de seguir las banderas deste tirano! Mas, ¿qué hablo yo, pues estando metidos en los espesos cañaverales de Quimbayá (*b*), hubo este furor de extenderse hasta allá y darnos á entender las guerras civiles cuan crueles son?

(*a*) Es de advertir, que Cieza llama á veces por antonomasia *el reyno* al Nuevo Reino de Granada.

(*b*) Alude á su residencia en Cartago, capital de la provincia de Quimbayá, por los años de 1546 y 47. Dicha provincia era notable entre todas las de Popayan por sus grandes y espesos *huamales* ó cañaverales, formados por la huama ó guadua ó caña brava. (*Guadua angustifolia*) (V. *Primera parte de la Crónica del Perú*, caps. XXIV y XXV.)

*CAP. XXIV.—De como allegaron á la cibdad
del Cuzco Gaspar Rodríguez y los otros vecinos, y de cómo Gonzalo Pizarro fué rescibido
por capitan contra el Inga.*

Ya es tiempo, cibdad del Cuzco, que contemos los
movimientos que en tí se levantaron, que de no
pocos lloros y clamores fueste causa; pero no te alaba-
rás dello, pues las obsequias de los cibdadanos se hicieron con grande derramamiento de sangre, pues la
guerra que tú emprencipiaste, consumió á todos los
más de tus confines, como la triste batalla de Guarina
dará de ello testimonio (*a*). Encendidos en grande ira
los vecinos de Cuzco en haber oido lo que decian del
visorey, allegó Gaspar Rodríguez y Hernando Bachicao con los demás, los cuales, como Gonzalo Pizarro
estaba allí, muy alegres fueron á le ver luégo, dándole
cuenta de lo que pasaba en la cibdad de Los Reyes, y
de cómo el visorey habia quitado los indios á Diego
de Mora y Alonso Holguin y Diego Palomino y á

(*a*) En el libro cuarto de las *Guerras civiles* titulado *La guerra de
Guarina.*

otras personas, y que lo mismo decia habia de hacer
en todas partes y cumplir las leyes sin que ninguna
quedase; de lo cual todos entendian el grande agravio
que á todos se hacia. Y como aquello fué oido, claramente acuerdan de tomar á Gonzalo Pizarro por su
defensor, é juntamente con· él ir á suplicar las nuevas
leyes no fuesen en todo cumplidas. Gaspar Rodríguez,
Hernando Bachicao afirmaban que los de Lima habian
de prender al visorey si todavía quisiese ejecutar las
nuevas leyes. Con aquestas cosas que se praticaban y
altercaban, habia gran rumor en el Cuzco, mostrando
los vecinos que de oillas rescibian pena gravísima; y
entre todos andaba una variedad de pensamientos,
teniendo los más los ánimos airados y aparejados para
cometer cualquiera hecho sobre el no obedescer las
leyes.

Pasado, pues, el tomulto que rescreció con la venida
déstos, acordaron de buscar manera para que Gonzalo
Pizarro pudiese, en nombre de todos, ir á responder
por ellos; aunque no les parescia que seria cosa acertada, estando ya Blasco Núñez dentro en la cibdad de
Los Reyes y en ella recibido por visorey, de dar poder
á Gonzalo Pizarro. Por otra parte, dejar de dárselo
decian que era locura y que les vendria gran daño; y
como no dejasen de venir de Los Reyes cartas, y lo
mismo de la provincia de Andaguáilas, de Pedro de
los Rios y de Diego Maldonado, entreviniendo en ello
Francisco Maldonado é Hernando Bachicao y Juan
Vélez de Guevara y otros, segun dicen, conciertan con
el pueblo é con los de su cabildo que nombren á Gon-

zalo Pizarro por capitan contra el Inga (*a*), que segun entónces hobo nueva, se decia tener voluntad de venir contra la cibdad. Y como la abtoridad destos fuese mucha y Gonzalo Pizarro de sí diese grande esperanza, fácilmente se pudo aquello acabar con los vecinos de la cibdad, y por todos ellos acordado, juntos en su cabildo, lo nombraron y elijeron por capitan contra Mango Inga, si viniese á les dar guerra; y para que pudiese hacer gente y buscar armas, le dieron poder cumplido en nombre de su cibdad, lo cual fué debajo de industria, para que con aquel color, Gonzalo Pizarro pudiese allegar gente y ponerse á punto de guerra para la resistencia del Inga.

Pues como su deseo de Pizarro no parase aquí, y desease verse recibido por justicia mayor y procurador general, con la cual abtoridad podria conseguir su deseo, escribió á la provincia de Andaguáilas á Diego Maldonado, regidor perpétuo del cabildo, para que luégo viniese á la cibdad; y tambien se escribió á Pedro de los Rios para que viniese al Cuzco; y no embargante que ellos deseasen de se estar en aquella provincia y no hallarse presentes en cosa de las que se levantaban, no aprovechó su deseo, porque tantas cartas les fueron, que hubieron de venir al Cuzco.—Y sabido que Gonzalo Pizarro era nombrado capitan contra el Inga, de todas partes se allegaban soldados bien pro-

(*a*) Herrera añade que Gonzalo Pizarro les instigó á que le nombrasen para ese cargo.

veidos de arcabuces y pólvora para le seguir, deseando
que ya los bullicios se convirtiesen en guerra, para salir de la probeza que con la paz tenian.

CAP. XXV.—*Cómo Gonzalo Pizarro procuraba con sus amigos quel cabildo de la cibdad
del Cuzco le nombrase por justicia mayor, lo
cual se hobo de hacer contra la voluntad de
muchos.*

Como el capitan Gonzalo Pizarro se viese ya nom-
brabo por capitan contra el Inga, en gran manera
se alegró, porque le paresció era un escalon para subir
á donde él deseaba; é hablando con los más principales
del Cuzco, sobre que pues ya sabian el visorey Blasco
Núñez Vela queria ejecutar las ordenanzas, y él se
habia movido á salir de los Chárcas por los servir, que
todos juntos le nombrasen por su procurador, para
poder ir á responder y suplicar dellas. Y como de la
cibdad de Los Reyes y de otras muchas partes viniesen
siempre cartas para que con brevedad saliese del Cuzco,
entraron en su cabildo y ayuntamiento, y despues de
haber altercado sobre aquel negocio muchas práticas
que acerca dél tuvieron, acordaron todos juntos en su
congregacion, como estaban con ánimos prontos y de

lo sustentar, de dar á Gonzalo Pizarro poder complido en nombre de su cibdad, para que pudiese ir á la cibdad de Los Reyes á suplicar de las ordenanzas para ante S. M. del Rey nuestro señor, obligando para este efeto sus personas, bienes é haciendas.

Hecho esto, Gonzalo Pizarro andaba acompañado de gente de guerra y mostraba ya por las palabras que de su pecho lanzaba, extenderse su deseo á más que ser procurador. El licenciado Leon habia ya llegado á la cibdad del Cuzco, y holgábase grandemente, á lo que cuentan, con lo que pasaba; y el licenciado de la Gama habia escrito sus cartas, tratando en ellas mucho mal de las cosas del visorey, segun dicen.

Luégo, pues, que Gonzalo Pizarro se vió nombrado por procurador, habló con Gaspar Rodríguez de Camporedondo y con Cermeño y Alonso de Toro, Tomás Vázquez y otros amigos suyos, para que moviesen los ánimos de los vecinos á que le rescibiesen por justicia mayor, y esto hizo por tener enteramente mando sobre todo. Y como los del cabildo aquello vieron, alteráronse en gran manera, paresciéndoles que Gonzalo Pizarro, con su favor, sin tener ellos voluntad, se queria alzar con el reyno y oponerse contra el visorey; y paresciéndoles mal su intencion, no acordaron de lo hacer, ántes mormuraban algunos dellos diciendo:— ¿Por ventura no veis con la calor que quiere éste abajar á contender contra el visorey? Y maldecian muchas veces á los que de Lima habian escrito, pues creyéndose Conzalo Pizarro fácilmente de sus cartas, dejó de se volver á la villa de donde él era vecino.

Pizarro, como entendió las voluntades de algunos,
de industria decia, quél no queria ser procurador ni
tener nombre de capitan de cibdad tan ingrata, no
dejando de andar acompañado de arcabuceros y esco-
peteros. Y juntos de nuevo en cabildo los señores dél,
propuso lo siguiente, á la letra sacado del original que
yo ví en poder de un notario, y dice ansí:

»En la cibdad del Cuzco, veinte y siete dias del
mes de Junio de mill y quinientos y cuarenta y cuatro
años, en presencia de mí Gómez de Cháves, escribano
público, paresció el capitan Gonzalo Pizarro é dijo: quél
se desistia y apartaria del cargo de capitan general y
procurador de esta cibdad, por cuanto para lo que conviene á proveer en esta cibdad, los señores justicias y
regimiento della no le quieren proveer del cargo de
justicia mayor; que si le proveyeren del tal cargo de
justicia mayor, que no se da por desistido ni apartado
del cargo, sino que lo usará y ejercerá como se lo tienen
encargado; y porque conviene á la pacificacion de la
gente de guerra y porque se lo han pedido, quiere que
le elijan del tal cargo; y que esta es su voluntad, y firmólo de su nombre.—Testigos: El capitan Francisco
de Almendras y el capitan Cermeño.»

Luégo que Gonzalo Pizarro esto dijo, turbáronse
en gran manera algunos de los que estaban en el cabildo, porque vieron que por una parte Gonzalo Pizarro decia que se desistia del cargo de capitan é procurador, y por otra parte alegaba que la gente de
guerra que consigo tenia, pedia que le elijesen y
nombrasen por justicia mayor, y no se osaban deter-

minar á lo que harian. Los arcabuceros que estaban fuera de allí, disparaban algunas pelotas, dando á entender que no lo hacian (*sic*), que lo mismo harian còn ellos si no le obedeciesen. En conclusion, pasadas algunas práticas é cosas que intervinieron, se dieron los votos en esta manera:

Juan Vélez de Guevara, alcalde ordinario por S. M., dijo: quél vota y da por su parescer que sea capitan general y justicia mayor el capitan Gonzalo Pizarro, y questo le parece, y firmólo de su nombre.

E luégo dijo Antonio de Altamirano, alcalde ordinario: que daba por su voto y parecer que sea justicia mayor Gonzalo Pizarro, y firmólo de su nombre.

E luégo el capitan Diego Maldonado el Rico dijo: que por cuanto su deseo es acertar en aquello que conviene al servicio de S. M., pide á Sus mercedes le den licencia para quél se informe de un letrado, y quél está presto y aparejado de responder, y firmólo de su nombre.

Como pendió el negocio de Pizarro deste proveimiento, quiero ser largo, para que en lo foturo se pueda entender, é para que en lo presente se conozca quién fueron los que le nombraron por justicia mayor. Y prosiguiendo lo comenzado, segun que lo voy sacando de los oreginales que en aquellos tiempos se hicieron, dice así:

Hernando Bachicao, regidor, dijo: que su voto y parescer es que sea justicia mayor el capitan Gonzalo Pizarro para todo lo necesario, hasta tanto que S. M. provea, y lo firmó de su nombre.

E luégo Francisco Maldonado dijo: que su voto y parescer es, que porque los alcaldes ordinarios están ocupados en pleitos civiles y criminales, y hay mucha suma de gente de guerra en esta cibdad, y de cada dia se recojen más, y que porque los alcaldes no pueden entender en los pleitos criminales, que es su voto y parecer que sea justicia mayor, por la mucha gente que hay, y que mande el capitan Gonzalo Pizarro y sea teniente general, porque ansí conviene para la pacificacion desta cibdad, y firmólo de su nombre.

E luégo Diego Maldonado de Alamos (*a*) dijo: que su voto y parecer es quél querria acertar en el servicio de Dios Nuestro Señor y de S. M. y bien y servicio desta cibdad y vecinos della; que no es letrado para poder acertar en lo pedido por el capitan Gonzalo Pizarro, ni sabe si de derecho él puede al dicho Gonzalo Pizarro hacer justicia mayor, y que todo lo que puede hacer de justicia mayor como regidor de esta cibdad, aquello hace é da por su parecer y voto; y firmólo de su nombre.

E luégo Juan Jullio de Hojeda dijo: que se arrimaba al voto y parecer de Diego Maldonado de Alamos, y que ello es su parecer, y firmólo de su nombre.

(*a*) Herrera le llama Maldonado de Olmos y pone en su boca un largo, bellísimo y elocuente discurso, ni más ni ménos como el cronista lo hubiera pronunciado á encontrarse en el caso del regidor del Cuzco; del cual supone además gratuitamente que firmó el acta del cabildo á la fuerza y protestando como Antonio Altamirano y Diego Maldonado el Rico. (Déc. VII, lib. VII, cap. XXII.)

Y luégo aparece un abto en pos de otro que á la letra dice así:

"E luégo incontinente, vistos los votos por los señores justicias y regimiento, dijeron que nombraban y nombraron al capitan Gonzalo Pizarro por justicia mayor, é le daban poder complido cual de derecho en tal caso se requiere; y recibieron dél juramento en forma debida de derecho, el cual prometió de lo usar y ejercer segund dicho es; y firmaron de sus nombres Gonzalo Pizarro, Juan Vélez de Guevara, Francisco Maldonado, Diego Maldonado de Alamos, Hernando Bachicao, Juan Jullio de Hojeda."

Dicen que en este tiempo, tratando estas cosas el licenciado de la Gama, el licenciado Carvajal, el licenciado Leon, el licenciado Barba, el bachiller Guevara, dieron votos y paresceres sobre que Gonzalo Pizarro podia con mano armada ir á suplicar de las ordenanzas, diciendo, segund dicen, que lo mostrarian por leyes y derechos. Y otras cosas cuentan aún más feas déstos, que yo por alguna cabsa dejo; basta que los votos sabemos que los dieron, y aún que no redundaron poco daño, pues muchos simples, creyendo que lo que afirmaban era ansí, siguieron al tirano en sus desatinos (14).

CAP. XXVI.—*Cómo el alcalde Antonio Alta-*
mirano se salió del cabildo, y lo mismo el ca-
pitan Diego Maldonado el Rico, y al fin ho-
bieron de firmar; y cómo el procurador Pero
Alonso Carrasco no quiso en nombre de la
cibdad dar peticion sobre el proveimiento.

AL tiempo que daban los votos é paresceres dentro
en el cabildo donde tenian sus congregaciones,
Antonio Altamirano, alcalde, viendo que la intencion de
Gonzalo Pizarro era tiránica y malvada, salióse del
cabildo por no firmar, y lo mismo hizo Diego Maldonado el Rico. Gonzalo Pizarro salió de allí con vara
y por todos fué obedecido por justicia mayor. Y estando Diego Maldonado en su casa, fué el capitan Cermeño, acompañado de arcabuceros, á le traer á las casas
de Gonzalo Pizarro, que muy enojado estaba, porque
no habia querido firmar; y como allegase á donde estaba Gonzalo Pizarro, con rostro airado le mandó que,
pues tenia el primer voto en el cabildo, firmase sin se
eximir de quedar fuera, pues via que su deseo era mostrarse por todos; donde no, fué avisado Diego Maldonado que le seria quitada la vida; y firmó una firma
falsa y diferente de la que hacia. Antonio de Altami-

rano tambien firmó, y Diego Maldonado lo pidió
todo por testimonio, habiendo hecho él y Pedro de los
Rios una exclamacion secreta, en que protestaban de
no juntarse con Gonzalo Pizarro ni hallarse en deservicio de S. M.

No obstante las cosas que han pasado, segun que
el curso de nuestra historia lo ha receptado, aconsejá-
ronle á Gonzalo los que le habian metido en la danza,
que para que más firmeza obiese en el rescibimiento
y nombramiento de justicia mayor, que se hablase á
Pero Alonso Carrasco, procurador de la cibdad, sobre
que diese en el cabildo una peticion en que por ella
alegase el pueblo holgarse de la eleccion, é que ansí
convenia al bien comun. Pero Alonso, habiéndose
cuerdamente, viendo que lo que le mandaban no era
justo; ni S. M. lo ternia en servicio, ni quiso hacer la
peticion, ni dalla en el cabildo; por lo cual, Gonzalo
Pizarro, indignándose contra él, dió luégo un mandamiento en que le mandaba confiscar los bienes; lo cual
sabido por Pero Alonso Carrasco, temiendo no le matasen, se fué á retraer á la iglesia, á donde no teniéndose por seguro, se fué á las casas de Alonso de Mesa,
vecino del Cuzco, en las cuales estuvo escondido dos
dias y dos noches.

Gonzalo Pizarro estaba tan airado porque Pero
Alonso Carrasco no quiso pedir el nombre de la cibdad,
lo cual decimos que afirman algunos (*a*), que mandó á

_____

(*a*)   Y Herrera lo da por cierto.

ciertos criados suyos que le matasen. E una noche
salió Pero Alonso Carrasco para ir á visitar su casa, é
fué de los que le aguardaban herido malamente de tres
heridas, que pensaron que dellas quedara muerto. E
por esta causa no fué este Pero Alonso Carrasco con
Garcilaso y Graviel de Rojas cuando desta cibdad fueron á juntarse con el visorey, como el curso de nuestra historia irá prosiguiendo.

*CAP. XXVII.—De cómo de la cibdad de Los
Reyes vino una carta del factor Illan Xuárez
de Carvajal en cifras, é de cómo le fué pedido
su voto al capitan Garcilaso de la Vega para
el nombramiento.*

DICE el bien aventurado Gregorio, que gran premio
no se puede conseguir sin gran trabajo, grandes
letras, ciencia y saber, sin grandes vigilias, desvelándo-
se muchos dias y noches en ellas (*a*). Salomon dice que
muchas riquezas ninguno las hobo ni alcanzó sin grandes cuidados é mayores trabajos del espíritu (*b*); por

---

(*a*) San Gregorio el Magno, *Homilia in S. Lúc., cap.* 14, *ver.* 25-33.
(*b*) No sé dónde lo dice. Quizá la cita esté mal hecha.

lo cual, evidente ejemplo é notable será para mí, pues poniendo yo las manos en escribir obra tan difícil como es la que relatamos, por via ninguna ni manera puedo dejar de pasar grandes vigilias, mirar que las relaciones unas con otras concuerden y que en cosa alguna nos apartemos de la verdad. Y ansí como yo conozco que la obra que con el auxilio divino he puesto en escritura es digna de que yo padezca los trabajos arriba dichos, en ninguna parte della me ví tan congojado como en este punto, porque mi débil juicio no bastaba á declarar cosas tan grandes, y estuve por hacer fin en mi oracion, dejando el campo abierto para que otro más sábio lo prosiguiera. La persuasion y induccion que he tenido en ella me da ánimo para que la lleve adelante.

Recibido en la cibdad de Los Reyes el visorey Blasco Núñez Vela, y habiendo pasado con el tesorero lo que ya hemos escrito, el fator Illan Xuárez de Carvajal, servidor del Rey derechamente, escribió una carta en cifras, que yo en mi poder tuve, al licenciado Benito Xuárez de Carvajal, su hermano, en que por ella le amonestaba sirviese lealmente al Rey, y si en las provincias de arriba hobiese movimientos, no se hallase en ellos ni prestase consentimiento, ántes, pudiendo salirse, fuese á la cibdad de Los Reyes, á donde hallaria al visorey Blasco Núñez Vela; y otras amonestaciones sobre este efecto. Vista esta carta por el licenciado, respondió en cifras al mismo fator, que él haria lo que le escribia sin salir un punto dello; y al visorey escribió lo que pasaba en el Cuzco.

Pues volviendo á Gonzalo Pizarro, viendo que no
habia aprobado su eleccion el capitan García Lasso de
la Vega, regidor quera de la cibdad, le envió á notificar que diese su voto, y respondió quél no era letrado, ni entendia si lo podia dar para que fuese nombrado por justicia mayor. Respondió desta manera,
por no firmar ni votar en lo que via claramente no
ser servicio de S. M. Gonzalo Pizarro envió al licenciado Carvajal á decir que dijese si García Lasso podia con justicia dar su voto en aquello: Carvajal respondió que sí podia darlo de justicia. García Lasso,
con industria, habia dado aquella respuesta, y aún, por
evadirse, fué al cabildo, en donde propuso, en presencia de los del regimiento, que estaban tratando en
su congregacion lo que se habia hecho, quél era regidor, no por voto del cabildo, sino por ausencia de
un vecino de la misma cibdad que estaba ausente, y
que no embargante quél lo habia usado hasta entónces, que lo dejaba en ellos é lo deponia con protesta-
cion de más no lo ser. E diciendo esto, se salió.

Pasadas, pues, estas cosas, Gonzalo Pizarro y los
del cabildo mandaron á Pedro de Hinojosa que fuese
á la cibdad de Arequipa á hacer venir á Francisco de
Carvajal, el que fué sargento mayor en la de Chúpas,
y á traer las armas y gente que hobiere en aquella
cibdad. Pedro de Hinojosa se partió á ello para Arequipa, á donde estaba Francisco de Carvajal, harto
deseoso de ir á los reynos de España, y jamás pudo
hallar aparejo para ello. E como supo el proveimiento
de Gonzalo Pizarro y que le llamaban, quieren decir

que le pesó y que deseara estar fuera de aquellos negocios; mas como hombre ejercitado en la guerra, y
que siempre en ella se habia criado, dijo:—Harto me
recelaba yo de meter mis manos en la urdimbre desta
tela; mas ya que así es, yo prometo de ser el principal
tejedor en ella. Y luégo se aderezó para venir al Cuzco, diciendo palabras feas contra el proveimiento de
las ordenanzas, y quél habia sido como el gato, que
tanto le pueden acosar y herir, que contra su mismo
señor se vuelva á le rascuñar; y S. M. enviando aquellas leyes, decente cosa era oponerse contra ellas. Y
despachado Pedro de Hinojosa con lo que pudo haber, se volvió á la cibdad del Cuzco, habiéndose ab-
sentado el teniente ó corregidor de Arequipa, no embargante que de Hinojosa no recibieron (*sic*) ningun
agravio ni mal tratamiento, porque no se ocupó en
más que sacar la gente y armas que pudo haber.

*CAP. XXVIII.—De cómo el capitan Lorenzo
de Aldana escribió al visorey las cosas que
iban los vecinos del Cuzco diciendo, y cómo en
la cibdad de Los Reyes se rugia que Pizarro
estaba nombrado por gobernador del Cuzco.*

EL capitan Lorenzo de Aldana estaba en la provincia
de Xauxa á donde tenia indios en encomienda, y á
os vecinos del Cuzco que venian de Los Reyes oyó

las cosas que iban diciendo y cuán fácilmente se habían
movido á tratar dello; y sin esto tenia nuevas cómo
Gonzalo Pizarro habia abajado de los Chárcas y metí-
dose en la cibdad del Cuzco, á donde pretendia ser recebido por procurador, para oponerse contra el visorey.
Y deseando que no hobiese en la provincia alborotos
ni ninguna guerra, y que el visorey se hobiese cuerdamente, pues el negocio que tenia entre manos era
dificultoso y requeria gran consejo, le escribió que estando él en la provincia de Xauxa, le habia escrito dándole la norabuena de su venida, y que agora tornaba
á hacer lo mismo, pues para ello tenia tan gran causa:
que supiese cómo Gaspar Rodríguez de Camporedondo
y Bachicao y los otros vecinos del Cuzco iban contando la gran severidad con que entraba en el reyno y
la poca benivolencia que mostraba, y cómo mostraba
holgarse en venir á ejecutar las ordenanzas, publicando
más los indios que habia quitado en Sant Miguel y
Trujillo; con las cuales nuevas rescrecia grande alboroto. Y para que no pasase adelante, ni por entero se
creyese en los dichos de aquellos que iban alborotando
la tierra, que debria de hacer con gran consejo lo que
S. M. le mandaba, por quél, como muy antiguo en el
reyno, conocia por ispiriencia la soltura de los que en
él vivian, y el mucho deseo que tenian de ver guerra,
para usar de sus sensuales deseos y afectos desordena-
dos. Sin estas cosas, escribió más Lorenzo de Aldana
al visorey, cómo se decia entre algunos estar Gonzalo
Pizarro en el Cuzco con intencion de que le nombren
por procurador, y otras razones de las quél habia oido.

Y luégo dende á pocos dias que Aldana escribió esta carta al visorey, se partió de la provincia de Xauxa, para se ir á ver con él á la cibdad de Los Reyes; y el visorey mostró holgarse con su venida.—El capitan Juan de Saavedra, en este tiempo, le pidió licencia para se ir á Guánuco, y el visorey se la dió.

No tardaron muchos dias cuando en la cibdad claramente se entendió y supo por cosa cierta, cómo en el Cuzco habia sido Gonzalo Pizarro recibido por procurador, para venir á suplicar de las ordenanzas; y esto fácil cosa era de entender, porque en todo tiempo se carteaban los vecinos de Lima con él, enviando sus postas, las cuales en breve iban y venian. La nueva cierta tenian ya los vecinos, y unos á otros alegremente se hablaban diciendo, segun dicen:—¿Por ventura no sabeis la alegre nueva que hay? Pues ya está nombrado Gonzalo Pizarro por procurador para venir contra este temerario del visorey. Otros, que ya lo sabian, dándose, de hombro, se apretaban las manos, no podiendo tener la risa que por la boca les salia. En conclusion, grandísima era el alegría que todos tenian.

E generalmente resmaneció nueva que decian estar Pizarro en el Cuzco haciendo gente de guerra; y como aquello oyese el visorey, sintiólo grandemente, mas no dió á entender ni decia otra cosa, sino que, siendo Gonzalo Pizarro caballero servidor del Rey y hermano del Marqués que descubrió las provincias, no querria conseguir renombre de traidor; y deseaba que viniesen los oidores para asentar el audiencia; y muchas veces estuvo determinado para ir al Cuzco á la ligera, lle-

vando solamente en su compañía á su hermano y al capitan Diego Alvarez de Cueto, su cuñado, y algunos
vecinos. Poníanle tantos inconvenientes, que no fué
parte para meterse en el Cuzco, á donde ciertamente,
si él fuera, los alborotos cesaran y la guerra no se co-
menzara. Mas es hablar en estas cosas al adevinar, pues
Dios tenia determinado de castigar generalmente á
aquel reyno; y aún me parece por los relámpagos que
nuevamente se levantan, si no se enmiendan, que han
de pasar por más calamidades y miserias (*a*); aunque
segun dice Plutarco en la vida de Lúcullo, alegando
cierta pregunta que los sirineos (*b*) hicieron al divino
Platon, que no hay cosa más árdua que sujetar debajo
de ciertas leyes á los hombres que poseen muchas riquezas, porque están como embriagados, fuera de su
sentido natural, trasportados con el favor de la próspera fortuna. Y áun tambien dice el mismo Plutarco
en esta parte, que, por el contrario, no hay cosa más
fácil de domar que los ánimos de semejantes hombres,
como estén abatidos y con muchos reveses de fortuna
atormentados, porque tienen ya con mucha continuacion de tristes casos humanos abajados los sentidos de
sus orgullosos y levantados pensamientos (*c*). Y en
verdad que es notable sentencia, porque al tiempo que

(*a*)   Alude á las rebeliones de Castilla y de Hernandez Giron que estalla-
ron á poco de escribirse este libro (1550).

(*b*)   Cireneos.

(*c*)   *Nihil est enim homine rebus elato secundis regi difficilius, neque pa-
rentius imperio rebus adversis dejecto.*

el mal afortunado visorey entró en Perú, halló los ánimos de los hombres prontos y aparejados con su riqueza á no solamente suplicar de las leyes, mas á oponerse contra él, como se opusieron; y despues, habiendo el mismo tirano atormentádolos y fatigádolos en tanta manera, que pudo Gasca, no solamente mandar cumplir las leyes, mas aún se han ordenado otros proveimientos que ellos tenian por más graves, y áun á su desplacer se ha cumplido la voluntad del Emperador nuestro señor, y está tan poderoso en aquellas partes y tan temido como lo estuvo príncipe en otra provincia del mundo, aunque su persona no carezca della. He dicho esto, porque entiendan que S. M. pudo, como soberano señor, perdonar, mas que al fin y al cabo se ha de hacer lo quél manda, aunque hay desde España á los fines del Perú más de cuatro mil leguas de mar y tierra.

CAP. XXIX.—Cómo S. M. envió una cédula real al adelantado don Sabastian de Belalcázar, mandándole que ejecutase las nuevas leyes, y cómo se juntaron en la cibdad de Popayan los procuradores y se otorgó la suplicacion.

DESPUES de la muerte del capitan Francisco García de Tobar y de la ida del belicoso Juan Cabrera á la villa de Timaná, y pasados los montes y cordillera que

atraviesa entre unas regiones y otras, el adelantado Belalcázar se vino á la cibdad de Popayan, á donde estuvo algunos dias; en el cual tiempo, estando en la
cibdad de Cali, habia venido la nueva de las ordenanzas
reales y de la ida al Perú de Blasco Núñez Vela á las
ejecutar. Con esta nueva hubo algun alboroto en la
provincia, pero siempre creyeron que los del Perú, sus
vecinos, habian de tirar coces y no obedescer las ordenanzas; y decian, que pluguiese á Dios los pusiese en
voluntad que ansí lo hiciesen, pues el agravio era tan
grande. Y dende á poco tiempo vino nueva cómo estaba recibido en la cibdad de Los Reyes, la cual desplugo á muchos, paresciéndoles que habian tenido los del
Perú poco ánimo. Y aportó al puerto de la Buena Ventura un navío, que trujo el trasunto de las nuevas leyes é una carta del esclarecido y muy alto príncipe y
señor nuestro don Felipe, en la cual decia al adelantado Belalcázar, que luégo hiciese ejecutar las ordenanzas y nuevas leyes, que para la gobernacion de las Indias se habian hecho, y que en ello le haria servicio
grande. Venida esta cédula real, todos los vecinos se
alteraron, diciendo, que no se habia de consentir que
tan grande agravio se les hiciese, pues los servicios que
habian hecho no lo merecian. Belalcázar, habiéndose
cuerdamente, los hablaba que no se alterasen, porque S. M. volveria á hacerles mercedes; é mandó que
de todas las cibdades y villas de la provincia se junta-
sen procuradores para ver lo que se podia hacer sobre
lo tocante á las ordenanzas. Y llegados á la cibdad de
Popayan, el adelantado quiso ejecutar las nuevas leyes,

habiendo primero puesto gran suma de indios en cabeza de sus hijos, porque al tiempo del complir, no hobiesen á él que le tirar. Los procuradores, como vieron que queria ejecutarlas, reclamaron y en nombre de toda la provincia le pidieron que otorgase la suplicacion, y ansí fué hecho, y se dejaron de ejecutar, y nombraron á un Francisco de Ródas para que fuese por procurador á España; á donde ya S. M. habia nombrado por comisario general y juez de residencia al licenciado Miguel Díaz Armendáriz, segun que el curso de nuestra obra dirá adelante; y desta manera se asosegó aquella provincia é no hobo en ella ningun alboroto (*a*).

CAP. XXX.—De cómo despues de ser recibido Gonzalo Piçarro en el Cuzco por procurador é justicia mayor, nombró capitanes; y de cómo allegó Diego Centeno al Cuzco y dió á Piçarro los despachos que traia.

Recibido en la cibdad del Cuzco por justicia mayor Gonzalo Pizarro, grande priesa se daba á hacer junta de gente, y que se hiciese pólvora y se adereza-

---

(*a*) Contra lo que Cieza en este capítulo refiere como testigo presencial, afirma Herrera que el licenciado Díaz de Armendáriz comunicó desde Cartagena á Belalcázar las nuevas ordenanzas y una carta del Rey mandan-

sen arcabuces; y siempre le venian cartas de diferentes
letras, las más en cifra, todas escritas á efecto que con
brevedad bajase á Los Reyes, é diciendo no poco mal
del visorey. Y como ya tuviese el mando quél deseaba,
acordó de que seria bien de que se nombrasen capitanes y oficiales de la guerra, y pensó de dar el cargo de
alférez general á Diego Maldonado el Rico, el cual
con vias exquisitas se apartó de recibillo, dando razones que parecian evidentes por donde seria cosa más
acertada dejallo en la cibdad; y los del mismo cabildo
hablaron á Pizarro sobrello, para que quedase por alcalde é capitan della. Y veniendo Gonzalo Pizarro en
ello, nombró por maese de campo á Alonso de Toro,
natural de la cibdad de Trujillo; por alférez general
señaló Antonio de Altamirano, natural de Hontivéros;
capitanes de infantería eran Diego Gumiel, natural
de Villadiego, el capitan Juan Vélez de Guevara, natural de Málaga; capitan de arcabuceros Cermeño, natural de San Lúcar de Barrameda; del artillería fué
nombrado por capitan Hernando Bachicao; á don Pedro de Puertocarrero se nombró por capitan de gente
de caballo.

Dende á pocos dias, hecho este nombramiento por el
nocente Gonzalo Pizarro, salian á la plaza las nefandas

do ejecutarlas; y añade que se publicaron solemnemente. Además, pasando
en silencio la fraudulenta trasmision que hizo Belalcázar de sus indios, nos
pinta la conducta de éste en aquella ocasion como prudente y honrada;
bien es cierto que lo hace por medio de un discurso parecido al de Maldonado de Olmos, aunque no tan largo (Déc. VII, lib. VII, cap. XXIII.)

banderas é las campeaban los alférez que querian seguir aquella tan malvada é atroce guerra; y ansí los
atambores echaban bando y los pífanos publicaban la
maldita guerra. ¡Oh, qué alegre se mostraba el tirano
de Gonzalo Pizarro con ver que ya tenia pujanza para
oponerse contra el visorrey, paresciéndole que despues
fácil cosa le seria haber el gobierno del reyno!

Lope Martin allegó á la cibdad publicando del visorey
lo que todos; tambien allegó Diego Centeno con los
despachos y provisiones que traia del visorey; y algunos cuentan que él de voluntad los entregó en manos
de Gonzalo Pizarro, sin hacer ninguna diligencia (*a*);
y dicen que visto por él los despachos, muy alegre por
los tener en su poder, mandó á Centeno que so pena
de muerte no hablase á ningun vecino ni otra persona
lo que traia. Y se daban gran priesa á se aderezar de
armas y peltrecharse de las cosas necesarias, determinando de inviar á la cibdad de Goamanga por el artillería á Francisco de Almendras, gran secaz suyo.

(*a*) Herrera dice que Pizarro se los tomó. (V. además el Apéndice
núm. 14¹.)

CAP. XXXI.—De cómo Gonzalo Pizarro mandó al capitan Francisco de Almendras que fuese á la cibdad de Sant Juan de Victoria, que
es en Goamanga, á traer el artillería que allí
habian llevado por mandado del licenciado
Vaca de Castro.

ESTE proveimiento que queremos decir de enviar por
el artillería, luégo fué de que se eligieron capitanes, mas porque el curso de nuestra historia se ponga
con órden, no se ha podido narrar hasta agora. Pues
como ya Gonzalo Pizarro tuviese el intento tan
malo como hemos dicho, acordándose de que en Goamanga estaba el artillería con que el tirano pasado dió
la batalla en Chúpas á Vaca de Castro, teniendo toda
confianza en Francisco de Almendras, vecino de la
villa de Plata, le mandó que con treinta arcabuceros se
partiese para allá y trujese el artillería, sin consentir
que ningun daño se hiciese en aquella cibdad, ántes,
que de su parte hablase á los vecinos de aquella cibdad
é su cabildo, cómo él habia tomado á su cargo el responder por todos sobre lo tocante á las ordenanzas, y
que pues ellos tantas veces le habian escrito é incitado
á ello, se aparejasen para le ayudar.

Francisco de Almendras, con los que habian de ir con él, se partió de la cibdad del Cuzco y anduvo hasta que llegó á Goamanga, á donde en aquella sazon estaba por alcalde del Rey nuestro señor Vasco Suárez; y sabido á lo que venia el capitan Francisco de Almendras, juntáronse él y los regidores, platicando la órden que ternian para que la artillería no fuese sacada de allí. Vasco Suárez dijo que la queria defender y oponerse contra Almendras y los suyos; Juan de Bérrio, regidor, vino en ello, diciendo que con su persona, armas y caballos y criados que tenia ayudaria á quel alcalde saliese con su intencion tan leal; Diego Gavilan dijo lo mismo: el capitan Vasco de Guevara, de industria, fingió tener mala disposicion, y que en aquel dia tanto le agraviaba, que no pudo dejar de estar en su lecho. Francisco de Almendras con grandes voces decia, que ¿á cuando aguardaban á le entregar el artillería?; los de Goamanga le respondian equívocamente, sin querer darrazon de donde estaba; Almendras se hobo atentadamente, porque los soldados le decian:—Poca necesidad teneis de cumplimientos con éstos, pues con sus cartas, Gonzalo Pizarro se movió, dejando su casa y hacienda, á responder por todos ellos, y agora fingen no saber el artillería á dónde está. Almendras fué á la posada del capitan Vasco de Guevara, en cuyo poder el artillería estaba y la habia mandado esconder en parte que fuera dificultoso de hallar. Y algunos quisieron decir que Vasco de Guevara dijo á Francisco de Almendras dónde el artillería se habia hallado, lo cual es falso; y la verdad es, que, con las mejores palabras que pudo,

Vasco de Guevara se isimió [eximió] de Francisco de Almendras, y venida la noche, acompañado de sus tinieblas cabalgó en un caballo y se fue á meter á los Sóras, donde él indios de repartimiento tenia, con voluntad de acudir al visorey y le servir.

Pues como el capitan Almendras supo la ida de Vasco de Guevara, por poco estuvo de destruir el pueblo, y con grande ira se fué á sus casas, y con tormentos que dió á algunos indios, supo el artillería donde estaba y la trujo muy alegre, diciendo á los vecinos de la cibdad, que poco tenia que les agradecer en ello, que se queria volver á la cibdad del Cuzco, que viesen qué es lo que para allá mandaban. Esto hecho, cargando el artillería en los hombros de los bárbaros, fué llevada la vía de la cibdad del Cuzco (*a*).

CAP. XXXII.—*Cómo se supo en la cibdad de Los Reyes claramente lo que pasaba en el Cuzco y de la llevada del artillería, de lo cual mucho al visorey pesó.*

En este tiempo ya empezaba á haber mudanzas en Los Reyes; el demonio andaba suelto, poniendo malos pensamientos en muchos que los tenian buenos;

_____

(*a*)　Nada aparece en las Décadas favorable á Almendras y desfavorable á los vecinos de Huamanca.

los vecinos en secreto hablaban sus cosas, diciendo unos á otros el visorey habia de ejecutar las nuevas leyes; otros decian:—Andá, dejaldo, que Pizarro está en el Cuzco; dello ya nueva cierta tenemos que vendrá con gente de guerra y responderá por todos. Por toda la cibdad se devulgó lo mismo, y el visorey ya no inoraba lo que sabia cierto y dábase con la mano en la frente, diciendo:—¿Es posible quel gran Cárlos, nuestro señor, sea temido en todas las provincias que hay en Uropa, y quel Turco, señor de lo más de Oriente, no se ose mostrar con él enemigo, y que un bastardo quiera forzar su voluntad real á que no se cumpla su mandamiento? Deseaba que los oidores acabasen de llegar, para fundar el audiencia, y estaba el ánimo deste leal varon muy congojado, porque via no ser parte para que la voluntad real se cumpliese. Tenia grande odio con Vaca de Castro, y hallaba razon muy equivalente para le tener, haber salido de la cibdad Gaspar Rodríguez de Camporedondo, Hernando Bachicao y los demás quél sabia tenian grande afinidad con él, creyendo que por su consejo se habian movido á ir á la cibdad del Cuzco; y pensó de en llegando los oidores, tomarle residencia y castigarle conforme á justicia.

No tardaron muchos dias que no vino á la cibdad nueva de la llevada del artillería de Goamanga; y díjose que Vasco de Guevara la habia entregado á Francisco de Almendras. Ninguna nueva de las pasadas dió tanta congoja al visorey como esta, y de su pecho lanzaba palabras muy airadas contra Vasco de Gueva-

ra, diciendo que habia de hacer sobre aquella fea haza-
ña gran castigo. Y tenia gran sospecha de los vecinos, no fiándose dellos ni creyendo cosa alguna de lo
que le dijesen; y ellos, por el consiguiente, temian grandemente no les hiciese algun daño.

*CAP. XXXIII.—De cómo el visorey, viendo que
los oidores no venian, mandó apregonar las
ordenanzas públicamente; y de la prision de
Vaca de Castro.*

Por las cosas que vamos relatando tendrá el letor
noticia de cómo allegado á Los Reyes Blasco Núñez Vela, habló á la cibdad alegremente diciendo, quél
no ejecutaria las leyes hasta quel audiencia fuese fundada, y lo que más pasó con el tesorero; mas, como él
fuese nuevamente venido de las Españas, á donde la
magestad de nuestro Rey es obedecida en tanta manera,
que cualquier provision ó mando, aunque más riguroso parezca y sea llevado por cualquiera persona, se ejecuta y cumple sin excusa alguna; y no conosciese cuán
doblada es la gente que este reyno vivian, y la gran
soltura que habian tenido en lo pasado, no obstante las
nuevas que habian venido del alboroto que habia en
la cibdad del Cuzco y de la llevada del artillería, hizo

una cosa muy acelerada y que para pensalla requeria
gran consejo, que fué, olvidando lo que habia prometido, y no mirando cuán enconosas y dificultosas estaban las cosas de reyno, y que los ánimos de los más
dél estaban dañados, y le habian cobrado ódio grandísimo, improvisamente mandó llamar á Juan Enrí-
quez, pregonero, y que las nuevas leyes fuesen prego-
nadas públicamente, para que ninguno no inorase y
á todos fuese público.

Tambien será cosa decente que la intencion suya
se mire y no se escurezca; porque yo bien creo él
entendia los movimientos que habia ser grandes, y
todos los que hoy viven saben nuestro César le
mandó que, propuesto todo caso, aunque fuese dificultoso, las leyes fuesen publicadas y ejecutadas; y
pudo ser el visorey de industria querer luégo ejecutarlas, para en el tiempo presente ni en lo futuro no
se dijese que, causado de temor, dejó de cumplir el
mando real. El grande Alexandre, constituidor de la
tercera monarquía, Rey potentísimo de la Grecia, dicen
Quinto Curcio Rufo y Arriano que pasó con él en Assia
un excelente capitan, llamado Parmenio, con tres nobles
hijos llamados Filótas, y Ector y Nicanor; y estando
por preteto en la Mesopontania, parescieron ciertas
cartas suyas que tocaban en deservicio del Rey, y por
sospecha que se tuvo de Filótas, su hijo, porque habiendo contra el Rey cierta conjuracion, la cual por causa
de Dimno se supo, y á él como muy allegado al Rey le
avisaron para que se lo dijese, no quiso comunicar con
Alexandre el negocio, que no ménos que la vida le iba;

8

y por esto y por las cartas que de su padre fueron halladas, fué muerto muy cruelmente. Y Alexandre, llamando á un Polidámas, varon osado, le mandó que fuese con ciertas cartas á donde estaba Parmenio y le matase y, despues de muerto, mostrase una provision quél le dió á los capitanes, para que los del ejército no se alterasen. Polidámas, no embargante que habia recibido de Parmenio grandes honras y bienes, fué á donde estaba, y poniéndole en las manos una carta, aunque en ver su persona tan venerable le causó gran compasion, mas teniendo solamente atencion á lo quel Rey le mandó, le dió de puñaladas y puso su persona en gran trabajo (a). Y ansí, el visorey, queriendo que S. M. supiese que con toda voluntad y fedilidad complió lo por él mandado, sin se acordar de los escándalos que se habian de seguir, apregonó las leyes. Y esto que digo, lo recitamos no por más de por lo que toca á la intencion suya, no dejando de decir que fué caso temerario, é que al servicio del Rey más conviniera que se suspendieran, que no que se apregonaran.

Los vecinos de la cibdad, como oyeron el pregon tan triste, fué grande su desasosiego; muy turbados decian unos á otros:—¿Qué es esto, por qué S. M., siendo príncipe tan cristianísimo, ansí nos quiere destruir, habiendo ganado nosotros la provincia á costa de nuestra hacienda con muerte de tanctos compañeros; nuestros hijos y mujeres, que serán dellos? Y an-

---

(a)   DE REBUS GESTIS ALEX. MAG., libs. VI y VII.—DE EXPEDITIONE ALEX. MAG., lib. III, al fin.

daban muchos ya sin sentido; y desde entonces les parescia no tener indios ni otra ninguna hacienda; y como estaban airados, escribian cartas á Gonzalo Pizarro, avisándole lo que pasaba, y de cómo se habian ya apregonado las leyes.

CAP. XXXIV.—En que se concluye el pasado hasta quel licenciado Vaca de Castro fué preso.

Nó inoraba el visorey lo que pasaba en la cibdad, y por el tomulto grande que habia, entendia cuán desasosegados andaban los vecinos; y salió á la sala diciendo, que á cualquiera que dijere que Gonzalo Pizarro se queria alzar, que le fuesen luégo dados cien azotes públicamente. Vaca de Castro, en estos dias, siempre iba á visitar al visorey, y como ya estuviese tan mal con sus cosas, le mandó prender y le trujeron á el cuarto viejo de las casas de Marqués, donde él posaba; y estuvo allí preso ocho dias, mostrando sentimiento muy grave, porque ansí el visorey le hubiese preso y tratado tan ásperamente; y pesóle por no se haber ido á dar cuenta al Rey de las cosas por él hechas en la provincia.

El obispo don Jerónimo de Loaysa, pesándole de quel visorey hobiese preso á Vaca de Castro, le suplicó

con toda humildad le soltase, y él lo hizo por su
ruego, mandando apregonar, que cualquiera que se
tuviera por agraviado del mismo Vaca de Castro, le
pusiese demandas, para que, si se viere que hizo sin-
justicia, sea castigado. Y dende á pocos dias se tornó á
prender Vaca de Castro y lo llevaron á un navío, mandando que lo tuviesen en él á recaudo. Y esta prision
fué, segun se publicó, por sospecha que de su persona
el visorey tuvo (*a*).

Lorenzo de Aldana habia venido de la provincia de
Xauxa á ver al visorey y como primero contamos hobiese escrito aquella carta, y el visorey supiese que habia sacado della tresiado, se enojó grandemente; y por
esto y porque su abtoridad era mucha y siempre se
habia mostrado amigo de los Pizarros, le mandó prender, teniendo dél, segun dicen, sospechas, y enviar á
otra nave á donde le tuvieron algunos dias; mas despues le mandó soltar, dando causas por qué lo habia
mandado llevar al navío.—Y en este tiempo ordenó el
visorey que en la mar hobiese armada, y por capitan
general della Diego Alvarez de Cueto, su cuñado, y por
capitan Jerónimo Zurbano.

(*a*)   Herrera añade por cuenta propia, que Vaca de Castro frecuentaba
la casa del virey ó por honrarle y dar á todos buen ejemplo, ó por cumplir las órdenes del Rey de aconsejarle y asistirle; y que sufrió la injuria
de su prision con tolerancia.

CAP. XXXV.—Cómo el obispo don Jerónimo de Loaysa, pesándole de que se levantasen los movimientos que decian, habló al visorey sobre que queria ir al Cuzco, y lo que sobrello pasó.

Ya era cosa muy entendida por todos los que estaban en la cibdad de Los Reyes, Gonzalo Pizarro estar ya en el Cuzco recibido por procurador é justicia mayor. Don Jerónimo de Loaysa era obispo en esta cibdad de Los Reyes, la cual es la cabeza de su obispado, y deseando que no se levantase alguna guerra en el reyno que fuese parte para que la paz se perturbase, con voluntad de servir á Dios y á S. M., quiso por su persona ir á tratar sobrello á donde Gonzalo Pizarro estuviese; y ansí habló con el visorey, representándole los grandes movimientos que sabian habia en el Cuzco, donde tambien decian estar Gonzalo Pizarro nombrado por procurador y justicia mayor, el cuál no entendia sino en aderezar armas, hacer pólvora y proveerse de otras cosas más pertenecientes á guerra, que no convinientes á suplicacion; y que para que no pasase adelante la desvergüenza, seria cosa provechosa ir algunos varones cuerdos y modestos, para que, encaminándole en lo que conviene, se saliese á fuera de tan loca y necia

demanda; y que pues para en tiempos semejantes quiere
el Rey sus vasallos, quél, por ello, y principalmente por
servir á Dios, queria tomar trabajo y llegarse al Cuzco
para persuadir á Pizarro en lo que convenia. Esto dicen que pasó el obispo con el visorey, y áun otras práticas más y mayores sobre este caso; á lo cual, el visorey mostró gran contento, diciendo que en la ida hacia
á Dios y á S. M. gran servicio, y á él mercedes. Y
cuentan que se determinó quel obispo saliese luégo con
toda brevedad, porque lo mismo habian de hacer ciertos notarios con las provisiones reales, para requerir con
ellas á Gonzalo Pizarro y á los demás no se moviesen
inconsideradamente, ántes las obedesciesen como de su
Rey y señor natural; y que procurase de tener forma
como Pizarro no abajase á Los Reyes con junta de
gente ni con la desvergüenza que decia. Y para tratar
con él algun honesto concierto, dió el visorey palabra
al obispo de que pasaria por lo quél ordeñase é hiciese;
y no se le dió poder, por algunas causas, las cuáles yo
las pondré al tiempo quel obispo y Gonzalo Pizarro se
vieron; porque es gran trabajo una cosa escrebirla
muchas veces, y más que en aquel paso, se ha por
fuerza de retirar [reiterar], porque conviene ansí.
Y seré largo en esta ida del obispo, porque pasaron cosas muy delicadas y de noctar, y yo las supe de
personas que se hallaron con Pizarro de los que fueron con el mismo obispo, y áun él mismo me lo afirmó
pasar como yo lo cuento. Y algunos trataron desta ida
del obispo, afirmando que eran cautelas y que iba más
por el bien de Pizarro y por su provecho, que no por

el servicio del Rey; mas no quiero parar en dichos vulgares, pues es una confusion varia y nunca cierta, pues sabemos que nunca dan en el blanco de la verdad, aunque parezcan no alejarse mucho de ella.

Determinada, pues, la ida por el obispo, salió de la cibdad de Los Reyes, yendo con él un compañero suyo llamado fray Esidro de San Vicente, á veinte dias del mes de Junio del mesmo año. Salieron para le acompañar en aquella jornada, don Juan de Sandoval, Luis de Céspedes, Pero Hordóñez de Peñalosa y dos clérigos, llamado el uno Alonso Márquez y el otro Juan de Sosa. Y tomando, pues, el camino marétimo de Los Llanos, anduvo hasta llegar á un pueblo llamado Yca, á donde encontró con un Rodrigo de Pineda, el cuál venia del Cuzco y afirmó ser ya salido dél Gonzalo Pizarro, y que si el obispo fuese por Los Llanos, que lo erraria. Con el dicho deste, determinó el obispo de subirse á la sierra para salir al pueblo de Gualle, repartimiento de Francisco de Cárdenas, vecino de Goamanga.

Pues como el visorey entendiese que ya era pública la alteracion de las provincias de arriba y que Gonzalo Pizarro y los que con él se juntaban, no obstante las muchas palabras feas que en desacato del Rey decian, se aparejaban para venir con mano armada á obrar y estorbar que no se cumpliese su mandamiento real, despues de haber tomado su parecer con Francisco Velázquez Vela Núñez, su hermano, y con Diego Alvarez de Cueto, don Alonso de Montemayor y otros caballeros de los principales que estaban en Los Reyes,

determinó de hacer llamamiento general en el reyno;
y ansí, á gran priesa, mandó despachar provisiones
para todas las cibdades y villas dél, por las cuales mandaba que acudiesen todos los vecinos y estantes á servir á S. M. á la córte de Los Reyes con sus armas y
caballos, sin ser osados de dar favor ninguno á Gonzalo Pizarro ni á otro que se nombrase deservidor de
la corona real de Castilla, so pena de traidores y de
perdimiento de todos sus bienes. Hecho esto, mandó
al secretario Pero López que se apercibiese, porque
habia de ir al Cuzco con las provisiones reales, á requerir á Gonzalo Pizarro y á los demás que estaban en
aquella cibdad las obedesciesen llanamente el pecho
por tierra, como sus sudictos y vasallos leales. Pero
López, no ostante el peligro grande que se le rescrecia, viendo que tocaba al servicio real, respondió que
lo haria, con tanto que no mandase apregonar la guerra
hasta quél volviese, porque no le matasen. El visorey
se lo prometió; mas, si él no tuvo las orejas sordas,
ántes que saliese del ámbito de la cibdad, pudo entender el son de los atambores y de los pífanos.—Para
que pudiese ir más seguro Pero López, mandó el visorey á Francisco de Ampuero, criado que habia sido
del marqués don Francisco Pizarro, que fuese con él;
y ansí salieron de Los Reyes, yendo tambien Ximon
de Alzate, notario público, con los despachos y provisiones, que eran para que deshiciese la gente y acudiesen al servicio del Rey, so pena de traidores, y para
que donde quiera que llegasen, les diesen todo favor
é ayuda.

CAP. XXXVI.—*De cómo los oidores llegaron á la cibdad de Los Reyes y se fundó el audiencia real.*

En lo de atrás dimos noticia de cómo desde la cibdad de Panamá se adelantó el visorey Blasco Núñez Vela y los oidores quedaron para luego salir; y ansí, desde á pocos dias, embarcados en naves con sus mujeres, se partieron para el Perú. Llegados al puerto de Túmbez, fueron caminando hácia la cibdad de Los Reyes, y eran grandes las quejas que generalmente les daban del visorey, diciendo que por su proveimiento habian sido muertos más de cuarenta españoles de hambre por los caminos, por no querer los indios proveerlos de cosa alguna. Respondian que era un temerario, y que, idos á Los Reyes, se fundaria el audiencia, á donde le irian á la mano, para que no hiciese tan grandes desatinos como habia hecho desde que entró en el reyno; y hablando estas cosas y otras, segun dicen, llegaron á la cibdad de Los Reyes, á donde la hallaron puesta en armas, porque el visorey empezaba ya á apregonar la guerra contra Gonzalo Pizarro. Llegados, fueron bien recibidos y aposentados en casas de vecinos de la cibdad, y andaban muy acompañados, y eran bien visitados.

Idos á verse con el visorey, les dijo cómo toda la provincia estaba alterada y que se habian huido de Los Reyes Gaspar Rodríguez de Camporedondo, Bachicao y otros, los cuales habian alterado los vecinos de la cibdad del Cuzco, á donde, con poco temor de Dios y del Rey, habian nombrado por procurador á Gonzalo Pizarro, el cual habia enviado por el artillería que estaba en Goamanga, para con ella y la junta de gente que hacia, venir á la cibdad de Los Reyes contra ellos. Los oidores les desplugo oir aquella nueva.—Y el sello real fué metido debajo de un palio, llevando los regidores las varas, y el audiencia fué fundada, y se despachaban provisiones á todas partes; y el visorey escribió á la real magestad de nuestro señor el Rey las cosas subcedidas en el Perú desde que entró en él, cómo se habian alterado con las ordenanzas que habia mandado quél trujese; y lo mismo escribió á los del su muy alto Consejo.

CAP. XXXVII.—*De cómo viendo algunos vecinos del Cuzco la mala intencion de Pizarro, escribieron al visorey para que los perdonase y que le acudirian.*

Cosa muy cierta es cuando hay escándalo y se escomienzan guerras, pasado aquel furor impetuoso que tuvieron para levantallas, la razon, usando su uso, da á entender el yerro que acometen; y áun muchos de los que habian sido en que Gonzalo Pizarro tomase aquella empresa y fuese con mano armada contra el visorey, les pesaba ya dello, y decian:—¿Quién fué el que nos engañó á querer oponernos contra el Rey? ¿Qué suplicacion podemos hacer con arcabuces y tiros gruesos? Demás desto vemos á Pizarro inclinado á querer mandar. Otros decian:—Hayámonos cuerdamente é acudamos á nuestro Rey ántes que la cosa pase adelante. De manera, que con un clérigo llamado (*a*) de Loaysa, acuerdan Diego Centeno, Gaspar Rodríguez de Camporedondo y el maese de campo Alonso de Toro, Diego Maldonado el Rico, Pedro de los Rios y otros algunos de escribir al visorey, para que les inviase perdon de lo que habian inventado, sin les dar pena ninguna por ello, afirmando quellos con sus personas, armas, caballos le acudirian y sirvirian lealmente. Y para que Loaysa pudiese ir debajo de disimulacion, sin que le impidiesen la ida, platicaron con Gonzalo Pizarro sobre que seria cosa decente de que Loaysa el clérigo fuese á la cibdad de Los Reyes por espía y supiese lo que pasaba y volviese á le avisar con toda presteza. Gonzalo Pizarro, creyendo que le decian verdad, vino en ello y dió licencia al padre Loaysa para lo que decimos. Y ansí, llevando cartas de muchas personas, partió del Cuzco para Los Reyes (15).—En este tiempo, el obispo don Jerónimo de Loaysa venia camino hácia el Cuzco, y lo mismo los que llevaban las provisiones, como iremos relatando.

(*a*)   *Bartolomé* (tach.). Es Baltasar.

CAP. XXXVIII.—*De cómo el secretario Pero López y Francisco de Ampuero y los otros venian camino del Cuzco, y de cómo llegaron á Goamanga, y lo que subcedió al obispo hasta llegar á aquella cibdad.*

En el trascurso de nuestra historia contamos cómo el visorey Blasco Núñez Vela mandó á Francisco de Ampuero y á Pero López, secretario, que fuesen á notificar las provisiones reales, creyendo que por ser bien quisto Pero López iria seguramente, y lo mismo Francisco de Ampuero, porque Pizarro le tenia por su amigo, por haber sido criado del marqués su hermano. Partidos de la cibdad con las provisiones y despachos que llevaban, se dieron mucha priesa á andar y alcanzaron al obispo; y despues de le haber dado la cuenta de á lo que iban y tomado su bendicion, se partieron de allí, dándose grande priesa, con voluntad entera de hacer lo que por el visorey les era mandado; y por sus jornadas allegaron á la cibdad de Goamanga, á donde, sabido á lo que venian, como ya supiesen la pujanza que tenia Gonzalo Pizarro, les pesó y quisieran no vellos en su cibdad. Y al fin, despues de haber entrado en cabildo, tuvieron sus práticas y acuerdos y

acordaron de hacer lo que S. M. les mandaba y tener
á Blasco Núñez Vela por su visorey, como él lo mandaba; lo cual determinado, fué recibido por tal, y habién-
doles notificado la provision por la cual se mandaba
que acudiesen con sus armas y caballos á la cibdad de
Los Reyes, les pidieron que señalasen vecinos que fuesen en acompañamiento de las reales provisiones. Estaban tan temerosos, que no se atrevieron á nombrar,
ántes, con toda instancia, rogaron al secretario Pero
López que señalase los quél quisiese que fuesen con
las provisiones; y se nombraron á Juan de Berrio y á
Antonio de Aurelio y á otros, con los cuales se partieron de la cibdad de Goamanga, habiendo llegado primero el obispo don Jerónimo de Loaysa, con el cual co-
municaron lo que se habia hecho y de su ida al Cuzco;
y él les respondió que aguardasen á que fuesen todos
juntos, porque se notificarian las provisiones con más
abtoridad; mas no quisieron, paresciéndoles que irian
con más brevedad; y ansí caminaron la vuelta del
Cuzco.

El obispo habia recibido cartas del visorey, en las
cuales le avisaba de algunas cosas y de cómo podria
juntar ochocientos hombres de guerra, con los cuales
pensaba salir de la cibdad á encontrarse con Gonzalo
Pizarro, si supiese que todavía se desvergonzaba á venir; á lo cual le respondió el obispo, que debia no hacer gente, sino continuar su audiencia y despachar en
ella lo que conviniese, y aguardar á Gonzalo Pizarro y
á los demás en su casa, acompañado de los oidores.
Estas cartas se dieron á Francisco de Cárdenas, vecino

de aquella cibdad, las cuales dicen que no las quiso enviar al visorey.—Esto hecho, el obispo salió de Goamanga la vuelta del Cuzco.

CAP. XXXIX.—Cómo el visorey trató con los oidores que se sacasen los dineros que estaban en la nave para inviar á España; y de cómo se revocaron las nuevas leyes.

Muy congojado se mostraba estar el visorey por ver las grandes desvergüenzas de la gente del reyno, pues tenian atrevimiento á se mover contra el mando real. Muchos pensamientos le venian, unas veces dél mismo ir al Cuzco á la ligera, otras de hacer gente de guerra; al fin, mandando llamar á los oidores, que ya hemos dicho ser el licenciado Cepeda y el doctor Tejada y el licenciado Alvarez y el licenciado Zárate, el cual no habia llegado ni vino en muchos dias adelante; y entrando con ellos en acuerdo, les dijo: que tan notorio era á ellos como á él la voluntad de S. M. ser que las ordenanzas se cumpliesen y se mandasen en todos aquellos reynos guardar; y si él de suyo se moviera á algunos mudamientos ó en mandar cosa otra de lo que su príncipe le mandó, que ciertamente tuviera á los del Perú por hombres sabios y avisados, pues por defen-

der sus haciendas se ponian en armas; mas pues que ya
les constaba S. M. del Emperador nuestro señor sér de
lo que en aquel caso hicieron servido, que sin temor se
ponian en armas, y áun mostraban voluntad de venir
contra ellos, como si por ventura no fueran enviados
por él; y que la pena quél sentia de aquello por la
mucha que ellos merescian, que seria de parescer que
entendiesen en que, ellos quedando castigados, los
bullicios hobiesen fin; y que no pensasen quél no sabia lo que aquella gente querian; y que los que viviesen,
verian cómo pendia de otro deseo la salida de Pizarro
que no solamente ser procurador de las nuevas leyes;
y que aunque ellas se suspendiesen, creia no serian
parte para apagar fuego tan cruel; aunque tambien no
inoraba que si no las suspendian, despues serian achaque con el cual pudiesen dar color á su traicion, y que
le parescia las debian suspender; sin lo cual, tambien
seria necesario comenzar á drezarse y sacar los dineros
que estaban en el navío, para con ellos y con los que
más pudiesen haber é S. M. tuviese en su real caja,
hacer gente de guerra, porque despues anduviesen los
traidores buscando movimientos, que, al fin al fin, todo
lo que se gastase, ellos con sus personas y haciendas
lo habian de pagar.

Suspensos estaban los oidores oyendo al visorey,
cuando esto hablaba; los ojos en el suelo, con su silencio mostraban gran pesar por las cosas que se levantaban, aunque no todos tres tenian un pensamiento ni
deseaban los negocios como sus oficios requerian. El
pesar que ellos mostraban, segun dicen, era pensar

que el visorey hacia junta de gente para resistir á Pizarro, y habiendo batalla, el audiencia quedaria deshe-
cha si Pizarro venciese, y si fuese vencido, el honor se
atribuiria al visorey. Sus intereses propios particularmente mirando, el licenciado Cepeda habló primero,
porque tenia el primer voto, y respondió á la prática
quel visorey habia hecho lo siguiente: que S. M. lo
habia á él nombrado por visorey y á ellos señalado por
oidores, y que á él como á más principal, pues venia
por presidente é gobernador, le mandó ejecutase las
ordenanzas, tomando en todo parescer con el audiencia, pues él era la cabeza y ellos eran los miembros, lo
cual todo junto era un cuerpo que representaba el
nombre del Rey é S. M.; que bien sabia lo que en Panamá pasó y áun lo que el licenciado Zárate sobre su
venida le dijo, y que las cosas que habia con ellos comunicado, él mismo lo sabia, pues desde que entró en
àquel reyno, no quiso aguardarlos, y que gastó en
Trujillo y en Piúra el tiempo que todos sabian, sin
aprovechar mucho, ántes se enconaron las cosas; y que
los que desleales se quieren hacer tiranos, no buscaban
otro sonido sino libertad, pues todos los que se habian
levantado, con aquel nombre hacian sus hechos; y que
él no inoraba cuán doblada y mal corregida era la
gente de aquella tierra, pues lo alcanzaba; mas que
muchas veces los príncipes disimulan con los súbditos
hasta ver tiempo convenible para ejecutar el castigo y
punicion, sin lo cual era cierto el nombre de Pizarro
estar dentro en los ánimos de mucha de la gente de
aquella cibdad, y que ciertamente tan poca confianza

se habia de tener en ellos, como en los que con él estaban en el Cuzco; y que gastar el Rey su dinero es
pérdida y daño; que pues habia ido el obispo á tratar la
paz y el regente (16), debian de aguardar á ver la respuesta y lo que decian á las provisiones que Pero López llevó; y que las ordenanzas las debia mandar revocar, que quizá podria ser hacer provecho, aunque más
hiciera si se apregonaran en Túmbez. Los otros oidores
en ello vinieron. E sin estas práticas, pasaron otras muchas, porque los oidores, ántes desto, se habian concertado y ordenado hacer un requerimiento al visorey
sobre que no ejecutase las leyes, y no lo presentaron
porque no se atrevieron. Y allegaron á tener palabras
de punta el visorey y Cepeda, diciendo el visorey que
hasta entónces que la abdiencia se habia fundado, no
tenia para qué tomar consejo con ellos; y que pluguiese
á Dios que lo que Cepeda decia tuviese en pensamiento.

Y pasado esto, despues de haber tenido otras práticas mayores, se determinó de sacar los dineros que
estaban en la nave, para con ellos hacer gente, con la
cual se resistiese á Pizarro en la traicion que comenza-
ba. Y ansí los ciento y tantos mill pesos se sacaron y
los trujeron á casa del tesorero; (*a*) y el visorey, con
ánimo valeroso, comenzó á tener en poco á Pizarro y á
su gente, animando á todos los que estaban en Los
Reyes; y mandó revocar las nuevas leyes hasta que
S. M. otra cosa mandase, ecepto en lo tocante á los

_____

(*a*) V. Apénd. núm. 10.°, cargo 35.

gobernadores y oficiales reales. Quieren decir, que
ántes de la suspension, hizo una exclamacion que pro-
testaba que no lo hacia con voluntad firme, sino porque los bullicios toviesen fin. Y públicamente se apre-
gonaron y por todo el reyno se divulgó. Si quisieran no
más de verlas suspendidas, bien las vieron. No fueron
dignos de tal beneficio, pues despues, por sus locos movimientos, tantos perdieron las vidas por el quellos eligieron por su defensor; que, ciertamente, más derramamiento de sangre ha costado y haciendas que se han
perdido, que montaban sus repartimientos, que no es
poco dolor pensar en ello. Los pensamientos de los
hombres que buscan principio sin mirar qué tal será el
fin, pára en lo que estos pararon. Diógenes Laertio,
entre las sentencias del sabio Platon, pone ésta: "que
todos miren primero el fin de aquello que quieren hacer, porque no hagan cosa reprehensible y de
vituperar". Dionisio Halicarnasio, en el otavo libro de
las antigüedades romanas, dice: "nunca hallarás que
haya habido algun hombre al cual todas las cosas le
hayan siempre subcedido prósperamente y á su voluntad, sin que alguna vez le fuese contraria la fortuna; y por esto, los que son de mejor providencia
que otros, la cual se alcanza por luenga vida y espirencia, dicen, que cuando se ha de hacer alguna
cosa, ántes que la comiencen, miren primero el fin."
Los tiranos de la cibdad de Jherusalem Simon (*a*)

(*a*) Hijo de Giora.

y Juan (*a*), segun Josepo *De bello judaico* (*b*), que eligió por sus defensores, ¿qué más daño pudieran los romanos en ellos hacer que ellos mismos hicieron, ni tanto ni ninguno que con ellos se igualara? Los de Milan, por tomar por su capitan á Gualpaggo (*c*), conde de Angleria, de capitan se tornó tirano, é la opulenta cibdad de Milan destruida hasta los cimientos fué por Federico (*d*). No hay otra libertad, no, sino las repúblicas vivir debajo del gobierno real; y si no es bueno, pregúntenlo á Arequipa, cómo le fué en Guarina, y á Quito en Añaquito; y si les fuera mejor no conocer á Pizarro, y tener los unos y los otros por soberano señor al Rey, y no con colores relucientes por de fuera y por dentro súcias y llenas de hollin, oponerse contra sus ministros y á los que enviaba por sus delegados y lugares tenientes.

(*a*)   Hijo de Levias.

(*b*)   Flavio Josepho, lib. IV á VII.

(*c*)   Este nombre recuerda el de Welphone (Guelpone), marido de la célebre condesa Matilde de Toscana, á quien, en efecto, confiaron los milaneses la guarda y proteccion de sus libertades en los primeros tiempos de las repúblicas lombardas. (Muratori, Ann., t. 6.º parte 2.ª—1093). Sin embargo, Moroni, en su *Dic. de erud. stor. eccles.*, dice que los primeros *vicecomites* de Angleria (Anghiera) fueron de la familia que más tarde dominó en Milan con el apellido Visconti.

(*d*)   Primero de ese nombre entre los emperadores romanos, llamado generalmente *Barbaroja*. Destruyó á Milan en 1160.

CAP. XL.—*De cómo el visorey nombró capitanes y se hizo junta de gente.*

BIEN conozco que me detuve en el capítulo pasado,
mas no pude ménos, por la materia que llevaba; no
me quieran roer los que causados de emulacion, en
viendo quel autor es largo en los capítulos ó prolijo
en recontar los acaescimientos, arronjan el libro por
los bancos, tratando no bien del escritor. Y para esto
diré yo lo que dice el glorioso doctor señor Sant Jerónimo en su tratado de la instruicion de las vírgenes:
"refrena tu lengua de mal hablar y pon á tu boca ley
y freno de razon, y si entónces hobieres de hablar
cuando es pecado callar, guárdate no digas cosa que
pueda venir en reprehinsion." (*a*) Dejando de más tratar
sobre esto, prosigamos el curso de nuestra historia.

(*a*)   San Jerónimo no escribió tratado ninguno especial acerca de la
instruccion de las vírgenes. Trata, sí, de ella en sus epístolas *ad Eustochium, de custodia virginitatis; ad Lœtam, de institutione filiœ; ad Deme-
triadem, de virginitate servanda; y ad Gaudentium, de Pachatulœ infantulœ
educatione;* y dice en la tercera: "*Ante annos circiter triginta, de virginitate
servanda edidi librum, in quo necesse fuit mihi ire contra vitia; et propter
instructionem virginis, quam monebam, diaboli insidias patefare.*" Pero ni
en ese libro (que es la epístola *ad Eustochium*) ni en las demás epístolas
consta el pasaje transcrito y traducido por Cieza. La sentencia es de una

El visorey, teniendo ya noticia de las cosas que pasaban en la cibdad del Cuzco, nombró por capitan de gente de á caballo á don Alonso de Montemayor, lealísimo caballero natural de Sevilla, y á Diego Alvarez de Cueto, su cuñado, tambien nombró por capitan de gente de á caballo, natural de Avila; de arcabuceros señaló por capitan á Diego de Urbina, natural de Vizcaya; despues lo nombró por maestre de campo, dando la capitanía á Gonzalo Díaz de Pineda, natural de la Montaña (*a*); de infantería nombró que lo fuese Pablo de Menéses, natural de Talavera, y á Martin de Robles, natural de Melgar de Herramental (*b*); capitan de la guardia, Juan Velázquez Vela Núñez, natural de Avila. Despues de que tuvieron los títulos de las capitanías, les habló, diciendo quél les elegia por capitanes del Rey nuestro señor, para que si algun tirano se levantase, con sus esfuerzos se diesen tal maña, que quedando castigado el movedor, la provincia quedase asentada; é pues él en ellos los ojos puesto habia, tomándolos por compañeros y amigos singulares, su persona y honra les encomendaba; porque como hombre que viene de España y se halla en reyno nuevo, no sabe de quien se fie. El capitan don Alonso respondió que habia acertado de poner la honra de su persona debajo de la

carta anónima intitulada *Virginitatis laus,* atribuida sin razon á aquel Santo Padre: "*Linguam a maliloquio cohibe: et ori tuo legis frenos impone: ut tunc si forte loquaris, quando tacere peccatum sit, caveas ne quid quod in reprehensionem veniat, dicas.*"

(*a*) De Astúrias, nacido en Coto de Ureña.
(*b*) *Hernamental* ó *Fernamental* escriben otros.

de aquellos caballeros; porque, colgando de la suya la de
todos, él, por su parte, moriria en su servicio, porque
en un punto no fuese menoscabada. Lo mismo dijeron
los capitanes, mostrando gran deseo de le servir; y
se comenzaron á tocar atambores y desplegar banderas
y juntar gente.—De todas estas cosas dicen que enviaban aviso á Gonzalo Pizarro, don Antonio de Ribera
y Alonso Palomino y ótros vecinos de Lima, enviando
las cartas metidas en pequeños calabazos, porque no
fuesen vistas por alguno; y áun afirman que, cuando el
don Antonio no podia, lo hacia su mujer.—Sargento
mayór se nombró Sayavedra. Y al son de los tambores
se hizo junta de gente de más de quinientos hombres,
dando pagas de á trescientos y á cuatrocientos pesos,
mercándo muchos caballos y valiendo á quinientos y á
seiscientos y más cada uno. En fin, se gastaron pasados de cien mill pessos (*a*).

Vasco de Guevara, el vecino de Goamanga, allegó á
Los Reyes á purgarse de lo que decian dél en lo tocante al artillería, y el visorey le mostró airado sem-
blante; pero oida su escusa, fácilmente le volvió en su
gracia. Francisco de Cárdenas estababa en Guáitara, y
de todo lo que pasaba y él sabia, lo enviaba por aviso á
Gonzalo Pizarro. Segun dicen, el clérigo Juan de Sosa,
que fué con el obispo, allegado á Goamanga, con indios de Sosa, el vecino, despachó cartas á Pizarro, en
las cuales afirman que le persuadia mostrase ánimo en

(*a*)   V. Apénd. núm. 10.º, Carta del obispo del Cuzco, párr. 3.•

lo comenzado, y quel visorey estaba mal quisto; y otras cosas no conformes á su profesion.—Y si yo hobiese de contar las bellaquerías que frailes y clérigos hicieron, seria nunca acabar, y que las orejas cristianas, en las oir, recibirian pena.—Tambien escribió el Sosa que no consintiesen entrar al obispo entre ellos, porque los iba á engañar, y quél se daria toda priesa para les avisar de las más cosas que les convenia. Y diremos agora de Pizarro.

CAP. XLI.—Cómo Gonzalo Pizarro se aderezaba para salir de la cibdad del Cuzco, y cómo mandó al capitan Francisco de Almendras que fuese á tomar los despachos que venian.

Muy gran priesa se daba Gonzalo Pizarro en la cibdad del Cuzco, á donde estaba, en aderezarse de armas con las otras cosas que para la guerra son necesarias, deseando salir della brevemente; y como siempre le viniesen cartas de Los Reyes y Goamanga, de avisos, dándole cuenta de lo que pasaba, entendió la venida del obispo y cómo tambien venian Francisco de Ampuero, Pero López y los más, con las reales provisiones; lo cual todo por él entendido, mandó á Francisco de Almendras,—que despues que salió de Goa-

manga con el artillería, anduvo hasta ponerla en Abancay, desde donde fué á ver á Pizarro;—y como digo, le
mandó volver á mirar por ella y á que saliese á quitar
las provisiones á quien las traia, y para que entendiese
el obispo con qué voluntad venia para sus cosas. Y
ansí, salió Almendras y anduvo hasta donde Gonzalo
Pizarro le mandó que con algunos arcabuceros estuviese en guarda de la artillería y á se encontrar con
los que venian con las provisiones, porque no entrasen
con ellas en el Cuzco, porque seria alborotar los ánimos de aquellos que tanta voluntad mostraban á le
seguir.

Pasado esto, Gonzalo Pizarro envió sus cartas á
Pedro de Puélles, que era corregidor en Goánuco y
habia venido á Los Reyes y recibido del visorey toda
la honra y buen tratamiento y confirmado en el cargo
que se tenia desde el tiempo de Vaca de Castro. Envió
Pizarro las cartas con un Vicente Pablo, deligente an-
dador. Por ellas le enviaba á rogar se viniese á juntar
con él con los más que pudiese, porque la cibdad del
Cuzco le habia elegido por procurador y justicia mayor, y queria ir á la cibdad de Los Reyes á suplicar de
las ordenanzas. Pedro de Puélles, visto el mensajero,
respondió con el mismo que trujo las cartas á Gonzalo
Pizarro: quél siempre tuvo en mucho las cosas de los
Pizarros, por lo quél, no embargante quel visorey le
habia mandado que fuese corregidor de la cibdad de
Goánuco, hacia lo que le rogaba; más que le tornase á
escrebir cómo y de qué manera los del Cuzco le habian
recibido por Justicia y nombrado por procurador, para

quél se determinase. Gonzalo Pizarro le tornó á escrebir;—y el Puélles trataba mal de las cosas del visorey.

Gonzalo Pizarro, en este tiempo, con sus banderas desplegadas, daba á entender la guerra, aderezando armas, haciendo picas, polvora, arcabuces; muy alegre, teniéndose ya por señor de la tierra, decia, que Dios le encaminaba (17), pues sus hermanos no hicieron servicios para que, aún no siendo muerto, S. M. proveyera en otro el gobierno; y que siendo él vivo, no habia ninguno que mejor lo mereciese que él. Y llegó cantidad de trescientos cincuenta españoles de guerra, de pie y de caballo, vecinos y soldados, y ansí daba muy gran priesa para salir del Cuzco.

Francisco de Ampuero y el secretario Pero López, con los que más de Goamanga salieron con las provisiones de visorey, anduvieron hasta llegar á la puente de Vílcas, á donde no hallaron á nadie; y de allí anduvieron su camino adelante, teniendo nueva cómo Francisco de Almendras estaba no muy léjos de allí; y andando hasta los Lucumáes, habiendo pasado una puente pequeña, salió el capitan Francisco de Almendras con los que consigo tenia, y preguntó con muy gran soberbia, que quién traia las provisiones? Y fuéle dicho que Pero López; y él le llamó con voluntad de le matar, y le metió por unas quebradas ásperas.—No pudieron ponenerse en resistencia, porque Almendras tenia más de treinta hombres con arcabuces.—Y como se vido con Pero López, le dijo, que por qué habia tenido atrevimiento y movídose tan facilmente á venir un camino tan dificultoso como aquél? Pero López le res-

pondió quel visorey le habia mandado venir con aquellos despachos, y que por ninguna manera se pudo
excusar para no traellos; y diciendo otras palabras sobre este caso. Almendras, mirando que en el tiempo
pasado Pero López le habia hecho alguna buena obra,
determinó de por entónces no le matar, ni hizo más
que preguntar por los papeles; y quitándoselos del seno,
no sin gran dolor, se subieron ámbos despues de haber tenido algunas práticas; y llamando á Francisco
de Ampuero, le dijo, que mucho se maravillaba de él venir con aquellas cosas, pues sabia que no le acarreaba
ningun bien á Gonzalo Pizarro; y que sino mirara al
amor quel mismo Pizarro le tenia, que luégo allí le matara; y preguntóle por lo que pasaba en Los Reyes.

CAP. XLII.—*De lo que más pasó entre Francisco de Almendras y los que llevaban las provisiones reales.*

PASADAS las cosas que hemos contado en el capítulo
precedente, el capitan Francisco de Almendras y
todos los que allí estaban, se volvieron una jornada
más hácia Guamanga, pensando Almendras en sí
mismo que no convenia dejar con la vida á Pero López, porque no pudiese dar testimono de lo que habia
pasado; é por otra parte, mandallo matar él propio,

parescíale gran crueldad; y al fin, acordó de decirle que se fuese él y Ximon de Alzate solos, y que no volviese Ampuero, y que desta manera los bárbaros Andaguáylas y otros, viéndolos solos, los matarian. Y áun les mandó que luégo partiesen de allí, con tanto que Ampuero se quedase hasta que Gonzalo Pizarro viniese. Pero López, que bien entendió la intencion de Almendras, le dijo que tenia el caballo fatigado y tan cansado, que no se atrevia á ir en él; que los dejase reposar dos ó tres dias, y que luégo darian la vuelta. Francisco de Ampuero, haciéndolo virtuosamente, dijo, que no irian Pero López ni Alzate sin él, ni tampoco quedaria si no era por fuerza, por que seria mal contado. Almendras, con grande ira, dijo, que no creia en Dios, si allí dormian, si no los mataba; y con esto fué á su tienda. Ampuero, viendo el gran peligro en que Pero López estaba, fué á donde estaba Almendras, y hablándole amorosamente, le rogaba que lo dejase volver; y él estaba muy enojado y amenazaba con sus palabras á Pero López; que, ciertamente, no se puede negar sino que fué notable el servicio que en esta jornada hizo, porque su vida estuvo en gran riesgo. Y al fin, aquella noche, temiendo no le matasen, la pasó sin domir sueño alguno, diciendo á Alzate y á los que con él estaban, que hiciesen lo mismo.

Pues como Ampuero tuviese tanta amistad con los Pizarros, venida la mañana, hobo de acabar con Almendras que les diese á todos licencia para se volver; y al fin se acabó con él, y muy alegres, alabando á Dios que les habia librado de las manos de Almendras, se partieron. Dende á poco tiempo, se encontraron con Diego Martin, el clérigo, y con el padre provincial frey Tomás de San Martin, el cual les dijo la mala intencion que Pizarro tenia, y cómo habia nombrado capitanes y se aparejaba para venir contra el visorey. —Este provincial es el regente que habia ido al Cuzco desde Lima, con gran deseo de aprovechar y evitar que Pizarro no saliese con tan loca demanda; mas no bastó su buen propósito, aunque por todas las vías procuró de apartar á muchos nobles de los que querian seguir á Pizarro, de aquella facinerosa demanda; y porque se entendió ayna fuera ahorcado un Juan de Ríbas, natural de Zaragoza, que iba de unos á otros con el mensaje del regente (*a*).

CAP. XLIII.—*De cómo Gonzalo Pizarro se aparejaba para salir del Cuzco, y de cómo se sacó para gasto de la guerra los dineros que estaban en la Caja del Rey.*

Mucho se holgó Gonzalo Pizarro cuando vido la carta que, segund dicen, le escribió el padre Sosa de Goamanga; y tenia ya aviso de la venida del obispo, y daba mucha priesa á salir de la cibdad, ha-

---

(*a*) V. Apéndice núm. 16.º

ciendo sus alardes y reseñas. Bachicao andaba en unas andas pequeñas, porque, disparando un tiro, le llevó un pedazo del muslo; y para pagar los soldados que se les habian llegado, los vecinos ayudaron con algunos dineros. Como ya el ánimo de Pizarro estuviese dañado, dijo que los dineros que hobiese en la caja del Rey fuesen sacados para pagar la gente de guerra. Los vecinos de la cibdad, pareciéndoles cosa fea, dijeron que ellos querian obligar sus personas y bienes á la paga dello, porque no era justo que la hacienda del Rey nuestro señor fuese gastada sin su mandato; y al fin, lo que montó, lo pagaron los vecinos, porque, no embargante que deseasen ir la suplicacion, por ver las leyes revocadas, pocos tenian deseo en aquel tiempo de deservir al Rey, ni con mano armada ponerse contra su mandado, no embargante que todos fuesen á punto de guerra; á lo cual alegaban, que los letrados y hombres sábios decian que lo podian hacer, sin que les fuese atrebuido á traicion.

De Condesuyo vinieron algunos soldados, y con ellos Navarro, vecino del Cuzco, los cuales traian algunos arcabuces. Tambien allegó en este tiempo al Cuzco Felipe Gutiérrez con los otros que contamos que salieron de la entrada (*a*); y se huyó Serna á la cibdad

(*a*) A las tierras del Tucuman y Rio de la Plata. Habíasela concedido á él y á Diego de Rójas en el año de 1542 y despues de la derrota de los almagristas, el gobernador Vaca de Castro. Gutiérrez salió de ella el año siguiente con algunos amigos, huyendo de su gente amotinada. La salida debe haberla contado Cieza al fin de su libro de la *Guerra de Chúpas.*

de Arequipa, con voluntad de se juntar con el visorey, el cual, llegado á aquella cibdad, habló con el capitan Alonso de Cáceres, hombre valeroso, y que en la gobernacion de Cartagena fué capitan general y tuvo otros honores y cargos; de lo cual yo soy buen testigo, pues, en el descubrimiento de Urute melité debajo de su bandera y pasamos muchos trabajos, hambres, miserias,—como verán los lectores en un libro, que yo tengo comenzado, de las cosas subcedidas en las provincias que confinan con el mar océano;— y despues de venidos nosotros con el licenciado Juan de Vadillo en la jornada que hizo, segun atrás conté (*a*), pasó á estas provincias. Y llegado Serna á Arequipa, y sabido por el capitan Alonso de Cáceres la dañada intencion de Gonzalo Pizarro, acuerdan de tomando dos naves que habia en el punto de aquella cibdad, de se ir á la de Los Reyes á juntar con el visorey; lo cual hecho, se dieron priesa; y llegados á Los Reyes, fueron del visorey bien recibidos. En el ínterin que esto pasó, se huyó un mancebo, llamado Martin de Vadillo (*b*), en el Cuzco, el cual fué ahorcado por Alonso de Toro.

Y despues que Gonzalo Pizarro todas las cosas tuvo aparejadas, mandó á los capitanes Juan Vélez de Guevara, Pedro Cermeño, que saliesen de Xaquixaguana;

(*a*) Probablemente al fin del libro primero ó principios del segundo de la cuarta parte de esta Crónica, ó sea la titulada *Guerras civiles*.

(*b*) Herrrera le llama Juan, y añade que era hijo del licenciado Vadillo, el del viaje de Urabá á Popayan. (Déc. VII, lib. VIII, cap. III.)

Alonso de Toro, don Pedro Puertocarrero hobieron algunas palabras y porfías; al fin salieron del Cuzco todos los capitanes y vecinos de aquella cibdad, entre los cuales iban don Pedro Puertocarrero, Juan Alonso Palomino, Lope Martin, Tomás Vázquez y otros que no hay para qué contar. Gabriel de Rójas y Garci Laso y Jeróni mo Costilla, con palabras, se habian excusado de no ir con Conzalo Pizarro. El licenciado Carvajal, contra su voluntad, hobo de salir con él del Cuzco. E desde Xaquixaguana mandó que fuesen algunos capitanes á sentar real en los Lucumáes.

CAP. XLIV.—*De cómo el obispo llegó á donde estaba Francisco de Almendras, lo que pasó con él, y las cartas que Pizarro le escribió, y lo que le respondió el obispo.*

Despues que el obispo don Jerónimo de Loaysa estuvo en Goamanga algunos dias, se partió con voluntad de llegar al Cuzco ántes que Gonzalo Pizarro saliese dél; y andadas algunas jornadas, encontró en un pueblo de indios, llamado Cochacaxa, con Pero López, Francisco de Ampuero, Ximon de Alzate y los otros qne habian ido á notificar las provisiones reales; y tambien halló allí al reverendo fray Tomás de San

Martin, provincial de los dominicos, y á un clérigo llamado Diego Martin; los cuales, con los que venian con
las provisiones, le aconsejaban con mucha instancia
luégo sin más pasar adelante se volviese á la cibdad de
Los Reyes, porque las cosas del Cuzco y los que en él
estaban iban mal guiadas y peor encaminadas; sin lo
cual, Gonzalo Pizarro tenia puesto en la puente de
Abancay á su capitan Francisco de Almendras, no para
otro efecto sino para no dejallo pasar, como veria por
una carta que le traia del mismo Almendras, en la cual
decia que diese la vuelta, porque Gonzalo Pizarro le
habia mandado guardar la puente, sin consentir que
pasase por ella.

Mas aunque, sobre el pasar adelante ó volver atrás,
tuvieron algunas práticas y consideraciones, el obispo
se determinó de proseguir su camino, y anduvo hasta
que llegó á donde Francisco de Almendras estaba; el
cual no le recibió con aquella crianza y comedimiento
que merescia en dignidad. Aunque el obispo lo sintiese,
pasó por ello, teniendo algunas práticas Almendras
que va poco en contarlas. Otro dia, el obispo le habló
complidamente sobre su venida, y cuánto deseaba verse
en el Cuzco, para aconsejar á Gonzalo Pizarro las cosas que más le conviniesen; á las cuales palabras Almendras respondió, que por ninguna manera pasaria de
allí, ni él le daria lugar que lo hiciese. Pues como el
obispo viese la voluntad de Almendras y cuán poco
bastaban sus ruegos para que lo dejase pasar, le dijo
que lo miraba mal en ser contumaz con él, y que caia
en grave descomunion en hacerle aquella fuerza vio-

lablemente. A lo cual el tirano, con gran soberbia y poco temor de Dios Nuestro Señor, respondió:—No es tiempo de descomuniones; no hay más Dios ni Rey que Gonzalo Pizarro. El obispo, templadamente, le tornó á decir que lo dejase pasar á él sólo, sin que fuese con él la compañía que traia; mas como estuviese Francisco de Almendras endurecido, porque, á la verdad, se lo habia mandado Gonzalo Pizarro, tornó á responder diciendo que le tomaria la mula, para que, si queria ir, fuese á pie y no en ella.

Pasadas estas cosas, el obispo escribió á Gonzalo Pizarro, haciéndole saber la fuerza que le habia hecho su capitan Francisco de Almendras; y pues conocia dél que su ida al Cuzco era á procurar el bien é paz del reyno, pará que, estando en sosiego é tranquilidad, todos se gozasen y alegrasen; por tanto, que le aconsejaba debia mandar derramar la gente que tenia hecha y apartarse de lo que decian. Cuando allegó esta carta, estaba ya Gonzalo Pizarro, como dijimos en el capítulo precedente, en el valle de Xaquixaguana, y respondió al obispo diciéndole, que no tomase trabajo de pasar adelante, porque saldria presto de aquel lugar para Los Reyes, y en el camino se podrian ver. Diciendo más en la carta: que cuando en el Cuzco supo su venida, se habia holgado, teniendo por cierto que era por el bien de todos; por lo cual, con ánimo alegre, le estuvo aguardando para le hacer todo servicio; y que estando acordado esto, algunos caballeros de los que con él se habian juntado y frailes de hábitos blancos y aun negros, le habian dicho que por vía ninguna lo dejase

10

entrar en el Cuzco; y que por algunos inconvenientes que allí no decia, como aquel negocio no era sólo suyo, sino de todos, le convino conformarse con su voluntad. Con esta carta vino otra para Francisco de Almendras, en que Gonzalo Pizarro le escribia que, con industria y disimulacion, procurase de entender el obispo qué corazon tènia para con él.

Y pasadas algunas cosas y escritas otras cartas el obispo á Pizarro y Pizarro al obispo, se volvió á Curamba, habiéndole amonestado en las cartas que mirase los servicios que habian hecho al Rey él y sus hermanos, que no los escureciese ni amancillase con tener atrevimiento de venir con mano armada á querer forzar la voluntad del Rey. A las cuales razones respondió Gonzalo Pizarro, quél no deseaba el deservicio del Rey, sino procurar la libertad del reyno, en lo cual pondria toda su fuerza, sin salirse afuera, hasta lo último de potencia.

De Curamba se volvió el obispo á la provincia de Andaguáylas, donde estaba, por mandado de Gonzalo Pizarro, el capitan Juan Alonso Palomino con algunos soldados; y por no oir las desvergüenzas que los soldados decian, caminó hasta Uramarca, á donde estuvo hasta siete de Septiembre, escribiendo, siempre que habia mensajeros, al visorey, avisándole de lo que pasaba y de lo que más convenia; y en el ínter deste tiempo que estuvo en Uramarca el obispo, rescibió algunas cartas de Pizarro, todas amonestándole diese la vuelta á Lima.

*CAP. XLV.—De cómo el visorey se aderezaba,
animando á los que con él estaban, para si
Gonzalo Pizarro viniese.*

Pues como las cosas que pasaban en el Cuzco se publicasen, y cada dia avivase más la nueva de Pizarro,
el visorey dijo á Diego de Urbina:—Capitan, esto ya
no se puede disimular; echemos las chamarras y capas
y tomemos los cueros y picas al hombro, que es lo que
conviene. Diego de Urbina respondió que era muy
bien, é que desde luégo dejaba la suya; y fué nombrado por maese de campo. De tablas de cedro hacian
grandes picas; recojendo metal para hacer arcabuces,
porque un artillero maestro se obligó cada un dia dar
hechos cuatro dellos, y por no haber tanto metal cuanto fuera menester, una campana que estaba en la iglesia mayor, quel marqués Pizarro en ella puso para servicio del culto divino, y áun cuando ella se forjaba,
con mucha alegría él mismo sonaba los fuelles, fué
traida y llevada á donde se hicieron arcabuces della.
¡Oh miserable tierra! ¡Grandes fueron tus pecados,
pues tantos males te cercan! Próspera y con gran magestad, llevando buenos tiempos, me parece navegas
por el tempestuoso mar, y al mejor tiempo, la cruel

fortuna su rueda contra tí vuelve los vientos tristes y
furiosos, de manera que por el ancho mar tus haberes de-
jas; é pocos de tus hijos de tal fortuna escapan que con
su sangre el mar no se riega; y los que escaparon de
tal tormenta, asombrados, trasfigurados, tristes, pensativos, mudos, sordos los veo andar. En el Cuzco hacen
armas; en Los Reyes deshacen la campana para hacerlas; en toda la provincia no se entiende sinó en buscar
cotas, aderezar corazas y otros instrumentos, para que
presto la final tormenta venga.

El padre Sosa, que, como dijimos, salió de Lima con
el obispo, anduvo hasta que llegó á la puente de Abancay, á donde estaba el artillería y por guarda della
Francisco de Almendras, desde donde partió hasta que
llegó donde estaba Pizarro, y fué dél y de sus capitanes recibido muy bien; diciéndole Pizarro, que se habia holgado mucho de verlo y gradeciéndole los avisos
que le habia dado de sus cartas, sin lo cual le rogaba de
nuevo le avisase de las cosas que pasaban en Los Reyes, y de la intencion que tenia Blasco Núñez en lo tocante á las ordenanzas. A lo cual respondió el clérigo
Sosa, segun dicen, que pues él y aquellos capitanes eran
todos caballeros, debian procurar con ánimos prontos y
valerosos por su libertad, teniendo atencion cuanta
honra perdian si las ordenanzas se cumplian enteramente, mirando tambien cuánto ganarian, si por ellos
se revocaban. Y ansí, prosiguiendo su prática Sosa,
dijo más, que para ánimos fuertes como eran los suyos,
no eran menester muchas razones; por tanto, que alle-
gasen la más gente que pudiesen, recogiendo las

armas que hobiese, sin dejar para los gastos dello un solo peso de oro en la tierra, y que supiesen que el visorey no tenia cabales trecientos hombres, y pocos dellos le eran amigos. Esto dijo el clérigo, que no poco daño hizo, porque muchos de los que iban con Pizarro, como ya habia dias que su locura y furor era pasado, pesábales de le haber recibido por su procurador. Y ansí, cuentan algunos dellos se decian unos á otros:—¿Dónde vamos? ¿Qué queremos? ¿Hémonos, por ventura, de tomar con el Rey á fuerza de brazos? Y otras cosas á esto conformes.

CAP. XLVI.—*De cómo el visorey envió á Hernando de Alvarado á Trujillo, y á Jerónimo de Villégas á Guánuco, y á Arequipa al tesorero, y lo que pasó.*

GRAN priesa se daba el visorey á juntar gente, y aunquél habia suspendido las ordenanzas, no dejaba de hablar en ellas sobre que se habian de cumplir, que lo que el Rey mandaba, en ninguna cosa forzaba la voluntad.—Muy grandes cosas y práticas se pasaron en estos tiempos en la ciudad de Los Reyes entre los oidores unos con otros, teniéndose por perdidos, y quel visorey, toda la gente que hacia, era para que con ella Gonzalo Pizarro le hiciese la guerra.

El visorey, no embargante las provisiones que habia
despachado á todas las cibdades del reyno, acordó enviar de nuevo personas de confianza, para que se hiciese
en ellas llamamiento de gente, para que viniesen con
sus armas, caballos á juntar con él; y áun mandó que
fuese á la cibdad de Trujillo el capitan Hernando de
Alvarado, hermano de Alonso de Alvarado, el que fué
á España, el cual se ofreció por su persona y traer
gente y armas, porque él dejó allí algunas compradas.
Si su plática fuera con intencion leal, bien pudiera, si
quisiera, por su persona ser tenido en mucho, y por la
del capitan Alonso de Alvarado su hermano; mas, como
Hernando de Alvarado oyese al visorey que decia que,
en viendo tiempo oportuno, habia de ejecutar las ordenanzas, no via la hora que apartarse dél, y tomada su
licencia, habiéndose obligado de traer la gente y armas,
luégo se le olvidó. Pues si al malafortunado visorey
los caballeros le andan en cautelas, ¿de quién se ha de
fiar, si ellos, por el nombre de tales, no le guardan lealtad, pues la deben á su Rey, cuyo criado él era? Y
partido pues de Los Reyes Hernando de Alvarado,
allegó alguna gente y armas, y con ellos se fué por el
camino de la sierra.

El visorey mandó que fuese á la cibdad de Arequipa
el tesorero Manuel de Espiñal, dándole provision para
hacer gente con título de capitan, para venir con ella;
y allegado á Arequipa, entraron en cabildo los del
regimiento. La carta del visorey por ellos vista y las
provisiones que del audiencia llevó el tesorero, fueron obedecidas; mas, por causas que dieron, no las

cumplieron, respondiendo equívocamente que ellos estaban mal con el tesorero, y por eso no querian por su persona hacer nada, ni recibille por capitan; que ellos con toda brevedad se irian á Lima á le servir. Y el tesorero se volvió solo, y tras él partieron de Arequipa Francisco Noguerol de Ulloa, alcalde que entónces era, Hernando de Torres, Juan de Arvés y otros á la ciudad de Leon, ques en Guánuco, donde estaba por corregidor Pedro de Puélles, natural de Sevilla, que en ella fué alguacil de los veinte, é hombre astuto en la guerra de los indios, y buen republicano, y que mucho bien los sabia gobernar, y habia sido teniente de gobernador en el Quito y tenido otros cargos. Habiase carteado con Gonzalo Pizarro y sabia ya su venida, y tambien habia recibido cartas del visorey, y habia enviado un alguacil á recoger bastimento para seguir el camino del Cuzco ó Lima, porque hasta entónces muchos estaban neutrales, sin se querer aclarar por amigos de Pizarro ni por servidores del Rey. El mensajero de Pizarro volvió y le tornó á escribir graciosamente con grandes promesas. El visorey, queriendo que de todas partes acudiesen á servir al Rey, mandó á Jerónimo de Villégas, no poco amigo suyo é de Pizarro, que fuese á Guánuco y dijese á Pedro de Puélles que con todas las armas, caballos que pudiese haber, abajase á la cibdad de Los Reyes, porque ansí convenia al servicio del Rey nuestro señor; y pues su lealtad siempre habia sido mucha, como agora él no dudaba la seria, con toda brevedad se despachase. Villégas no via la hora que ya verse ido, para poder irse á Pizarro; de manera que el visorey enviaba buenos embajadores.—Los negocios que se han de borrar, ellos mismos se dan á entender.—Con mucha voluntad prometió Villégas al visorey de le servir en la ida, y que Pedro de Puélles y él volverian con la gente que más pudiesen, y ansí se partió de Los Reyes con mucha alegría, para de presto hacer lo que hizo.

Allegado á la cibdad de Leon, habló á Pedro de Puélles y á los demás que oirlo quisieron, su venida ser para que todos á Los Reyes fuesen, mas esto, ya que públicamente ansí lo dijo á Pedro de Puélles y á los demás que vió tener voluntad dañada á las cosas del visorey, deshacia, diciendo que era mal sufrido y riguroso, que á todos venia á quitar sus haciendas; decíales más, que se fuesen á Pizaro, pues voz de libertad habia tomado. Pedro de Puélles no lo tenia (*sic*) poca gana, y se acordaron de salir de la cibdad hasta cantidad de veinte y tantos españoles, lo mejor armados que pudieron, entre los cuales fué el mensajero Villégas; habiendo praticado su deseo en Los Reyes, ántes de que allí viniese, segun dicen, con Gonzalo Díaz de Pineda, capitan del visorey, que tambien no deseaba poco ver tiempo para desamparalle y servir á Pizarro, como presto hizo; y ansí afirman que quedó concertado de que ellos huyesen desde Guánuco, y que lo mismo haria él cuando pudiese. A Juan de Sayavedra habló Pedro de Puélles, amonestándole que se fuese á juntar con Gonzalo Pizarro, porque al fin habia de prevalecer, y que le convenia, por haber seguido la opinion de Chile. Juan de Sayavedra, no queriendo fácilmente moverse á lo que

Pedro de Puélles le decia, le respondió frívolamente é se quedó. Y Pedro de Puélles y Villégas salieron, y Rodrigo Tinoco, natural de Badajoz, Francisco de Espinosa, natural de Campos, García Hernández, natural de Saltéras, Grado y otros hasta la cantidad dicha.

CAP. XLVII.—De cómo el visorey supo la huida de Pedro de Puélles é Villégas, y lo que sobrello hizo.

Ya contamos atrás cómo el visorey Blasco Núñez Vela envió á Guánuco á Jerónimo de Villégas, á que llevase á Pedro de Puélles el despacho que le dió para que viniese con los más españoles que pudiese á servir á S. M., y lo que más pasó hasta que salieron de Guánuco á juntarse con Gonzalo Pizarro; y como quedase en aquella ciudad don Antonio de Garay, que en ella era vecino, escribió al visorey dándole cuenta de lo que pasaba; y tambien envió este aviso un criado del mismo visorey que habia por nombre Félix, el cual estaba por su mandado haciendo picas en la provincia de Xauxa.

Pues como estas nuevas fuesen á Los Reyes, sabidas por el visorey, fué grande el sentimiento que mostró, aunque en lo público daba á entender tenerlo en

poco, no dejando de quejarse de la deslealtad de Pedro
de Puélles y poca verdad de Villégas, suplicando á
Nuestro Señor mostrase su justicia contra ellos de manera que no queden sin castigo. Juntos los oidores y
capitanes, se entraron á tener su consulta, oyendo todos al visorey con silencio, porque, con la triste nueva, no poco tenian. El cual dijo, cómo los dias pasados
habia enviado á Villégas, teniendo dél más concepto
que fuera justo, pues la amistad que siempre mostró
tener, no permitia creer otra cosa dél más de lo que
habia hecho; y que, cierto, estaba muy sentido dello, y
más de que, estando Pedro de Puélles por corregidor y
capitan del Rey, hobiese tenido atrevimiento para dejar de acudir á su real servicio é ir en busca de Gonzalo Pizarro, por tanto, que ellos, como á quien tocaba
castigar tan gran traicion y tan grave delito, le acon-
sejasen lo que se haria, para los poder tomar ántes que
se pudiesen juntar con Pizarro. Diciendo más, que habia enviado Hernando de Alvarado á la cibdad de
Trujillo, habiéndose él propio ofrecido á ello, y que habia hecho lo que ellos sabian; que tambien fué con su
mandado á la cibdad de Arequipa el tesorero del Nuevo Toledo, en la cual tampoco le quisieron obedescer,
por lo cual mostraba el sentimiento que era justo, en
ver la poca lealtad de la gente de aquella tierra. Y quél
sabia que Pizarro con la gente que habia juntado, no era
parte para hacelles ningun enojo, y que si la que estaba junta en la cibdad de Los Reyes fuese leal, eran bastantes para castigallo á él y á los traidores que con él
se habian juntado. Y que áun no tanto por lo que to-

caba al castigo de Jerónimo de Villégas y Pedro de Puélles, cuanto por el temor que pondria en los suyos y desmayo de los enemigos, convenia ir al camino, para procurar de los prender.

Y dichas otras razones por el visorey, los oidores y capitanes que allí estaban congregados en la junta, despues de haber praticado sobrello, les pareció que luégo con gran presteza convenia inviar soldados arcabuceros y con ellos al capitan Gonzalo Díaz de Pineda, para que fuesen á la puente del rio que pasa por Xauxa, á donde sin falta les tomarian y prenderian ó matarian; acordando tambien que, para que la ida tuviese más efeto, saliese el general Vela Núñez con algunas lanzas y andar sin parar hasta llegar al rio de Xauxa; diciéndole primero el visorey, que procurase poner gran diligencia en aquello á que iba, porque aquellos traidores no saliesen con su malvado propósito, y afirmando que lo dejaba cercado de mill cuidados; porque, acordándose haberlo inviado el Rey al Perú á tenelle en justicia y á ejecutar las leyes, y que sin su mandado las habia suspendido y habia el reyno revuelto y lleno de grandes miserias, las cuales convenia tirar, si fuese posible, con castigar á los que se hobiesen movido inconsideradamente á tan loca demanda como la que traia Pizarro; y que, pensando en ello, no se acordaba de doña Brianda (*a*), su mujer, ni de sus hijos, ni creia

---

(*a*) De Acuña. Los hijos que habia dejado en España eran tres: don Antonio, don Juan y don Cristóbal; á los dos mayores por meninos de la Emperatriz, que les hizo dar hábitos de Santiago y Alcántara, y el Empe-

que más los habia de ver. Vela Núñez le rogó no prosiguiese más en aquella prática, afirmándole que pondria en él toda diligencia que fuere posible en el mundo.

Esto pasado, el visorey llamó á Gonzalo Díaz, al cual, despues de haberle abrazado, le dijo que hiciese como buen caballero y capitan, y que su hermano iba por su soldado; que procurase darse maña para que los que se iban á juntar con Pizarro fuesen muertos ó presos. Gonzalo Díaz le respondió bien, mas su deseo era ya de verse en tal parte que pudiese de presto estar junto con Pizarro y en su servicio. Porque dicen que Villégas y él habian comunicado tener este deseo en Los Reyes.

Salidos de la cibdad, caminaron hácia la provincia de Guayacheri, y en el camino, Gonzalo Díaz y Juan de la Torre, Cristóval de Torres, Piedrafita, Alonso de Avilla y otros, iban tratando cuándo y en qué tiempo seria bien pasarse á Pizarro; porque veais la lealtad que se guardaba en el Perú á los capitanes.

---

rador los hizo de su servicio de boca. Don Antonio murió proveido por embajador de Francia; don Juan de Acuña Vela fué capitan general de artillería y del Consejo de guerra; don Cristóbal obispo de Canaria y despues de Búrgos.

CAP. XLVIII.—*De cómo el capitan Garcilaso de la Vega y Graviel de Rójas, con otros, se huyeron, viendo que los hechos de Piçarro no iban bien encaminados.*

En los capítulos de atrás contamos cómo Gonzalo Pizarro salió de la cibdad del Cuzco con toda su gente, é de cómo asentó su real en el valle de Xaquixaguana. Pues como él saliese de la cibdad, en la cual quedaba Graviel de Rójas é Garcilaso de la Vega, con otros que no habian querido seguir á Gonzalo Pizarro, —ántes, con palabras, se habian quedado en el Cuzco, —los cuales, despues de unos con otros tener sus práticas y congregaciones, mirando cuan mal guiado iba el negocio y cómo Pizarro no llevaba buen camino, concertáronse Graviel de Rójas, el capitan Garcilaso de la Vega, Gómez de Rójas, Jerónimo Costilla, Soria, Manjarres, Pantoja, Alonso Pérez Esquivel, con otros, hasta catorce vecinos y soldados, de se ir la vuelta de Arequipa, desde donde con toda brevedad irian á juntarse con el visorey para le servir. Y ansí, dejando sus casas, con voluntades prontas é lealísimas para el ser-

vicio del Rey, se partieron de la cibdad del Cuzco y
anduvieron hasta llegar á Arequipa, á donde con ellos
se juntaron Luis de Leon y Ramírez, y fuéronse al
puerto de la mar que catorce leguas es de Arequipa, en
un valle de indios que ha por nombre Quilca, á donde
con los indios procuraron que los diesen balsas para ir
á Los Reyes; porque no se atrevieron caminar por
tierra, por recelo que tuvieron de Pizarro, é por otro
cabo no podian ir, porque no hay más del camino marítimo ó el de la sierra, por donde iba el mismo Gonzalo Pizarro, que son ambos caminos hechos por los
antiguos reyes destas provincias; y para ir por la
Cordillera, sin camino, es frigidísima, provista de grandes nieves, y no pudieran por ninguna manera por
ella salir.

Tres veces entraron en las balsas; la tempestuosa
mar no daba lugar su tormenta á que en ella bonanza
hobiese, para poder ir su viaje; al fin, salidos en tierra,
por el mar no les dar lugar ó el ruin aparejo para navegar por él, en sus caballos la vuelta de Los Reyes
fueron, enviando al virey cartas de su ida.

Diego Centeno, Gaspar Rodríguez fueron á Xaquixaguana, á donde avisaron á Pizarro de la ida
de Graviel de Rójas y Garcilaso y los demás; el cual,
como lo supo, recibió muy gran congoja, diciendo que
si los tomaba, que juraba que los habia de matar. Y
no poco le alteró aquella nueva su campo; y áun afirman que muchos de los que en él estaban, quisieran ir
en compañía de los capitanes Graviel de Rójas, Garcilaso de la Vega, más que no quedar con Pizarro.

CAP. XLIX.—*De cómo Gonzalo Pizarro nombró por su maese de campo á Francisco de
Carvajal, y de cómo le avisaron que Gaspar
Rodríguez le queria matar, y lo que más
pasó.*

Despues de haber estado en el valle de Xaquixaguana algunos dias, Gonzalo Pizarro determinó
de proseguir su camino á Los Reyes, mandando alzar
las tiendas. Caminaron por el real camino hasta llegar
al asiento que dicen de los Lucumáes (*a*), ádonde, conociendo cuan sábio y entendido era en las cosas de la
guerra Francisco de Carvajal, determinó de lo nombrar por maese de campo;—por esto y porque, á la verdad, no llevaba mucha confianza en Alonso de Toro;
por las cuales causas, despues de haber praticado sobre
ello con los capitanes y más principales que iban con
él, se le dió el cargo de maese de campo al capitan
Francisco de Carvajal.

En el ínter deste tiempo, como Gaspar Rodríguez
de Camporedondo, Alonso de Mendoza, Alonso de

_____

(*a*) Lucumas, en el original.

Toro, Villacastin, Diego Centeno, y los otros que
contamos habian enviado á Baltasar de Loaysa por el
perdon al visorey, y de lo cual, como suele acontecer
en semejantes casos, unos lo decian á otros, y otros,
por las señales de sus rostros, lo daban á entender; de
manera que Gonzalo Pizarro tuvo aviso de que andaban en aquellos tratos, y áun le afirmaron que inten-
taban de le matar, siendo el abtor de la conjuracion
Gaspar Rodríguez. E entendido por Pizarro lo que
decimos, recibió gran turbacion, habiendo mayor temor; y á la ora, sin aguardar más, mandó llamar al maese
de campo Francisco de Carvajal y le dió cuenta muy
por extenso de lo que le habian dicho, pidiéndole parecer sobre negocio tan importante. Y despues que el
maese de campo Francisco de Carvajal hobo un poco
pensado lo que Gonzalo Pizarro habia dicho, le respondió, que aún no habia bien llegado Blasco Núñez
á la Tierra Firme, cuando entendió que queriendo
ejecutar las nuevas leyes, que se habian de levantar
grandes alborotos y movimientos, que son armazones
con que la guerra se arma; y quél, barruntando lo que
decia, procuró por todas las vias posibles de salir del
reyno, porque conjeturó que habia dos grandes extremos en aquel negocio, el uno de los cuales halló allegado á razon y el otro á justicia: y el de la razon era
la mucha que los del Perú tenian en procurar á defender sus haciendas; y el de la justicia era obedescer el
mandado del Rey, como de señor natural, y quél holgara de no acostarse á uno ní seguir á otro; mas que
no pudo, por no hallar navío en Lima y en Arequipa,

que son los puertos de aquella tierra; y queste deseo le
duró no más tiempo de cuanto tardó no darse él por
su amigo; y que supiese que si la demanda que llevaba
se convertia en guerra, que seria muy cruel, y su furor
se extenderia por todo el reyno como pestilencia muy
contagiosa; porque, aunque viniese á batalla con el
visorey é le venciese, sin falta habia luégo de venir
otro de España; y si eran vencidos, eran poca parte
para se rehacer. Para lo cual hallaria un medio en aquel
negocio, que era irse el visorey á España y dejar asentada el audiencia, para que gobernase el reyno, per-
donando primero lo pasado y no tirando á ninguno su
hacienda; y despues, los tiempos podrian encaminar
mejor los subcesos. Mas que sin mirar nada de aquello, ya que habia tomado á pecho aquella demanda,
que mostrase ánimo generoso, pues lo tenia á el por
servidor y á otros esforzados capitanes; y que al fin,
como dijo Lentulio á Pompeyo, la muerte era fin de
los males. Y en lo tocante á Gaspar Rodríguez, que
no era tiempo de mostrarse cruel, que bastaba mirar
por sí, y que con secreto se mire la persona del mismo
Gaspar Rodríguez, para que no se fuese sin que lo
sintiese, y que mostrase grande esfuerzo, hasta ver si
venia Pedro de Puélles y qué lo que decian de Lima
y contaban del visorey. Oido Pizarro lo que Carvajal
le habia dicho, mandó á sus amigos que tuviesen cuidado de mirar por Gaspar Rodríguez no se pudiese
huir, y ansí se hizo desde entónces.

En este tiempo eran tantos los acaecimientos que
pasaban en todas partes del Perú, que me veo metido

en gran trabajo poderlos escrebir que distintamente se entiendan como pasaron, porque llevamos el discurso de la historia á todo ello. Y entra aquí la venida de Pedro de Puélles y Villégas y Gonzalo Díaz, capitan del visorey, que aún no hemos contado de qué arte se juntó con Pedro de Puélles, y otras cosas que pasaron. Menester será quel curioso lector se acuerde delo pasado, porque comprenda lo que se sigue, y por el trabajo que yo llevo en lo recojer y escrebir, pido agora esta atencion, porque, forzado, dejado uno, tengo que volver á otro; lo cual haré con la mejor órden que yo pudiese. Y pues suelen prestar algunos avisos y atencion para oir novelas fingidas y otras de que no pequeño daño traen con sus avisos, profanias y deshonestidades á las verdaderas, tengan atencion á la que leen, pues en ella, si buscan guerra ó acaecimientos ó mudanzas, que siempre suelen aplacer, no hallaran pocas.

CAP. L.—*Cómo Gonzalo Pizarro anduvo todavía muy recatado, y de cómo en el Cuzco hobo algunos movimientos.*

Muy recatado andaba Gonzalo Pizarro y con mucho temor, no embargante la nueva que tenia de Pedro de Puélles. De una parte á otra le parescia andar navegando con gran tormenta, pues no era menor en la quél se via; y afirman que tuvo pensamientos de volver huyendo á los Chárcas ó irse á meter en las manos del visorey privadamente, porque su ánimo en su maldad dejase de estar firme. Mas la gente daba muestra por su palabra, y áun por sus rostros se vian señales, no todos ir con ganas á aquél negocio, mirando que era mal caso por fuerza de armas querer negociar con el Rey lo que más ligeramente se acabaria con humildad; creyendo tambien quel visorey tenia mucha gente junta, con la cual, no solamente se defenderia, pero que en todos tomaria gran venganza. Los vecinos, ya tarde, aunque no sin tiempo, decian algunos dellos: —Gran desatino es el que llevamos, pues vamos en tan mala demanda; porque, no embargante que la empresa tenga color de justa, el sonido feísimo é pésimo á todos parescerá; sin lo cual, vemos en Pizarro que no solamente pratica en las ordenanzas, mas en cosas de gobernacion nunca deja de hablar; no sea esto el diablo que en ello ande el visorey; de creer es que si vamos en son de batalla, como no se excusa, y nos vence, pocos de nosotros quedarán con las vidas, y todos sin los indios é sin esperanza de misericordia; y si Gonzalo Pizarro y nosotros damos batalla, recrecerán tantos males, que en las guerras nos consumiremos. Los soldados no dejaban de praticar, teniéndose por inorantes en moverse por los vecinos á guerra contra su Rey.

Gaspar Rodríguez, era tambien justo que si en aquel tiempo tuviera ánimo para mostrar el deseo que dicen tenia de matar á Pizarro, fácilmente lo pudiera hacer, no embargante Gonzalo Pizarro estar avisado. Y era muy mirado de Pedro de Hinojosa, su capitan de la guardia; y hablando con Alonso de Mendoza sobre aquel

negocio, le aconsejaba lo efetuase, y quél seria el primero que con su espada haria camino por el cuerpo de
Pizarro, por donde con su muerte pagase la traicion
que en su pecho llevaba forjada. Y dicen que Gaspar
Rodríguez y Alonso de Mendoza y otros fueron á la
tienda de Gonzalo Pizarro, y que estando en su lecho,
descubrió la ropa, mostrando estar armado y dar á entender que no inoraba el pensamiento de Gaspar Rodríguez. Pero, al fin, las cosas estaban en tales términos, que si la nueva de Pedro de Puélles no viniera,
ellos se debarataran y Pizarro fuera muerto ó preso; y
con ella se aseguró, escribiéndolo luégo á la gran cibdad
de Cuzco, para que lo supiesen.

Despues de salido Gonzalo Pizarro de aquella cibdad, dende á pocos dias parescieron ciertas provisiones
quel visorrey enviaba para que le acudiesen todos, ansí
á pié como á caballo, so pena de traidores; y algunas
destas hobo Gonzalo Pizarro, y otras vinieron á poder
de un clérigo llamado Ortun (*a*) Sánchez de Olave,
el cual, despues de ser pasados algunos dias, las fijó
en las puertas de la iglesia. Diego Maldonado, alcalde del Rey y á quien Gonzalo Pizarro dejó con el
cargo de la justicia y por su lugar, no le habia parescido bien el intento de Gonzalo Pizarro, lo cual se
mostró bien claro desde el tiempo que dió su voto en
cabildo, por lo cual estaba impuesto y con voluntad de
mostrarse servidor del Rey, no embargante que te-
miese grandemente al visorey, por haber seguido al

(*a*)   Hortun ó Fortun.

marqués Pizarro en las diferencias y debates que tuvo
con el adelantado Diego de Almagro, y por que decian
que por su causa se habia alzado Mango Inga; y temia
por estas causas no le viniese algun daño; aunque en
lo del Inga siempre mostró no haber sido culpado en su
rebelion. Mas, sin mirar consideraciones, con ánimo
leal y pronto para el servicio del Rey, mandó dar un
pregon para que todos los que quisiesen ir á la cibdad
de Los Reyes á servir al visorey lo pudiesen hacer libremente.

Estaba en la cibdad del Cuzco un escribano llamado
Gómez de Cháves, el cual era muy cabteloso, y éste dicen que habló con un vecino de aquella cibdad, llamado
Alonso de Mesa, ensistiéndole que alzase bandera por
el Rey, lo cual oyó alegremente Alonso de Mesa,
porque creyó que tuviera favor bastante para salir con
aquella empresa; y algunos sóldados que allí estaban,
prometieron de le ayudar; mas como no tenia fundamento el negocio, no aprovechó cosa alguna.—Dos
soldados que estaban en el Cuzco, llamado el uno Rabdona y el otro Santa Cruz, practicaban sobre ello, y
teniéndolo por cosa hecha, decian que habian de tomar
para sí las mujeres de Alonso de Toro y Tomás Vázquez, los cuales habian ido con Gonzalo Pizarro.

Pues el bueno de Gómez de Cháves afirman que fué á
Diego de Maldonado á decille lo que pasaba, y como
Alonso de Mesa tuviese en propósito de alzar la bandera, salió á la plaza diciendo:—¡Viva el Rey! Mas no
le acudieron los que pensó, por donde aína se viera
en punto de perder la vida; y el Rabdona y Santa Cruz

fueron presos, y Diego Maldonado estuvo por les ahorcar. Pasado esto, Diego Maldonado, creyendo quel visorey tenia pujanza y Gonzalo Pizarro no seria poderoso para que se dejase de cumplir el mandamiento real, y tambien porque su deseo no era otro, salió á la plaza diciendo á grandes voces:—¡Viva el Rey! é yo alzo esta bandera por el Rey! Y dió licencia de nuevo para que fuesen á servir al visorey todos los que quisiesen.

CAP. LI.—De cómo el rey Mango Inga Yupangue, viendo las disinciones que habia entre los cristianos, convocó toda la más gente que pudo, para venir sobre el Cuzco, y de su muerte.

Como ya el fuego tan cruel fuese cundiendo por todas partes, y el Demonio, enemigo del género humano, se holgase de ver la guerra tan cruel que andaba entre los cristianos, y con cuanta crueldad los padres mataban á los hijos y los hijos á sus mismos padres, y que entre todos habia perturbacion, puso voluntad en el ánimo del rey Mango Inga que fuese contra la cibdad del Cuzco y la destruyese; porque ya habia tenido aviso que en ella quedaban pocos cristianos, por haber ido con Gonzalo Pizarro á la cibdad de Los Reyes. Inducido por el Demonio, sin que los cristianos que con él estaban lo entendiesen, mandó

algunos de sus capitanes que, con la más gente que
pudiesen, fuesen hácia el Cuzco y matasen todos los
cristianos que pudiesen, y lo mismo á los indios sus
amigos, quemando y destruyendo sus pueblos. Y ansí,
salieron de la provincia de Vitícos lo mejor aderezados
que pudieron, y allegaron á los pueblos que están comarcanos al Cuzco, haciendo todo el más daño que
podian; de lo cual en breve espacio fué la nueva á la
cibdad del Cuzco, y sabida por Diego Maldonado,
mandó á un criado suyo que fuese á ver si era verdad,
el cual, llegado cerca de donde venian los capitanes
del Inga, fué muerto por ellos; los cuales, con mucha
crueldad, mataban á los moradores de las provincias
donde ellos eran naturales. Y como en la cibdad del
Cuzco se supo la nueva cierta, temieron grandemente
el poder de Mango Inga, y el capitan Diego Maldonado, por haber llevado Gonzalo Pizarro todos los
caballos, mandó recoger todas las yeguas que hobiese;
porque no hay otra fortaleza para resistir el índico
furor, que es los españoles en los caballos. Pues como
los indios viniesen robando y asolando las provincias,
allegaron hasta seis leguas del Cuzco, de donde no
osaron pasar adelante, temiendo el esfuerzo de los españoles é con el denuedo que suelen pelear. El capitan
Diego Maldonado mandó que todos los españoles que
hobiese, hasta los clérigos, saliesen en sus caballos y
sus lanzas en las manos á la plaza, para que la nueva
fuese á los indios del cuidado que tenia; y ansí mismo
mandó al licenciado Antonio de la Gama que fuese
con algunos españoles hasta la puente de Apurima á

ver los indios si venian, y á resistir el daño que venian haciendo. El licenciado de la Gama se partió á hacer lo que digo.

En este tiempo el rey Mango Inga estaba en Vitícos, donde tenia nuevas de sus capitanes de lo que pasaba; y estaban con él Diego Méndez, Francisco Barba, Gómez Pérez, Cornejo, Monroy, los cuales habian seguido á don Diego de Almagro é halládose en la batalla de Chúpas, y por huir de la crueldad de Vaca de Castro, se fueron á meter entre los bárbaros, donde estuvieron todo este discurso de tiempo; y eran bien tratados de Mango Inga y mirados que no se pudiesen huir; los cuales con no poco trabajo pasaron sus vidas. Pues como viniesen al rey Mango Inga las nuevas de lo que pasaba en el reyno y cómo todas las provincias estaban solevañtadas, deseaban en gran manera salir de aquel cruel aunque voluntario destierro que tenian. El rey Mango Inga, tomando á parte á Diego Méndez, le interrogó le informase clara y abiertamente y sin cautela, quién era aquel capitan tan grande y poderoso que habia llegado á Los Reyes, y si seria bastante á se detender de Gonzalo Pizarro, y si habia de quedar por universal gobernador del reyno. El cristiano español le respondió, que aquel capitan quél decia, venia por mandado y en nombre del grande y muy poderoso Rey de España, por lo cual creyese que le seria muy fácil, no solamente defenderse de Pizarro, mas que podria castigallo á él y á todos los que le iban siguiendo; y que solo él seria el principal en todo el reyno.

Este cuento supe yo de un clérigo llamado Ortun Sánchez, que, teniendo á cargo á Paulo Inga, hermano deste Mango Inga, supo toda la historia; porque luégo como pasó, lo vinieron á contar á Paulo el Inga muchos de los indios que se hallaron presentes á ello; los cuales dijeron que Mango Inga habló á Diego Méndez y á sus compañeros, para que fuesen por parte que Gonzalo Pizarro ni sus capitanes no los pudiesen ver hasta llegar donde estaba el visorey y procurasen de le poner en su gracia, de manera que no le fuese hecho ningun daño por la rebelion pasada. A lo cual los cristianos alegremente le respondieron que harian lo quél decia con entera voluntad. Y pasadas otras práticas entre el rey bárbaro y los cristianos, dicen algunos indios que allí se hallaron presentes, que despues desto concertado, ya que tenian ensillados sus caballos, hobo práticas entre el Inga y ellos, las cuales vinieron á dar lugar quel Inga mandáse á sus gentes que los matasen; y los cristianos, como eran valientes, hicieron mucho daño en los indios; y el uno dellos, quera Diego Pérez, arremetió contra el Inga Mango, y con un puñal le dió tantas de puñaladas, que cayó muerto en tierra. Y hecho esto, quisieron tomar sus caballos para salir dentre sus enemigos, y allegando en aquel instante un capitan de los bárbaros con mucha gente, fueron muertos ellos y sus caballos. E los indios que andaban haciendo daño en los términos del Cuzco, se volvieron á Vitícos, y el licenciado de la Gama supo lo que pasaba de algunos indios que tomó, por lo cual dió vuelta á la cibdad del Cuzco. (18)

CAP. LII.—*De lo que sucedió al general Vela Núñez, y del peligro en que se vió; y de cómo Gonzalo Díaz con otros se pasaron á Pizarro.*

YA se acordará el letor cómo en los capítulos precedentes hicimos mincion quel visorey mandó á Vela Núñez y al capitan Gonzalo Díaz de Pineda, que fuesen á la puente de Xauxa y procurasen de prender ó matar al capitan· Pedro de Puélles, y á Jerónimo de Villégas y á los otros que salieron de Guánuco para se juntar con Gonzalo Pizarro; yendo, pues, caminando, llevando el general Vela Núñez voluntad de llegar á la puente de Xauxa, porque tomado aquel paso é la puente no se podian escapar; mas Gonzalo Díaz no llevaba aquel propósito, ántes deseaba que los otros hobiesen pasado la puente y él estar ya con Pizarro: cosa mal hecha y de gran traicion, pues bastaba para no lo hacer, haberse fiado dél el visorey y haberle nombrado por su capitan y la mucha nobleza de Vela Núñez, en cuya compañía iba. Mas no estaba él en tal propósito, y presto diremos cómo con su fin tan miserable acabó su vida y pagó lo que aquí usó.—Yendo caminando, allegaron á una iglesia que estáen Guayacheri, á donde, despues de haber hecho oracion, Gonzalo Díaz tuvo intencion de matar á Vela Núñez, habiéndose concertado con Juan de la Torre y Cristóbal de Torres, Piedrahita, Alonso de Avila, Jorge Griego; é por no hallar coyuntura en Guayacheri, no efetuaron

su pensamiento; porque Alonso de Barrionuevo, natural de Soria, hombre osado y determinado y que servia con firme voluntad al Rey,—por lo cual pasó muchos trabajos, como diremos adelante,—no se partia de
Vela Núñez, haciendo lo mismo Sabastian de Coca y
Hernan Vela y los otros que pensaban volver á Los
Reyes é no irse á juntar con Gonzalo Pizarro.—Gonzalo Díaz y los demás que tengo dichos, dicen que
siempre iban entre sí tratando cómo se irían y áun de
matar á Vela Núñez, y como en Guayacheri no
hallasen aparejo, no lo efectuaron. Y salieron, prosiguiendo su camino, y anduvieron hasta entrar en
las nieves de Pariacaca, donde prosiguieron en
sus práticas, deseando matar al inocente é huir al
tirano.

Vela Núñez iba siempre acompañado de Barrionuevo y de otros escuderos leales; é yendo desta suerte,
encontraron con el regente fray Tomás de San Martin y con el secretario, Pero López y con otros que
venian de lo quel discurso de la obra ha recontado, los
cuales habian encontrado en el valle de Xauxa con el
capitan Pedro de Puélles y con Jerónimo de Villégas,
que juntamente con los que más salieron de Guánuco,
iban con gran priesa para juntarse con Pizarro, con los
cuales tubieron algunas práticas. Pues como el provincial viese que Vela Núñez iba á encontrarse con
Pedro de Puélles, le apartó y le dijo en secreto que se
volviese sin pasar adelante, y que mirase por su persona, por que los que llevaba consigo le habian de
matar; lo cual dijo por palabras que oyó á Gonzalo

Díaz; sin lo cual, le dijó cómo Pedro de Puélles habia
ya pasado la puente de Xauxa. El general, turbado y
muy temeroso, se reparó, diciendo á Gonzalo Díaz
y á los demás, que pues Pero de Puélles era ya partido
de Xauxa, que no habia para qué ir tras él; que mejor
seria volverse á juntar con el visorey. Y ansí, diciendo
esto, volvió las riendas á su caballo, sin querer pasar
adelante, no embargante que supo Gómez de Solís con otros hasta diez ó doce españoles venian á salir
á Xauxa para se juntar con Gonzalo Pizarro. Y dándose mucha priesa, volvieron á dormir á Guayacheri
con gran temor de traicion y que no le matasen sus
fingidos amigos.

Gonzalo Díaz, llegado á Guayachiri ya tarde, quel sol
era puesto, como quien traia ya la maldad concebida,
no vió la hora que su traicion hobiese fin con los demás
que eran autores; é hicieron alto con alguna manera de
descuido, diciendo que estaban muy fatigados del camino. Vela Núñez, con aquellos sus amigos, se dió toda
priesa hasta llegar á la cibdad de Los Reyes. Gonzalo
Díaz é sus cómplices hablaron á los que más allí habia,
amonestándoles quisiesen irse con ellos á donde estaba
Gonzalo Pizarro, porque serian dél bien tratados, y el
visorey era cruel y venia á quitar á todos sus haciendas. Algunos, oidas estas práticas, mostraron sentimiento, diciendo, quellos al visorey querian servir, y no
pasarian de allí aunque supiesen perder las vidas. Como aquello oyó Gonzalo Díaz, mucho le pesó, y acordó
él y sus amigos de desarmar á los que no querian con
ellos ir, y quitarlos los caballos; y aun lo hicieron;

y desta suerte se volvieron á Los Reyes Rivadeneira y Sabastian de Coca, Rodrigo Niño y otros. Gonzalo Díaz y los demás se fueron camino de Goamanga, adonde entraron en la cibdad, y hobo algun alboroto, creyendo Pedro de Puélles que venian tras ellos desde Lima; mas, entendiendo lo que era, se holgaron, diciendo unos á otros que Pizarro habia de ser gobernador, y desde luégo le habian de llamar señoría. Y mandaron á Cristóbal de Torres que fuese con la nueva de todo ello á Gonzalo Pizarro, el cual ya venia junto á la provincia de Andaguáylas, y se holgó en saber que Gonzalo Díaz estuviese en Goamanga.

CAP. LIII.—*Cómo el visorey, sabida la nueva de haberse Gonzalo Díaz huido, recibió grande enojo, y lo que más pasó.*

Contado habemos como Vela Núñez se volvió desde la nevada sierra de Pariacaca con harto temor, por la gran traicion que Gonzalo Díaz habia hecho, temiendo no volviese sobre él para le matar; y abajado al valle de Lima, mucho se acuitaba consigo propio, creyendo que los males que en esta tierra habian de venir, causados por las guerras, no habian de ser pocos. Y cierto él quisiera que el visorey, pues por las isignias lo habia conocido desde que entró en el Perú, desde luégo hobiera las ordenanzas suspendido, por excusar los alborotos tan grandes que por todas partes habia. Por otra parte, la maldad de la gente y poca verdad della le parescia, que, aunque las suspendiera desde el principio, no cesaran los movimientos, porque, como otras veces he dicho, tierra tan rica y tan próspera no da lugar á tener paz.—Estas cosas y otras me dijo á mi Vela Núñez en la ciudad de Cali, queriendo yo informarme deste negocio que hemos escrito.—Y ansí llegó á Los Reyes ya noche, á donde dió al visorey cuenta por extenso de lo que pasaba y de la gran traicion del capitan Gonzalo Díaz y cuán mal mirado habia la honra que le habia hecho.

En gran manera se aceleró el visorey, no pudiendo dejar de mostrar por su rostro la pena que lo interior de su ánima tenia, diciendo:—¡Esta tierra es el diablo! Grandes son los males que la han de cercar; nunca han de estar en paz unos con otros los que en ella vivieren. Hasta agora que lo veo, no creyera cuán sin mesura, sin temor de Dios é poca verdad y vergüenza negasen la lealtad á su Rey. ¿De quién me fiaré, pues de aquellos que yo escogí para capitanes, á quien tanta honra hacia, ansí me niegan y dejan de ser leales, por vivir como traidores? Diciendo esto, salió fuera, mostrando que no recibia pena de la ida de Gonzalo Díaz, é dijo que traidores mejor estarian fuera de la cibdad que no dentro.

Muy grande fué el alboroto que hobo en la cibdad, sabida la huida de Gonzalo Díaz de Pineda; y no embargante que algunos les pesase, en gran manera se holgaban otros, ansí vecinos como soldados, porque ya no vian la hora que ver venir á Gonzalo Pizarro con sus banderas. Hablaban unos con otros é por sus pala-

bras mostraban su alegría, diciendo:—Agora verná
Pizarro, y desta vez será gobernador y no tendremos
audiencia ni tasamiento en nuestros indios, ni ordenanzas, é volverse ha Blasco Núñez Vela á España.

El visorey, despues de haberse bien informado del
general su hermano, mandó juntar los oidores y capitanes y más principales, y despues que se hobieron
juntado, les dijo:—Parésceme que se ha escapado de
buena Vela Núñez. ¿Qué os parece de la burla que
Gonzalo Díaz nos ha hecho? Porque ayer me habian
dado cartas de los principales del Cuzco, que vienen
huyendo por la via de Arequipa, los cuales serán aquí
muy breve; y creed que yo soy cierto que en el mismo
campo de Pizarro hay desconformidad; y ansí muchos,
arrepentidos del yerro en que se han metido, desean
perdon; aunque, con la ida destos traidores, me recelo
no haya alguna mudanza; y será necesario que todos
pongan mucho ánimo á los soldados, porque en los
capitanes suele estar la mayor fuerza de la guerra. Y
no mostreis demasiado sentimiento con estas nuevas,
que Dios Nuestro Señor porná su mano en sucesos que
se piensa que ya están perdidos y se ganan. Dichas
estas cosas por el visorey, y otras, á los capitanes, respondieron que todos harian lo que él mandaba.

Habíase apercibido á Diego Alvarez de Cueto para
que con alguna gente ligera de á caballo fuese hasta
Chincha á dar favor á Garcilaso de la Vega y al capitan Graviel de Rójas y á los otros que venian huyendo;
y no embargante quel capitan Cueto estaba aparejado
para ir, por temor de que algunos no se huyesen,

mandaron que no fuese. Luego se hizo alarde general, y solamente de infantes habia más de quinientos. Señalaron por capitan de la compañía de Gonzalo Díaz á Jerónimo de la Serna, y dello se sintió en gran manera Manuel de Estacio, alférez de Gonzalo Díaz, que la bandera habia sacado á la plaza, diciendo, que ya que Gonzalo Díaz como traidor negó al Rey la lealtad que le debia y al visorey la amistad que en él habia puesto, que siendo él su alférez, habia de suceder en el cargo de capitan, pues su persona no era de tan poco ser que no le mereciese. Y con grande enojo, diciendo que bandera de traidor no habia de estar en campo leal, la arrastró por la plaza.—Era de color negra y una cruz colorada atravesada de punta á punta.—Y así se arrastró la bandera, y á Gonzalo Díaz dieron por traidor publicamente, diciendo el pregon la causa por qué, y nombrado sus padres y naturaleza. El visoréy dijo á Manuel de Estacio que no se sintiese por haber nombrado á Serna por capitan, que hecha más gente, lo seria; mas todavía mostró Estacio quedar sentido.—En casa del fator Illan Xuárez de Carvajal tenian muchas práticas secretas, y habia enviado un esclavo suyo con cartas para el licenciado Benito Xuárez de Carvajal; aunquel fator, cuanto á enviar el mensajero, poco deservicio hizo al Rey nuestro señor; porque, despues de muerto el licenciado Carvajal, vi yo esta carta en cifras en la cibdad del Cuzco, en la cual otra cosa no se contenia que exortaciones para que el licenciado dejase de estar en compañía de Gonzalo Pizarro y viniese á se juntar con el visorey y á le servir.

APÉNDICES

Á LA

GUERRA DE QUITO

DE

PEDRO DE CIEZA DE LEON

a

www.ingramcontent.com/pod-product-compliance
Lightning Source LLC
LaVergne TN
LVHW011544160325
806051LV00014B/960

NÚMERO 1.º

Era mi ánimo consagrar uno de los tomos de nuestra
Biblioteca á la importante relacion de que voy á ocuparme, y diferia para entónces analizarla con detenimiento,
confiriéndola con la Historia de Agustin de Zárate é ilus-
trándola con algunas noticias acerca de este autor; pero
habiendo sabido, no hace mucho tiempo, que ha visto en
Lima la luz pública el año de 1870 en un volúmen, 4.º,
de 196 páginas, dando lugar á diferentes comentarios, de
unos que aseguran que el manuscrito original no es más
que parte de la Crónica inédita de Cieza, de otros que le
creen compuesto de las cartas de Pedro de La Gasca al
Emperador y al Consejo de las Indias durante su gobierno
en el Perú, presentadas en forma de relato historial, he
variado naturalmente de propósito, considerando que es
inútil publicarla de nuevo y bastante para el caso de
ahora que demuestre, si puedo, que no es del Contador
mayor de la Nueva Castilla y Tierra Firme, por más
que en ella consista una gran parte de su encomiada Historia.

Don Juan Bautista Muñoz, que la descubrió en el Ar-
chivo de Simáncas, despues de sacar copia del 1.º, de un
extenso pasaje del 9.º y del último de sus párrafos, le puso
la siguiente nota (*): «Esta es copia de los § 1.º y último

_____

(*)   Al fólio 132 del t. 88 de su Coleccion.

y parte del 9.º de un papel que en dos cuadernos en fólio,
uno de 15 y otro de 9 pliegos hallé en los legajos 1 y 7
de poblaciones y descubrimientos y ahora juntos los dos he
puesto en el 1. El autor aunque no se dice, es Agustin de
Zárate, segun he visto por el cotejo con su obra impresa,
en la cual se conserva á la letra gran parte de este escrito,
y es lo correspondiente á los libros 5.º y 6.º y los 8 primeros capítulos del 7.º, donde se comprenden los acaecimientos del Perú desde la publicacion de las nuevas leyes
hasta la muerte de Gonzalo Pizarro. Comprende este papel
62 §, é igual número de capítulos son los citados de la
obra impresa. Esto es lo que primero escribió Zárate: despues añadió los sucesos anteriores desde el descubrimiento
y los hechos de Gasca hasta su venida á España. Y para
unirlo todo varió considerablemente los § 1.º y último. Ob-
servo tambien otras variedades sustanciales, así en las cosas
como en el órden, en el discurso del escrito; entre ellas la
muerte del factor Suarez de Carvajal, que va copiada (al
fólio 119 vuelto de este tomo). Hay además innumerables
correcciones en el estilo y algunas omisiones é interpola-
ciones hechas con conocimiento. Yo sospecho que Zárate
entregaria su escrito á un literato hábil (*), el cual se lo
puso en la forma que salió al público. Es más estimable
la obra impresa no sólo por lo dicho, sino tambien porque se retificaron las narraciones, se llenaron huecos de
nombres y números y se corrigieron algunas equivocacio-
nes. Mas tiene todavía su estimacion el primer escrito,
porque es visible en él más simplicidad y ménos disimulacion y arte. Sin duda se procuró suavizar algunas especies y alterar otras por algunos respetos. Si sobra tiempo
lo mandaré copiar todo.» Y con efecto, lo mandó copiar
y encabezó el tratado con este título de su puño: (Relacion
de las cosas del Perú desde 1543 hasta la muerte de Gon-

(*) "No creo haberme engañado en mi sospecha. En un tomo de
apuntes históricos de Florian de Ocampo que hay en el Escorial, se hallan *varias* cartas de Agustin de Zárate á este historiador, quien á mi
juicio hizo las enmiendas." (*N. de Muñoz.*)

zalo Pizarro, por Agustin de Zárate.) (Col. Muñoz, t. 44,
fólio 81-190 vuelto.)

De esta nota, inédita hasta hoy—aunque ha visto muy
de cerca la ocasion de salir á luz (*)—y de los párrafos co-
piados tuvo conocimiento el diligente Prescott, y aceptando
en un todo las opiniones de Muñoz, citó varios pasajes de
ellos como de Zárate, en su *Conquista del Perú*, tomando
para el apéndice núm. XIV la sentencia de Gonzalo Pizarro, inserta al fin del párrafo último, ilustrada con un
breve preliminar, donde se repiten en sustancia los conceptos que encierra la indicada nota, salvo alguna que
otra inexactitud, por ejemplo, que Muñoz se proponia *pu-
blicar* por entero el manuscrito original; y con la diferencia
de haber atribuido á la relacion primitiva más valor que á
la obra retocada é impresa.

Inútil es decir que nadie ha puesto en duda la especie
prohijada por el insigne historiador de los Reyes Católi-
cos; por el contrario, entre nosotros, ilustres publicistas
muy expertos en las cosas de América, han declarado su
opinion en el mismo sentido, y en tal lugar que se hace
doblemente respetable (**).

No me extraña que Prescott, sin más antecedentes, y
llevado de la confianza que los trabajos de Muñoz le merecian, admitiese sus conclusiones y supuestos; pero me
admira que persona tan enseñada y práctica como nuestro cosmógrafo de Indias, despues de haber leido y estu-
diado el documento íntegro, dedujese del hecho de cons-
tar á la letra en la Historia de Zárate, que éste lo hubiese
escrito. Desde luego ya pudo reparar en que su autor nom-

(*) Cuando se publicaron en la *Coleccion de documentos* por el señor don
Luis Torres de Mendoza aquellos párrafos primero y último, el uno á con-
tinuacion del otro, y como si compusieran ellos solos todo el documento,
precedidos de este notable epígrafe: RELACION ANÓNIMA DE LOS DISTURBIOS
ACAECIDOS EN EL PERÚ Á CONSECUENCIA DE UNAS ORDENANZAS ATRIBUI-
DAS Á FR. BARTOLOMÉ DE LAS CASAS, Y SENTENCIA DE MUERTE DE GON-
ZALO PIZARRO. (T. VII, p. 514-526.)

(**) En la nota al capítulo XV del libro XLIX de la HISTORIA GENE-
RAL Y NATURAL DE LAS INDIAS, por Gonzalo Fernandez de Oviedo.—
Edic. de la Acad. de la Hist., t. IV, pág. 458.

bra á Zárate siempre en tercera persona, al paso que de sí
habla varias veces en primera, v. g.: «lo que pasó con los
tres dellos [los oidores] nunca lo pude averiguar, porque
tambien oí decir que se lo habian dicho y avisado; pero al
tiempo que se fué á despedir [el virey] del licenciado Zárate, el cual en aquella sazon estaba enfermo, estando yo
presente y otras personas que no me acuerdo, le dijo, etc.»
Y más adelante: «Otras muchas cosas le dijo que no me
acuerdo, etc.» Pasajes que se suprimen en la Historia de
Zárate y cuya ausencia no indica que él rehuyese aparecer
como testigo de los sucesos, supuesto que en aquella se
nombra repetidas veces, y declara, aunque no era preciso,
que es el autor de la obra (cap. II del libro cuarto). Por
otra parte, á Muñoz le constaba de cierto que Zárate no
podia encontrarse en el Perú ó en otro cualquier país
americano, ni en Diciembre del año de 1547, fecha que
consta en la relacion que le atribuye, ni mucho ménos á la
muerte de Gonzalo Pizarro (10 de Abril de 1548), último
de los hechos que en ésta se mencionan; toda vez que en su
misma Coleccion se registran los siguientes capítulos de
cartas:

De Agustin de Zárate á los oficiales de Sevilla. Nombre
de Dios, 18 de Agosto de 1545.—«Al contador Diego de
Zárate escribo largo de las turbaciones del Perú. Véanlo
todos. Venido de allá hallé aquí despacho para hacer rela
cion de todo lo sucedido en el Perú para S. M. desde el
descubrimiento. Yo dejé las cuentas á causa de los alborotos de la tierra y del poco provecho que se hiciera en to-
marse. Cuando la tierra esté en paz, y S. M. pueda administrar justicia y cobrar sus rentas, etc.» (T. 84, f.º 107.)

De Alonso de Almaraz, contador de Tierra Firme, al
Emperador. Nombre de Dios 9 de Noviembre de 1545.—
«Agora ha venido el contador Agustin de Zárate y lleva en
tres navíos, que parten á 10 de Noviembre, cerca de 70.000
pesos, sin lo que trajo del Perú. El ha tomado aquí cuentas y dará razon.» (T. 84, f.º 92.)

Del mismo al mismo. Nombre de Dios 20 de Abril de
1546.—«A 9 de Noviembre 1545 partió para España el
contador de cuentas Agustin de Zárate.» (T. 84, f.º 162.)

De Gregorio de Aranda á los oficiales reales de Sevilla. México 1.º de Marzo de 1546.—«Con el contador Agustin de Zárate, que aportó á esta tierra, envio 40.000 pesos.» (T. 84, f.º 168.)

A cuyos datos puedo añadir estos otros, tomados tambien de cartas originales é inéditas:

De Pedro de Avendaño—escribano y secretario que fué de la audiencia de Los Reyes—á Gonzalo Pizarro. Los Reyes á 22 de Julio de 1545.—Doliéndose de que Gonzalo no estuviese en Lima cuando el Contador mayor le tomó ciertas cuentas, dice: «que, á estar Vuestra señoría en esta ciudad, no hubiera consentido que fuera molestado ni que se me hubiera hecho agravio ninguno sin causa y por satisfacer á´ terceros apasionados. El negocio tuvo fin y yo quedé molestado y áun gastado de la mayor parte de mi hacienda; y al fin quedamos conformes Agustin de Zárate y yo al tiempo de su partida y satisfizo en que él no fué culpado en lo hecho, ni habia en su mano. Ya él es partido y Dios le lleve con bien. ¡Mala obra me hizo sin yo se lo merecer!»

De Francisco de Carvajal á Gonzalo Pizarro. Los Reyes á 25 de Octubre de 1545.—«Hacia cuenta que el Tesorero [de Los Reyes, Alonso de Riquelme] me prestara alguna blanca; pero ¡por Nuestro Señor! que aquel contador Zárate lo dejó tal, que está el más pobre hombre de la tierra; que por las ejecuciones que le hizo por el alcance le vendió cuanto tenia, hasta las camisas... y dice que si Vuestra señoría acá estuviese, que no consintiera tal inhumanidad; porque, en mi conciencia, que es mancilla oir decir el mal tratamiento que aquel contador le ha hecho.»

Del licenciado Polo de Ondegardo á Gonzalo Pizarro. El Cuzco 16 de Noviembre de 1546.—«Por otras he suplicado á Vuestra señoría si algunas nuevas se supieren del contador Agustin de Zárate, Vuestra señoría me las mande escribir, y agora le suplico lo mismo; porque, de razon, si ya no se saben, no tengo buena esperanza de su viaje, y en esto tambien perderá Vuestra señoría su parte, pues tiene entendido el deseo que lleva de servirle.»

Del mismo al mismo. El Cuzco 10 de Febrero de 1547.

—«...y sabe Dios las veces que me he arrepentido de no
ir con Vuestra señoría á Quito [contra el virey Blasco Nuñez Vela] á gastar el tiempo y la vida en su servicio, sino
que por despachar al Contador me quedé. Y cuando se fué
me hinqué de rodillas y le rogué que para servir á Vuestra
señoría no hiciese falta estar fuera destos reinos, pues tanta
honra y provecho se le seguia. Y que si así lo pensaba
hacer que fuese, y si no que quedase. Y delante del capitan Lorenzo de Aldana me dió la palabra, y así me parece
que lo empieza á hacer en Panamá y lo hará en Castilla; y
si mal le viniese por ello, yo lo doy por bien empleado, etc.»

Sin embargo, acaso Muñoz creyera que Zárate habia
escrito la relacion en España, aunque con semejante parecer la rebajase en mucho de su importancia y le quitase
autoridad. Y verdaderamente, en cierto modo, no dejaba
de asistirle razon, porque hácia el fin del documento se
lee: «Otras muchas cosas han sucedido en el Perú despues
que en él entró su señoría el señor presidente, el licenciado Gasca, las cuales no van aquí por ponerlas aquí
muy por extenso al pié desto, cuando, mediante Dios,
vuelva al Perú. Solamente diré, etc.» Pero este pasaje,
clarísimo sin duda, bien mirado, es una prueba en contra del sentir de Muñoz—si es que le tuvo—ó, cuando
ménos, induce á la sospecha de que Zárate no podia escribirlo. Porque, en primer lugar, la *persona que escribe*
parece que acaba de venir del Perú y cuenta seguramente
con volver á esa tierra, en donde, y no en España, le era
posible añadir por extenso las otras muchas cosas que allí
habian sucedido desde la entrada de Gasca. Y el Contador
mayor nunca se halló en semejante caso desde su regreso
á Castilla, y ménos ya á mediados del año de 1548, á los
tres de haber dejado las costas de Tierra Firme; lejos de
eso, declara (*) que le fué necesario cesar *allá* en la escriptura [de su Historia] y traer *acá* para acabarla los memoriales y diarios que pudo haber. Y, en segundo lugar,
porque en muchos del contexto de la relacion se ve que

(*) En la dedicatoria al príncipe don Felipe.

del principio al·período que más arriba copio, fué escrita en los reinos del Perú; siendo de advertir, que ántes de las palabras «Otras muchas cosas han sucedido,» se dice: «Siempre entraba gente en el Real, é halláronse en el último alarde setecientos arcabuceros é quinientos piqueros é cuatrocientos de á caballo é otra mucha gente que cada dia se recogia y *están* esperando por los caminos. Luego, el señor presidente, determinó que marchase el campo, y empezó á salir por compañías de Jauja, á 29 de Diciembre *deste año* de 1547 años, é con ayuda de Nuestro Señor, con brevedad *será vencido* [Gonzalo Pizarro] é pagará tantas tiranías, robos, muertes é desafueros como ha hecho é *hace*; siendo ahorcados, despues quel virey entró, *hasta hoy*, sin los que no sabemos, trescientos y ochentas hombres, é muertos en batallas é reencuentros obra de setecientos; que paresce. que en una tierra de ochocientas leguas é más en que por cierto no habia en ella dos mil españoles *cuando vinimos,* es la cosa más notable que se lee.»

Ahora bien; el vencimiento y castigo de Gonzalo Pizarro por los robos, desafueros y muertes que *ha hecho y hace,* sucesos que en Diciembre de 1547—año en que se concluia en el Perú la relacion—eran futuros, son ya pretéritos en el párrafo siguiente, sin que esa fecha varíe y sin que haya mediado transicion, rectificacion ó advertencia de ninguna clase por parte del que escribe; pues aquellas cosas que *solamente dice* de las muchas que han sucedido en el Perú despues de la entrada en él de Gasca, son la batalla de Xaquixaguana y la muerte de Conzalo Pizarro y sus amigos, acaecidas en Abril·de 1548.

Resumiendo: el autor de la relacion—salvo los tres últimos párrafos—atribuida por Muñoz á Agustin de Zárate, se hallaba todavía en el Perú—ó cuando ménos en las Indias—á 29 de Diciembre de 1547. El de aquellos párrafos se encontraba en España despues del 18 de Abril de 1548, y debia añadirlos á lo escrito de tiempo ántes, dejando, sin embargo, intacta la fecha de 29 de Diciembre de *este año* de 1547. El Contador de cuentas se embarcó en Nombre de Dios para España á 9 de Diciembre de 1545, y con ánimos de no volver á pisar aquella tierra, por lo mé-

nos, mientras durasen los disturbios y guerras de Gonzalo
Pizarro y Francisco Carvajal, á quien tanto temia. Luégo
Agustin de Zárate no puede ser autor de todo el documento que Muñoz le atribuye; cuando más puede serlo de
la parte final ya indicada.

Contra esta negativa es objecion liviana que Zárate pudo
hacer otro viaje á la Nueva Castilla ó Tierra Firme, presenciar la derrota y justicia de Gonzalo Pizarro y regresar
á España con aquel documento. Peregrina ocurrencia hubiera sido en un hombre medroso y de carácter débil (*), que
abandona un país huyendo de alborotos, amenazas y riesgos, volver á él á la mejor sazon de sus temores, cuando
Francisco Carvajal agarrotaba hasta cansarse. Sobre que el
Contador no habria cometido la torpeza de pasar en silencio
su segunda jornada á las Indias, con la cual su persona ad-
quiria prestigio y autoridad su historia; ni en la de aquellas
partes y por aquellos años dejaria de leerse su nombre, famoso por muchísimos estilos. Pero además hay pruebas de
que se hallaba ausente del Perú en Abril y en Diciembre de
1547. El licenciado Pedro de La Gasca, escribiendo á Gonzalo Pizarro desde Xauxa con fecha 16 de ese Diciembre,
le decia: «..... así porque fué muy notorio cuan por parte
de V. m. se procuró aquella provision [de gobernador] é

_____

(*) Aunque él en su Historia se despacha á su gusto, como suele decirse, en aquello de la embajada que llevó de los oidores á Gonzalo Pizarro, no era esa la vulgar opinion en el Perú, segun nos cuenta Cieza.
«Anduvo muy temeroso de que Gonzalo Pizarro no le mandase matar; porque como era recien venido de España, á donde no se usa dejar de cumplir el mandado del Rey, tenia el temor que digo, no obstante que este
Agustin de Zárate es tenido por sábio y leido en las letras latinas, que era
causa por donde él habia de mostrar ánimo libre, é por sus palabras, pues
era avisado, darles á entender el yerro en que andaban; é se mostró pusilá-
nime, y el miedo é temor tenia metido ya en lo interior de su ánimo.»
(*La Guerra de Quito*, cap. 74).—Y en otra parte: «El contador
Agustin de Zárate, demás de haber aprobado el parecer de que Gonzalo
Pizarro fuese gobernador, é haberlo así firmado, le hacia todo servicio
con palabras muy adulosas y que en oillo muchos le culpaban, por ser tenido como hombre sábio» (Ib., cap. 102.)

Compárese con esto el cap. XII del lib. 5.º de la obra impresa de
Zárate.

la necesidad é aprieto en que se puso el licenciado Zárate
porque no la queria firmar, el cual, ante cuatro escribanos que fueron, Zárate, que al presente reside en córte
de España... pidió por testimonio que la firmaba de miedo
de V. m.» (*) Y en el Códice Vjj 4 de la Biblioteca del
Escorial, al f.º CCCij hay carta toda de su puño y letra á
Florian de Ocampo con fecha de Madrid y 18 de Abril
de 1547.

Cuya carta me lleva de la mano á tratar de la sospecha
de Muñoz, relativa á la parte que un hábil literato tuvo en
la historia publicada del Contador de Cuentas de la Nueva
Castilla. Afirma aquél que en dicha biblioteca y en un
tomo de apuntes históricos de Florian de Ocampo, existen
varias cartas de Zárate dirigidas á éste; lo cual le hizo creer
que no andaba engañado en su sospecha y que el maestro
Florian habia sido el hábil literato que corrigió la *Historia del Perú*. Casi sin duda el Códice Vjj 4 y el tomo de
los apuntes de Florian son una misma cosa. Los catálogos—y he leido el del paciente y minucioso don Matías
García, monge de aquel convento—sólo mencionan un volúmen de apuntes del célebre cronista zamorano; lo he
registrado fólio á fólio; están cabales; y afirmo que en
Agosto de 1875 no contenia más que aquella carta, cuya
copia sigue, donde nadie descubrirá seguramente ni aso-
mos de que Florian de Ocampo tuvo que hacer de cerca ni
de lejos con la Historia del Contador de Cuentas. A mi juicio, Muñoz no vió ese tomo; de otro modo, y segun su costumbre, hubiera trasladado á su preciosa coleccion las tales cartas. Le darian noticia por *una* de *varias*, que no seria la primera de esta clase.

Hé aquí el documento:

«Señor.=Desdel Perú donde e rresidido estos años pas-
sados me paresce que tubieramos mas facilmente cartas de
V. m. y supieramos de su salud de que con tanta dificultad se hace desde aqui a zamora yo e escrito dos bezes

(*) *Coleccion de documentos inéditos para la Historia de España*, tomo XLIX, pág. 267.—He visto ese testimonio, que se publicará en el
lugar correspondiente.

por la via de juan Pedro y por cartas del s^or· secretario
zorita y no e sido digno de tener vna sola letra de V. m.
y no se porque se me haze tan gran disfauor pues debe
tener conoscido que soy tan su seruidor como antes que me
fuese áun que no fuese por mas de por no hazer mentiroso A Horatio donde dize *Cœlum non animum mutant
qui trans mare currunt.* supli^o a V. m. que quando
Ubiere mensajero me escriba pues saue la mrd y con-
tentam^o q. rrescibiré con su carta—el S^or· Sc^o se fua
zaragoza venticinco dias ha No pienso que tardará mucho
en benir pero si a mayor abundami^o V. m. me quiere
sostituir en su lugar para alguna cosa queaquia y a que
hazer ya sabe que quanto a la boluntad de servir no le
dare bentaja y quanto á la desocupacion para ello me la
puede el dar a mí la hora en questamos todos quantos
galanes ay en casT^a [Castilla].

»La bispera de pascua (*) bino correo de su mgt lo que
dize en suma hes quel duque de sajonia esta todavia fuerte
en su trra y su mgt con yntencion de irle A hechar della.
para esto a embiado por la gente de guerra del Reino de
napoles y aqui manda que se hagan seis mill hombres.—
Iten este santo concilio no nacio con dias. ase acordado
que se mude a bolonia. los que de alla escriben dizen que
es tanto como cesar en ello No a bastado a ynpedirlo la
contradicion de los prelados españoles y tudescos. yo e
bisto aqui el decreto para la mudanza—el principe nuestro S^or· A estado estas pascuas en guadalupe berna en fin
deste mes y luego dizen que partira para monzon a hacer
cortes. las ynfantas se yran a guadalajara. Y los consejos
quedaran aqui—el Rei de francia es muerto. Su hijo diz
que hace treinta mill honbres v los tiene ya hechos. no se
sabe el fin. ya se rrecela nra gente de pasar por francia.
dios de paz en la xpiandad—y guarde a V. m. como desea.
de madrid. A 18 de abril de 1547=Besa las manos de
V. m. su muy cierto seruj^or =Agustin de zarate.»

(*) *Fué 9 de Abril* 1547, añadido de letra de Florian de Ocampo.

En el sobre dice: «al muy Rv^do· y muy magni^co S^or· El maest^o florian de Ocampo cronist [borrado] Sacra Magt en=Zamora.»

Resuelta ya la principal cuestion, y á mi entender en contra del dictámen casi siempre acertado del noticioso historiador del Nuevo Mundo, ocurren dos preguntas. Entónces, ¿quién ha escrito la Relacion de las alteraciones del Perú? ¿Cómo se explica aquella añadidura de sus últimos párrafos? A lo primero no me es posible contestar satisfactoriamente; á lo segundo, casi con certeza.

Con el título de *Relacion de las cosas acaescidas en las alteraciones del Perú despues que el virey Blasco Nuñez entró en él*, se guarda en la Biblioteca particular de S. M., procedente del valioso tesoro de papeles que el licenciado Pedro de La Gasca trajo consigo á España de aquel reino, uno considerable, de 66 hojas útiles, escrito con tinta azul de la que usaban en América, la cual ha ido perdiendo gradualmente su color hasta volverse parda. Son de una mano los 17 fólios primeros y la plana primera y mitad de la segunda del 18, y de otra todo lo restante. Parece una copia en limpio hasta el fólio 62, donde abundan de tal manera las enmiendas y tachones, que le dan aspecto de borrador. Las últimas líneas de la primera llana de este fólio y las cuatro únicas de la segunda, están trazadas muy aprisa; sigue despues dicha segunda llana en claro, y al fólio 63 comienza de nuevo la letra esmerada y regular, continuando hasta cerca del fin en esa forma, y concluyendo más cursiva y espaciada. Salvo ligeras correcciones de lenguaje y aumentos ó variantes de cifras y nombres propios, es el mismo que Muñoz trasladó íntegro algun tiempo despues de haberle puesto la nota que va al principio de este Apéndice; pero difiere en dos cosas esenciales. Primera, que al empezar la narracion y hácia la cuarta ó quinta línea, se encuentra la palabra *señor* en vocativo, indicando que iba dirigida á determinada persona de más respeto ó gerarquía que el autor; segunda, que carece del final, cuyo contexto no se halla en armonía con todo lo demás en el papel copiado por Muñoz, y termina con la salida de La Gasca de Xauxa el 29 de Diciembre de

1547, expresándose la confianza en que Pizarro pagará muy en breve sus delitos.

Es decir, que tanto por sus rasgos extrínsecos como por los intrínsecos, el manuscrito de la Biblioteca de S. M., muestra ser anterior al de Simáncas y más que probablemente el primero que en el Perú se redactó; en cuyo caso, aquél es copia suya, alterada sin duda con el fin de ocultar el carácter privado del primitivo documento, y utilizarle en ocasion determinada. La cual, segun mi cuenta, fué cuando «el capitan Hernan Mexía, veinticuatro de Sevilla, é uno de los caballeros que se hallaron en la prision é vencimiento del tirano é traidor Gonzalo Pizarro, llegó á esa ciudad, sábado por la noche de 8 de Diciembre de 1548 (*). E despues en el domingo siguiente dió relacion de la victoria que el ilustre é muy reverendo señor el licenciado Pedro de La Gasca, teniente general de Sus Magestades, consiguió contra el dicho tirano, é prosiguió su camino para la córte de los Serenísimos Príncipes Maximiliano é doña María, que al presente gobiernan á España» (**). Pues poco más abajo añade Oviedo: «E las nuevas queste cavallero Mexía truxo, é por diversas cartas consta, así del mismo presidente licenciado de La Gasca, como de otras muchas personas calificadas é de crédito, son las que aquí se remiten con brevedad.» Y una de esas nuevas es casualmente la sentencia de Gonzalo Pizarro que el cronista traslada á la letra en el mismo capítulo, la cual es de advertir que no iba en él despacho oficial confiado á Mexía.

La pacificacion de las ricas provincias peruanas era

(*) Era portador del largo despacho que La Gasca dirigió al Consejo de Indias desde el Cuzco á 7 de Mayo de 1548. El licenciado presidente lo dice comenzando el que á seguida escribió al mismo Consejo en Los Reyes á 25 de Setiembre de ese año: "Con el capitan Hernan Mexía, que del Cuzco se partió en 10 de Mayo y de esta ciudad de Lima en 15 de Junio, hize la relacion de todo lo sucedido hasta 4 del dicho Mayo, por una cuya duplicada con esta va. (*Col. Salvá*, t. XLIX, p. 394.)

(**) Gonzalo Fernandez de Oviedo, *Hist. gen. y nat. de las Indias*, lib. XLIX, cap. XV.—Véase tambien su carta al licenciado de La Gasca, inserta en el Apéndice núm. 2.º

para Sevilla, emporio del comercio ultramarino, un acontecimiento de importancia suma, un negocio que le tocaba muy de cerca; y si el pueblo al saber la felicísima victoria del clérigo La Gasca, necesitó para calmar su avidez
de noticias y sazonar su júbilo, de papeles que á guisa de
romances de ciego se pregonaban por las calles y plazas,
relatando el suplicio de Gonzalo Pizarro (*), ¿qué no harian las personas de calidad, mercaderes, letrados ó nobles?—Y siendo Hernan Mexía sevillano y bien empa-
rentado, ¿no es natural pensar que á él acudiesen por las
nuevas y á oir los pormenores del suceso de boca de un
testigo?—Para mí es poco ménos que seguro que entre
las cartas y papeles que trajo el hijo del cronista Pero
Mexía (**) se hallaba una copia del manuscrito que fué de
La Gasca, la cual, no alcanzando á la batalla de Xaquixaguana y muerte de Gonzalo Pizarro, hubo de completarse
brevemente y aprisa por el mismo capitan ó por otro á
quien él dictara.

La letra del expresado manuscrito, á contar del f.° 17.°,
es positivamente de Juan Gutierrez, uno de los secretarios
que La Gasca llevó consigo al Perú, y el de más confianza, si es prueba de ello la multitud de borradores y cartas
que he visto de su mano, algunas de estas, anteriores á la
llegada del licenciado á Panamá. Pero en mi concepto, la
participacion que tuvo en el trabajo se reduce á eso sólo;
porque el autor se halló presente á las desavenencias del
virey Blasco Nuñez con los oidores en aquella ciudad.
Sin embargo, aunque el estilo de la relacion con sus re-
sabios y amaneramientos es uno mismo del comienzo al
fin, no dejan de extrañarme las frecuentes enmiéndas y
tachones del f.° 62, y el que se escribiera á trozos, casi
siempre despacio y á veces precipitadamente. Quizá La
Gasca, tomando por base algun documento de los muchos

(*) Dos de ellos se reimprimieron en el tomo XVI de la *Coleccion Salvá,* pág. 177—193.
(**) En poder de éste y en el mes de Diciembre de 1548, halló Gonzalo Fernandez de Oviedo la relacion con que compuso el cap. XIV del
lib. XLIX de su *Historia general y natural de las Indias.*

que se procuraba en Tierra Firme y en la Nueva Castilla, con el objeto de enterarse de los sucesos anteriores á
su llegada, encargó á Juan Gutierrez que apuntase y aña-
diese por órden y por el mismo estilo los que pasaban durante su gobierno.

Concluiré haciendo notar una coincidencia, acaso oportuna en esta cuestion: que el Palentino conoció el manuscrito hallado entre los papeles del presidente del Perú,
pues copia algunos lugares de él en los primeros capítulos
de la primera parte de su Historia.

NÚM. 2.º

El papel á que aludo en el prólogo é inserto literal-
mente más abajo, acotado con la primera parte de la Historia de Palentino, hállase en la Biblioteca particular de
S. M.; consta de 16 f.ˢ (los del cuaderno 17.º del original) y es de letra de uno de los secretarios de La Gasca.

La Historia ó Relacion histórica de que forma parte,
escrita ó mandada escribir por el Presidente que fué del
Perú, se incluye por Alsedo en su BIBLIOTECA AMERICANA
con este título: *Historia del Perú y de su pacificacion*—
1576, fólio.—Prescott dice que no ha podido dar con esta
obra, ni visto en ninguna parte la menor alusion á ella; y
el sábio chileno Sr. Barros Arana cree que la tal Historia
no es más que una de las relaciones que La Gasca dirigia
al Consejo de Indias, dando cuenta de los sucesos que iban
acaeciendo en aquellas partes. Pero sin contar el fragmento de ella que aquí se traslada, hay otra prueba de
que debió existir: la carta del obispo de Palencia que va
despues.

Tambien corresponde, en mi concepto, á la Historia

dictada ú ordenada por La Gasca, el trozo publicado en
el tomo L de la *Coleccion Salvá*, ps. 172-177, cuyo original existe en aquella biblioteca en el códice rotulado:
«Causa de Gonzalo Pizarro».

[*Lib.* 9.⁰, *cap.* 47., *f.*ª 100, *col.* 2.ª, *lín.* 24.] «...procurariamos
partir tras ellos y que Lorenzo de Aldana subiese la costa
arriba con los dos navíos y fragata y en su compañía fuesen Palomino y Juan de Illánes y el provincial de los dominicos á dar cartas, provisiones y fés de los perdones y de
las novaciones á las ordenanzas y de las otras provisiones
que pudiese dar contentamiento y atraer al servicio de
S. M. á la gente de aquellas partes. [*Lín.* 46.]

»Repartiéronse los trescientos soldados por los capitanes
ya dichos, los cuales, con deseo de servir á S. M. y en-
cargar para que mejor se les diese de comer, y con el punto
que cada uno tenia de ir mejor aderezado y llevar más con-
tenta su compañía, gastaron muy largo de lo suyo en com-
prar para sí y en dar á los soldados paños y sedas y armas, vino y aves y otros regalos y provisiones.

»Y porque Lorenzo de Aldana era uno de los que más
gastaban, se le dejaron prestados los 11.000 pesos, que con
Gomez de Solís le enviaba para ir á España Gonzalo Pizarro, los cuales pagó despues á S. M., sin embargo de lo
que dellos gastó, que fué todo ó la mayor parte. Y así se
empezó á dar gran priesa en el despacho destos capitanes
de los tres navíos y fragata.

»En estos dias llegó al Perú el navío de Calero, y algunos
de los que en él iban dijeron lo que en Nicaragua se habia
dicho de la reduccion de la armada, y esto se empezó á pu-
blicar en el Perú, y causó entre todos gran turbacion; y
Gonzalo Pizarro despachó la costa abajo por el maestre
de aquel navío, el cual, venido ante él y entendiendo cuan
mal recibido seria con semejante nueva, la deshizo, diciendo ser mentira y que ántes los que habian venido de
Tierra Firme á Nicaragua decian como todo aquello estaba por él; y con esto se aseguró y escribió é hizo escribir á todas partes lo que este Calero decia, y mandó cas-

tigar á algunos de los marineros que habian hablado de la reduccion.

[*Lib.* 2.º, *cap.* 45, *f.*º 99, *col.* 2.ª, *lín.* 30.] »Pareció á Gonzalo Pizarro y á los de su consejo que era bien enviar por Paniagua para saber dél cosas que de mí y de lo que llevaba creian habria entendido, y envió á mandar á Bartolomé de Villalobos que le tenia en Maricabelica, cien leguas de Lima, se le trujese á recaudo é sin dejarle comunicar con persona alguna. Y traido, Gonzalo Pizarro le recibió con mucha autoridad y haciendo poco caso dél, y con amenazas que le hizo que si no le dijese la verdad de todo lo que le preguntase, le mandaria cortar la cabeza; y ansí él lo creyó que seria, segun la facilidad con que se cortaban en aquella tierra; y con este miedo y muchos juramentos que no sabia otra cosa ni creia que la habia, le dijo que yo venia á pacificar aquella tierra por medio de paz y sin armas y ruido, y que esto se podia ver, pues quien venia era un clérigo y tan sin gente, que ansí lo tenien entendido los que en Tierra Firme estaban, y que luégo que allí me digiesen me volviese á España, lo haria; y que S. M. y todos los demás que en España tenian noticia de las cosas del Perú, entendian que sin su voluntad no se podian asentar las cosas de aquella tierra y reducirse á la obediencia de S. M.; y que aunque esto él habia oido á muchos, no lo habia creido ansí como despues de haber venido á ella y conocido su fortaleza y poder de Gonzalo Pizarro y el gran amor y voluntad que todos le tenian. Y con estas lisonjas y otras que le dijo, le ganó la voluntad de manera, que le empezó mejor á tractar; y con lo que le pareció que podia dar de reputacion y autoridad aquel concepto que creia tenia Paniagua, volviendo á España y publicando, y lo que como deudo le ayudó el licenciado Carabajal, alcanzó licencia para poderse volver á Tierra Firme, y le dió Gonzalo Pizarro mil pesos para el camino y quien le volviese hasta entregarle el navío en que habia ido y se le habia enbargado en Túmbez; en el cual se tornó á embarcar y partió del Perú, no con poco contentamiento de verse fuera del peligro en que habia estado. [*Cap.* 45, *f.*º 99 *vto.*, *col.* 1.ª, *lín.* 29.]

[*Lib.* 2.º, *cap.* 49, *f.*º 101, *col.* 2.ª, *lín.* 33.] ‹Andando las cosas de Tierra Firme en los términos que ya es dicho, y no las sabiendo Gonzalo Pizarro, ántes creyendo estaba todo por él, y que sus procuradores habian ya pasado al mar del Norte y iban ya la vuelta de España, y que estaba enseñoreado de las personas y voluntades de los del Perú, porque todos en aquellas provincias le reconocian gran subjecion y procuraban hacer gran demostracion de amor y voluntad á su servicio, unos porque le temian y otros porque no osaban hacer otra cosa; se persuadió debia tomar título y corona de rey. Y pareciendo á él y á los de su consejo que con aquello asentaria más su señorío, y que con la mayor autoridad que tomaria confirmaria más los corazones y los animaria á estar más firmes en su servicio, acordó de hacerlo ansí y que se hiciese un acto semejante al que en tiempo de don Enrique se hizo en Ávila con su hermano don Alonso; y que para ello se llamasen todos los vecinos y personas principales que en el Perú se hallasen y interviniesen poniendo la mano en el acto; figurándose á él y á los de su consejo que con aquello se prendarian más á estar firmes y unidos con él, por haber intervenido y puesto la mano en acto tan aleve y de tan gran desacato.

›Y ansí, envió á mandar generalmente por el Perú que viniesen todos á Lima; y sin embargo que tenia á su maestre de campo Carabajal en el Cuzco á que tuviese aquella ciudad y su comarca por él, le escribió que dejando aquello en buena órden y seguro, se viniese á hablar en aquella cosa. El cual, habiendo sido avisado cómo los licenciados Carabajal y Cepeda y el capitan Juan de Acosta, gran privado de Gonzalo Pizarro, le malmetian con él y persuadian que le debia mandar matar, diciendo que habia robado mucho y con sus robos le hacia muy mal quisto, que se entendia de él que se holgaba de detener por aquella tierra con intento, sí á Gonzalo Pizarro mal le sucediese, de alzarse contra él, y que sobre esto habian hecho gran instancia todos; lo cual ansí habia sido por envidia que tenian por lo mucho que el maestre de campo podia con Gonzalo Pizarro; y creyendo que veniendo podrie más que no ellos,

porque ya estaban, al parecer de los de Gonzalo Pizarro, las cosas tan debajo de poder suyo, que lo que entre ellos más se estimaba era la privanza con él, se detuvo lo más que pudo de venir; pero en fin no pudo hacer sino, aunque con miedo, partirse del Cuzco para Lima, donde estaba Gonzalo Pizarro. Y en Andaguailas, habiendo caminado cuarenta (*sic*) le dió un dolor de costado, de que llegó muy al cabo; y importunado de los que con él venian que se confesase, mostrando que lo queria hacer, hizo llamar á un clérigo Márquez, que por haber sido servidor de S. M. traia preso y le habia dado cargo de hacer las crines y colas á las mulas y machos, y quedándose solo con él, cuando el clérigo se llegó á querelle oir de confesion, le preguntó si sabia el romance de Gaiferos; y deteniéndose en estas burlas semejantes y en otras una hora, le dijo que dijese que le habia confesado, porque aquellos necios no le importunasen, y anunciándole que si sabia que otra cosa decia, le costaria caro.

»Y porque los émulos ya dichos siempre hacian su oficio con Gonzalo Pizarro y le decian que se hacia malo por no venir, le tornó á escribir que se diese priesa y que procurase que quedase todo aquello seguro, y para ello hiciese quemar las picas que en el Cuzco habia. Y Carabajal respondiendo con su estilo y disimulacion, deshaciendo lo que entendia que contra él se decia, le escribió la carta siguiente:

«Muy ilustre señor=Como solo Dios es el maestro verdadero de todas las cosas y sabe lo que dice, y hace todo á su voluntad y placer, aunque yo este otro dia escribí á VS. con Diego López de Segura, que el dia que VS. aquella carta viese entrariamos nosotros en Huamanga, no fué él servido que ansí lo hiciésemos, porque el martes siguiente en la noche, despues que con Lopez de Segura despaché, que fuimos á dormir á los Lucamaes (*sic*) me vino un dolor de estómago, que despues vino á parar en gran dolor de costado, del cual no he pensado escapar ni aún creo llevo camino dello; aunque no queda por médicos y medicinas, ni entender en ello tan de verdad como si la burra fuese algo. »

«Hallándome algo aliviado me partí de los Lucamaes, donde me dió el mal y víneme á Andaguailas, á donde ya cargó tanto, que era desesperacion ponerme en camino, y ansí me estoy curando. Doy cuenta dello á VS. para que no piense que estoy en otras fiestas.»

«En este asiento de Andaguailas llegó Búrgos, paje de VS., el cual me dió dos despachos que de VS. traia; y visto todo lo que en ellos hace al caso, VS. no tenga pena, porque yo lo traia de Cuzco ya todo bien remediado, ansí por unas partes como por otras, trayendo conmigo todos los sospechosos que algo podian hacer, para que conozcan á VS. y le sirvan, y dejando allá sembrado lo que yo ví que convenia; en fin, que hasta que yo vea á VS. y le diga á boca lo que conviene hacerse para seguridad de todo ello, está muy bien con tanto secreto como para tales cosas se requiere.»

«Desde este mismo asiento envié al Cuzco á Búrgos para que acompañe los coseletes que me traen con alguna monedilla de la hacienda de VS., del Cuzco; yo lo echaré todo delante tan bien ataviado como es menester, y se hará todo lo que sea servicio de VS.»

«Las picas que VS. manda que yo quemase, he enviado por ellas para que vengan á Huamanga poquito á poquito, y de allí que se enderecen á Lima; y esto suplico á VS. que se yerre por mi cabeza, porque para la corona de rey con que en tan breves dias hemos de coronar á VS., habrá gran concurso de gente, y para entonces yo quiero tener cargo de aderezallas y tenellas como conviene; que certifico á VS., que la más terrible guerra que se puede hacer para la seguridad para los ejércitos de VS. y ofensa de los enemigos, es con las picas, y yo sé bien lo que digo.»

«Aquí llegó anoche Rodrigo de Zamudio, que reside en Chuquiapo (*sic*), con el P.e Ortiz [Ortun?] Sanchez, en las haciendas de VS., y trae hasta xxv mil pesos de oro de Chuquiapo, y en plata de Potosí, que ya el dicho P.e conmigo comunicó. Yo le he aviado de aquí lo mejor que he podido. Suplico á VS. le haga buen tratamiento y regalos, porque en verdad que trabaja mucho cada dia de acá para allá en todo lo que le mandan en servicio de VS., y

yo recibiré la merced por mia propia. NS. la muy ilustre persona de VS. conserve con el acrecentamiento y salud
que VS. desea. Deste asiento de Andaguailas hoy jueves
á 17 de Marzo de 1547. Las manos de VS. besa su criado
Francisco de Carabajal.» [*F.*º 102 *vto.*, *col.* 1.ª, *lín.* 2.ª]

[*Lib.* 2.º, *cap.* 69, *f.*º 116, *col.* 1.ª, *lín.* 31. *Principio de capítulo.*]

«Andando en Tierra Firme dando priesa en la partida
de los capitanes Lorenzo de Aldana, Hernan Mexía y Palomino, y estando cuasi á punto de partirse, rescibí de
Nombre de Dios una informacion que allí habia tomado el
capitan don Pedro de Cabrera contra el capitan Diego
García de Paredes, por la cual parecia que Diego García
habia salido de la córte de S. M., que entonces estaba en
Flándes, descontento y con deseo loco de procurar de le
deservir, y que entendiéndole esto en Sevilla, se habia
mandado que ninguno le pasase; y que sin embargo de
aquello, á título de criado de un Cristóbal Gutiérrez, regidor de Plasencia, se habia embarcado, y que en el camino habia dicho grandes liviandades, representando lo
mucho que pensaba deservir, ayudando á Gonzalo Pizarro, y que no le pesaba sino que sus deservicios se habian
de atribuir más al Gonzalo Pizarro que á él; y que llegado al puerto de Nombre de Dios y entendido como aquello estaba ya reducido, habia mostrado muy gran pena y
dicho blasfemias por haberlo Dios permitido, y palabras
muy iniuriosas contra los que allí tenia Gonzalo Pizarro,
por haber dejado su voz y servicio por el de S. M.; y que
no se habia querido desembarcar, hasta que don Pedro
Cabrera habia entrado, sacádole y puéstole en prision.

»Vista esta informacion, sin dar parte á nadie, dí mandamiento para que don Pedro le tuviese preso, y á buen
recado y á costa del Cristóbal Gutiérrez y del maestro que
en su navío le trujo, le tornase á embarcar, en el primer
navío que partiese para España, preso y á buen recaudo.

»No se pudo esto tan en breve efectuar, que no lo supiese el obispo de Los Reyes y Pedro de Espinosa y Lorenzo
de Aldana, que eran todos debdos muy cercanos de Diego
García, y con gran instancia, por sí y por el mariscal Alonso de Alvarado, me rogaron no le mandase volver á Es-

paña, sino que viniese á servir con ellos á S. M., asegu-
rándome que seria el que debia, porque ellos le darian á
entender el feo y vano yerro que habia concebido de
apartarse del sercivio de su rey, en el cual todos los suyos
siempre habian sido tan fieles y gastado sus vidas. Y no
me pudiendo atraer á esto, me pidian que al ménos holga·
se que le pasascn á Panamá, donde estábamos, y que comunicado, si me pareciese que todavía no convenia, le
podia tornar á enviar.

»Púsome esta cosa en gran perplexidad, porque se me
ofrecia era peligroso, hombre que tan ruin pensamiento
traya, y que me atrevia á mucho, habiéndose en España
mandado que no pasase á las Indias, llevarle yo conmigo;
y que recibirien aquellos sus debdos mayor descontento
de tornarle á enviar desde Panamá, habiéndole hasta allí
traido y ellos vístole y conversádole, que no si le enviase
desde el Nombre de Dios. Por otra parte, se me ofrecia la
desgracia que aquellos debdos suyos, que eran personas
tan principales en mi negociacion, recibirian de no condescender en lo que me rogaban, y aún que concebirian
de mí la dureza y crueldad que en el Perú se habia publicado, que era opinion que para el negocio á que iba no convenia; y que parecia que no se podia creer que Diego Gar·
cía estuviese tan dañado y duro, que aquellos sus debdos
no le pudiesen poner de propósito que debie, especialmente, yendo á ellos tanto cuanto iria en que la negociacion
tuviese buen fin, me determiné de enviar á mandar me lo
trujesen á Panamá, donde, luego que me vino á ver, no me
contentó nada, porque me pareció hombre muy áspero y
bronco; pero con lo que los debdos le dieron y buen tratamiento que le hicieron, pareció que habia ablandado y me-
jorado; y ansí determiné fuese con nosotros y de tractarle
bien y ofrecerle seria premiado de lo que ántes habia servido y sirviese; y entendiendo lo que á mí mismo me iba y
á que contra la informacion que tenia le llevaba, que sirviese como debiese, procuré de continuarle este buen tratamiento y amor. [*Cap.* 59, *f.*º 116 *vto., col.* 1.ª, *lín.* 31.]

[*Lib.* 2.º, *cap.* 47, *f.*º 101, *col.* 1.ª, *lín.* 6.] »En 17 de Febrero
del dicho año de 1547, Lorenzo de Aldana y Hernan

Mexía y Palomino y Juan de Illánes con los tres navíos y fragata y con ellos el regente fray Tomás de
Sant Martin, harto vituallados y con la gente muy puesta en órden, se partieron de Panamá, despues de haber
dejado Lorenzo de Aldana en mi gracia á Diego García,
que, por acabarlo, se me detuvo bien cuantos dias, que fué
causa para determinarme en hacer lo que me rogaban con
más brevedad.

»Y considerando que la reduccion de lo de Tierra Firme
por quien primero ya se podia entender era por los capitanes que en los navíos iban, despaché á Miguel Muñoz,
mensajero que, como arriba está dicho, me habia enviado
Belalcázar, y á Tovilla, factor de Cartagena, á la Buena
Ventura, para que por allí fuesen á Belalcázar y le llevasen la cédula y carta que S. M. le escríbia, para que me
acudiese con la gente, caballos y armas que le pidiese, y
con carta mia en que le encargaba que con su persona y
con toda la más gente que pudiese estuviese lo más cerca de Quito que le pareciese, para cuando yo llegase en
la costa del Perú; que desde ella dariamos órden como nos
juntásemos, y encargándole mucho recibiese bien á la gente que de Nuevo Reino viniese á juntarse con él. Decíale
esto por el acuerdo que habie entre él y el licenciado Al-
mendáriz, gobernador del Nuevo Reino; y que de allí pasase
el factor con la carta que de S. M. para él habia (*sic*) al
gobernador de Nuevo Reino, á quien escribí enviase toda
la gente que se pudiese excusar en aquella gobernacion, á
juntarse con Benalcázar, para cuando yo al Perú llegase;
y que el uno viniese con ella, porque no era justo dejare
su gobernacion; lo cual le escribí, no solo por aquella
causa, pero aún por excusar no diese su venida alguna
alteracion á Belalcázar, el cual estaba sospechoso de que
le queria venir á tomar la residencia y quitalle la gobernacion y determinado de resistille, sin embargo que
para ello tenia el licenciado provision; la cual le escribí no
convenia al servicio de S. M. se ejecutase hasta asentadas
las cosas del Perú.

[*Lib.* 2.°, *cap.* 70, *f.*° 116 *vto.*, *col.* 1.ª, *lín.* 41. *Princ. de cap.*]
«Despachados los tres navíos y fragata, púsose gran dili-

gencia en aderezar nuestra partida, y cierto fué traba-
jada por todos como si á cada uno en particular el
negocio tocara; y así cada uno en lo que se le encomendaba se desvelaba y ponia sus fuerzas, y con tanta llaneza
y obediencia, que los obispos y clérigos y los capitanes y
las más principales personas eran los que primero echaban
mano y tiraban de las gunmias [gúmenas] y cables de los
navíos, para sacarlos á la costa y para echarlos despues en
el agua, y para enbarcar la artillería y hacer todo lo demas, con mirar harto ménos en la autoridad y con mayor
diligencia quelos marineros y la otra jente baja, de lo cual
no se ponia pequeño deseo á ella para más trabajar.

»Trayendo ya muy adelante nuestra partida, me hicieron mensajero de Cartajena y de Sta. Marta con un
bergantin, haciendome saber, cómo en Sta. Marta quedaban dos navíos franceses y un patage y mucha gente
dellos dentro en el pueblo y pidiendome les enviase socorro, porque, robado aquello, vernien á hacer lo mismo
á Cartajena.

»Dióme mucha confusion esta nueva, porque dejarme
de partir por ocuparme en aquello no se sufria, ansí por
ser ya tan tarde para la navegacion de la mar del Sur,
como por ir adelante ya los navíos que con los capitanes
se habian enviado, á los cuales no se sufria sino seguir
con toda brevedad; y dejar al ménos lo de Cartajena, estando tan á la mano, sin ayuda, parecia de inhumanidad,
acordé en el Nombre de Dios de algunos vecinos y de
gente de la mar que allí estaba y navíos para volver á
España, hacer aderezar barcos y los navíos que allí estaban
más prestos, y que se metiesen en ellos, yendo por sus
capitanes algunos soldados de los que habian de ir conmigo, y que entre ellos fuese Diego García de Paredes;
pareciéndome, que no solo ayudando en aquello enpezaria
á tomar más amor al servicio de S. M., pero que tambien
se excusaria de meterlo en el Perú, hasta en tanto que las
cosas de allá estuviesen más sin peligro; lo cual él y sus
debdos aceptaron con buena voluntad, pareciéndoles que
le honraba y daba en que sirviese, y que despues de hecha la jornada, él y los otros me siguirian.

»Empezóse á mucha diligencia á aprestar en el Nombre
de Dios lo necesario para esta cosa, sin que por ella aflo-
jase lo de nuestra partida; y estándose entendiendo en lo
uno y en lo otro, llegó á aquel puerto un bergantin que el
teniente de Sta. Marta me despachó, escribiéndome en él,
cómo él se habia visto en gran aprieto, y que no habia
tenido otro medio para salvarse á sí y á aquel pueblo, sino
hacer muy buen recibimiento á los franceses y la mejor
xira (*sic*) que pudo, y que con aquello y con venir muy necesitados de vituallas y deseosos de refresco, habian saltado
cuasi todos en tierra; y teniéndolos aposentados en el
pueblo y comiendo, habia dado sobre ellos con la gente
de él y los indios de la tierra, que tuvo para aquel dia
apercibidos, y habia muerto y preso tantos, y otros que
por acojerse á la mar se habian ahogado, que hubo lugar
de tomar el navío y pataje con los barcos que en el pueblo habia, y que el otro se habia hecho á la vela muy falto
de gente y de lo demas para navegar, y que con esto y
con hacer mucha agua pensaba se perderia; y que, á lo
que se creia, llevaba la derrota de la Yaguana, y que por
esto podia perder cuidado de aquel negocio.

»Descuidados desto, entendimos sólo en nuestra partida,
y en 10 de abril del dicho año de 1547, primer dia de
pascua de Resurection, despues de haber oido misa y comido, me hice á la vela de Panamá á Taboga, donde estaba toda la otra armada, que era de xxij naos, dos dias habia, haciendo agua; porque yo habia quedado á despachar
pliego para España, y para Nicaragua y la Nueva España,
dando cuenta de nuestra partida, y dando la órden que
los oficiales reales y justicia de Panamá y Nombre de
Dios habian de tener en aviar la gente de Santo Domingo, con que, tenia nueva, venia el almirante nieto de
Colon, y que Boscan habia muerto pocos dias despues
que á aquella isla llegó. Y en 12 del dicho mes de abril
nos partimos de Taboga, yendo yo y el general Pedro de
Hinojosa y Diego García de Paredes y otras personas principales en la nao capitana, y habiendo encomendado al
capitan Juan Vendrel la galeota. [*Cap.* 70, *f.*° 11-, *col.* 2.ª,
lín. 16.]

[*Lib.* 2.º, *can.* 50, *f.*º 102, *col.* 1.ª, *lín.* 15. *Princ. de cap.*]
«Estando Gonzalo Pizarro muy satisfecho de su cosa,
y paréciendole que la tenia muy asentada, y que estaba
de todo el Perú, Tierra Firme y mar del Sur enseñoreado, y entendiendo en juntar, como dicho es, todos los
vecinos y personas principales en Lima, para se coronar y
hacer el acto arriba dicho; los capitanes Lorenzo de Aldana, Hernan Mexía, Palomino y Juan de Illánes, no pudiendo con la mala y larga navegacion dejar de llegarse á
la costa, despues que llegaron en el paraje de Guayaquil,
fueron descubiertos ellos con sus tres navíos y fragata, y
Paniagua que los habia encontrado y volvie con ellos, y
con otro navío que en el camino habian topado y llevaban consigo de los de aquel pueblo de Guayaquil; los
cuales, para saber que navíos eran aquellos seis, enviaron
ciertos españoles y indios en una balsa, y los capitanes,
procurando no ser descubiertos hasta llegar más cerca de
Lima, tomaron á todos los que en ella venian y los metieron consigo y llevaron hasta Túmbez, donde estaba un
Villalobos, teniente en aquella parte de Gonzalo Pizarro;
el cual, viendo aquellos navíos dos ó tres dias andar dando
bordes al rededor de aquel puerto y que no le tomaban,
concibió alguna sospecha de no venir de la opinion de
Gonzalo Pizarro, y luégo desde allí despachó para él á
diligencia por tierra mensajero, con que le hacia saber de
aquellos navíos y cómo nunca habian querido surgir.

»Envió este mensajero enderezado á Trujillo, que estaba
ciento y diez leguas de allí, al capitan Diego de Mora, que
en aquel pueblo, aunque era servidor secreto de S. M. y
se me habia enviado á ofrecer con el obispo de Lima, en lo
público tenia lugar de teniente de Gonzalo Pizarro en él,
para que desde allí enviase este mensajero á Lima ochenta
leguas más adelante, donde estaba Gonzalo Pizarro.

»Al tiempo que este mensajero llegó á Trujillo, Diego
de Mora estaba aderezándose para ir al llamamiento de
Gonzalo Pizarro, y recibidas las cartas que para él iban, las
leyó, porque con la confianza que dél hacia, le habia dado
instruccion, que las que viniesen de toda aquella parte
abajo de Trujillo, las abriese y viese, para que si alguna

cosa hubiese necesidad de proveer, lo pudiese hacer con
más brevedad, sin aguardar que desde Lima se lo enviase
á mandar, despues que allí se diesen [viesen]; y visto lo
que Villalobos de los seis escribie y la sospecha que dellos
formaba, y con la mala gana que él iba á Lima, pareciéndole cosa grave y de gran desacato y aleve aquella para
que le llamaban, estuvo muy perplejo si iria ó se meteria
en un navío, que en el puerto de aquella ciudad habia, y
iria en busca de aquellos navíos, para meterse en ellos, si
trajesen la voz de S. M. Pero considerando cuán incierto
aquello era y que no habia nueva que Tierra Firme estuviese sino por Gonzalo Pizarro, de donde aquellos navíos
parecia habian de venir, y cómo todo lo del Perú estaba
por él, sin haber pueblo ni hombre que en aquella sazon
mostrase otra cosa, ántes parecia estaban todos tan debajo
de su mano que le amaban y deseaban servir con vidas,
personas y haciendas; no osó sino determinarse ir á Lima,
y ansí se partió en compañía de Fr. Pedro y Fr. Gonzalo,
frailes de la Merced y grandes apasionados de Gonzalo
Pizarro, y de otros de aquel pueblo. Y en la primera jornada, yendo caminando, se le cayó de la vaina la espada, y
tomándola el caballo entre las piernas se desjarretó; y con
la perplexidad que llevaba, bastó esto por pronóstico para
no continuar el camino y volverse á su casa y hacer lo
que ántes habia pensado; y fingiendo que queria volver á
tomar otra cabalgadura, dijo á los que con él iban conti-
nuasen su camino, y que si ántes que él llegasen á Lima,
dijesen á Gonzalo Pizarro lo que habia acontecido, y que
luego seria con él; y se volvió á Trujillo. [*Cap.* 50, *f.º* 103,
col. 1.ª, *lín.* 30.]

  [*Lib.* 2.º, *cap.* 71, *f.º* 177, *col.* 1.ª, *lín.* 23. *Princ. de cap.*] »Partidos que fuimos de Taboga, considerando cómo ya los
tiempos y corrientes eran tan contrarias para la navegacion, que se habia de temer cairiamos á la Buena Ventura, á donde aquellas corrientes van y hacen remolino, y
donde no se puede sino tornar á arribar á Tierra Firme;
procuramos de subir la costa arriba hácia Nicaragua, hasta
las islas que dicen de Quicari, desde donde nos pareció
que podriamos atravesar aquel golfo y que, aunque el

tiempo y corrientes no descayesen y llevasen hacia la Buena Ventura, no serie tanto que no tomásemos la isla de
Taboga á sotavento, dejándola á la mano izquierda; pero
no fue ansí, que las más de las naves la tomaron por la
mano derecha y surjieron en ella, y nuestra capitana y
otras cuatro que con ella quedaron, cayeron debajo della
sin poder surjir en ella; y aunque llegamos dos leguas ó
dos leguas (*sic*) della, y porfiamos cuanto fué posible de
llegar á echar fondo, nunca lo pudimos hacer, ántes en
tres dias que siempre porfiamos tenernos, caimos en el rio
de Sant Juan, que es catorce leguas della y la Buena Ventura tan cerca della, que todos los marineros y personas que
de aquella navegacion entendien, decien que nunca se habia
visto de aquel paraje ir al Perú, y que debiamos tornar á
arribar á Tierra Firme; cosa que á mí me daba tan gran pena cual pienso nunca tuve, entendiendo que si volviamos á
Tierra Firme, se perdia todo; por lo que desamparamos [*sic*,
porque desamparábamos] los navíos que habian ido delante
y á todas las personas que hubiesen acudido y hecho alguna
demostracion contra el intento de Gonzalo Pizarro, y que
todos nos desanimábamos, y que los enemigos se animaban,
y teniendo tiempo de cuasi un año que habia de pasar para
tornar otra vez á hacer la jornada, harian los efectos que
se habian temido; con que el negocio se hiciera imposible
ó muy dificultoso. Y ansí resistí aquello, mostrando mucho
enojo de que en ello se hablase, y diciendo que yo no habia de tornar á Tierra Firme, sino ir al Perú por mar ó
por la Buena Ventura por tierra, ó en ello acabar la vida,
la cual tenia en ménos que no arribar á Tierra Firme,
pues con esto cumpliria con mi rey y con el mundo, y haciendo otra cosa caia en gran vergüenza y afrenta. Y porque deseaba en gran manera poderme meter en la galera,
pareciendome que en ella, aunque fuese con gran trabajo,
podria llegar á remo á la costa del Perú y juntarme con
los navíos de los capitanes Lorenzo de Aldana, Mexía y
Palomino y recoger algunos de la armada que hubiesen tomado la costa más adelante y las naos que andaban en
mi conserva eran mayores de vela y orceaban más que la
capitana, mandé que ningun navío de los cinco en que

ibamos cuidase de la conserva de los otros, sino que cada uno procurase cuanto en sí fuere tomar á Taboga; y que el que la tomase con el navío ó con el barco de él, hiciese que luego la galeota viniese en mi busca. Y con esta determinacion y órden todos nos apartamos, y en poco rato dejaron los otros á la capitana y se fueron metiendo hácia Taboga á muchos bordes y con mucho trabajo y muy á pulgadas, como dicen; lo cual la capitana no hacia, sino siempre descaer, por ser como era muy zorrera y pesada, que era un navío grande, ancho y corto, y que no se podia poner contra el tiempo á menos de á tres vientos.

»Y yendo desta manera y con esta congoja, sobrevino á la noche un norte muy desecho, cual nunca allí, especialmente en aquel tiempo, se suele ver, y con muchos truenos y relámpagos; y entendiendo que sólo aquél nos podia llevar al ménos hasta la Gorgona, y queriéndome aprovechar de él, puse mucha fuerza en que se levantasen velas cuanto fuese posible; y aunque todos decian que no era aquel tiempo sino para asegurarlas, con la instancia que puse, hice que se echasen todas y levantasen todo lo que el alto del árbol sufriese; y así empezamos á caminar contra las corrientes la vuelta de la Gorgona. Y el tiempo se arreció y enbraveció la mar tanto, que diversas veces estuvimos harto cerca de zozobrar; y las olas eran tan continuas sobre la puente de la nao, que no habia quien allí parase; y del agua que entraba y de la que del cielo caie, que es mucha y muy grande en aquella parte, cuando hay aguaceros, andaba continuamente toda la nao llena della, ansí cámaras como todo lo demás. Y los truenos y relámpagos eran tantos y tan grandes, que siempre parecie que estábamos en llamas, y que venien sobre nosotros rayos, que en toda aquella costa caen muchos.

»Todos, marineros y no marineros, y en especial Diego García de Paredes, y un don Antonio de Garay, hijo del adelantado Garay, me pedian y con gran instancia requerian, que hiciese amainar las velas, dejando solamente el trinquete bajo, para gobernar; diciendo, que, hacer otra cosa, era á sabiendas tomar la muerte y género de desespe-

racion. Y con lo poco que en aquella sazon estimaba la
vida, si no habia de hacer la jornada, y lo mucho que
deseaba hacerla, me puse contra ellos, diciendo, que cualquiera que me tocase en abajar vela, no le costaria ménos
de la vida. Y con esto y lo que Pedro de Hinojosa y otros
que allí iban deseaban seguir mi voluntad y no me dar
descontentamiento, bastó en que ninguno tocase en abajarlas, dado que muchos, si osaran, se desvergonzaran á
hacerlo.

»Fuimos con este trabajo y tiempo, siempre porfiando,
hasta las tres de la mañana, que no entré en mi cámara á
ver cómo iban las escrituras y provisiones que llevaba, con
el agua; y luego que me vieron entrar, Diego García y don
Antonio y otros fueron á los marineros á decir, que yo
mandaba que amainasen la vela grande y asegurasen el trinquete; y no lo osando hacer, hubo ocasion para que hablasen en ello tan alto que yo lo entendiese, y por presto
que puse el mejor recado que pude á las escripturas, y salí, con el deseo que todos tenian de que aquello se efec-
tuase, ya estaba nuestra gente aflojando las escotas y otros
de piés encima de la antemna (*sic*) y procurando de hacerla abajar; porque como el tiempo era tan recio y el agua
habia sido tanta, estaban las velas muy encampanadas y
tiestas (*sic*) y el encarreamiento de la antemna no queria correr. Las voces y el ruido eran tan grandes y la in-
clinacion á abajarlas tan vehemente, que aunque daba voces que no las abajasen y tirasen las escotas y no las aflo-
jasen, no me oian ni querian oir. Y estando en esto, pare-
cieron gran muchedumbre de lumbres por toda la nao y
antenas (*sic*) y gabia, que á todos dió gran consolacion y
alegría, diciendo que era Sant Elmo que se aparecia,
y se hincaron de rodillas, haciendo las oraciones que
los marineros á Sant Elmo suelen hacer; y con aquel poco
de silencio, hubo lugar para que me oyesen y obedeciesen y tornasen á tirar las escotas los marineros y Pedro de Hinojosa y yo y otros que me ayudaron, en lo
cual puse mucha diligencia. [*Cap.* 71, *f.º* 118, *col.* 2.ª, *lín.* 18.
Fin de cap.] Acordándome de lo que dice Aristótil y
Plinio cuando aparecen muchas destas lumbres, que es

señal que quiere cesar la tormenta, como cuando parece una es pronostico que quiere crecer; y que ansí los antiguos llamaron á la incension de muchas lumbres Castor y Pollux, que por ser hermanos les parecian que traian pacificacion y concordia, y la de una la llamaban Elena, dando á entender que como Elena puso la discordia y desasosiego entre griegos y troyanos, que ansí aquella incension era señal de mayor tormenta; pareciéndome que duraria poco aquel tiempo, y que si se nos acababa ántes de poder echar fondo en la Gorgona, nos volverian las corrientes á donde ántes habiamos estado, procuré persuadirlo á todos, y lo tomaron bien y se pusieron de mejor ánimo y más conformes conmigo que ántes. [*Este pasaje, desde la palabra* «*Acordándome*» *á la de* «*ántes*» *se halla muy variado y amplificado en el Palentino*; *y forma el principio del cap. 72, del lib. 2.°, hasta la lín. 6.ª de la col. 2.ª, f.° 118 vto.*]

[*Lib. 2.°, cap. 72, f.° 118 vto., col. 2.ª, lin. 6.ª*] «Fuésenos desde allí aflojando el norte y el agua y truenos y relámpagos, pero todavía nos duró hasta una hora despues de dia, y á muy gran pena y con el abrigo que la Gorgona nos hacie del sur y de las corrientes que con él venien, pudimos echar fondo y surgir media legua de allá, á cincuenta brazas; y las otras naos que en nuestra conserva habian andado, con ser mejores de la vela y orcear más, por asegurar las velas, no llegaron á surgir hasta la tarde de aquel dia. Y una dellas en que iba el capitan don Pedro Cabrera y la más de su compañía, descayó hasta arribar en la Buena Ventura, de donde la nave tornó a Tierra Firme, y don Pedro y la gente fué por tierra, atravesando la Buena Ventura, hasta Popayan y Quito, y con grandes trabajos y quedando los más dellos en el camino, nos pudo don Pedro, y los que con él pudieron tener, alcanzar en Xauxa en Noviembre, habiendo caminado cerca de 7 meses.

»Luego que la capitana echó anchora, fuí á tierra en el batel y hallé doce naos que allí estaban surtas con gran pena de no saber de mí, y la galera que estaba surta á la otra banda de la isla; y hice subir á una sierra para pro-

curar de saber de las otras naos; y descubriéronse, que
andaban dando bordas más adelante de la Gorgona; y á
diligencia, los que allí estábamos, nos procuramos todos
juntar y hacer venir allí la galeota; y habiéndonos metido
en ella el obispo de los Reyes y Pedro de Hinojosa y
Diego García de Paredes con cincuenta soldados arcabuceros de los mejores y de más estofa que en aquellas naos
habia, en treinta de abril de 1547 nos hicimos á la vela
de la Gorgona, con intento de que, ya que las otras naos
no pudiesen navegar, nosotros en la galera, aunque fuese-
mos solos, iríamos al Perú á remo, á dar calor en las cosas
de allá y hacer lo que pudiésemos.

»Y ansí, procuramos en la galera de caminar á vela y
remo la vuelta de la isla del Gallo; y con estar ménos
de 15 leguas de la Gorgona é ir á vela y remo trabajando
de tomarla, no pudimos hacerlo hasta 8 de mayo, porque
las corrientes y tiempo son en aquel paraje tan contrarios
y recios, que en solas aquellas quince leguas gastamos
nueve ó nueve (*sic*) dias. Hallamos en ella á Paniagua
con su barco, que habiéndose perdido una noche cerca de
Páita de los navíos de los capitanes, y no entendiendo á
la mañana que borda habian tomado, acordó de volvernos
á buscar á nosotros la costa á bajo.

»El cual me dió aquí la carta siguiente que con él escribió Gonzalo Pizarro, respondiendo á la que yo con él
mismo habia escrito; (*Cap.* 72, *f.º* 119, *col.* 1.ª, *lín.* 23) y aunque le pidió respuesta de la de S. M., no se la quiso dar,
diciendo que ya tenia escrito con los procuradores lo que
á aquella podia responder.

»Gonzalo Pizarro al Licenciado Gasca en respuesta de
la que llevó Paniagua.—Muy magnífico y muy reverendo
Señor.=Una de Vmd. recibí hecha en esa ciudad de Pana·
má á xxvi de setiembre del presente [*sic*, por decir del año
pasado, lo cual rectifica el Palentino] y por los avisos
que Vmd. en ella me da, beso las manos á Vmd. muchas
veces, porque bien entiendo que salen de un ánimo tan
sincero y limpio como es [*razon*, en el Palentino] le
tenga una persona de tanta calidad y tan extimado [*extre-
mado*, en el Palentino] en conciencia y letras como Vmd.

és; y en lo que á mí toca, Vmd. crea que mi voluntad
siempre ha sido y es de servir á S. M.; y sin que yo lo
diga, ello mesmo se dice de suyo, pues mis obras y las de
mis hermanos han dado y dan testimonio claro dello.
Porque, á mi parecer, no se dice servir á su príncipe el que
le sirve con solas palabras; y aunque los que ponen obras
á costa de S. M., sirven, pero no que tenga (*sic*) tanta
razon de encarecer lo que sirven como yo, que no con
palabras, sino con mi persona y las de mis hermanos y
parientes, he servido á S. M. 16 años que ha que pasé á
estas partes, habiendo acrecentado en la corona real de
España mayores y mejores tierras y mas cuantidad de oro
y plata que haya hecho ninguno de los que en España
han nacido jamás. Y esto á mi costa, sin que S. M. en
ello gastase un peso; y lo que de todo ello ha quedado á
mis hermanos y á mí, es sólo el nombre de haber servido
á S. M.; porque todo lo que en la tierra hemos ganado se
ha gastado en servicio de S. M.; y al tiempo de la venida
de Blasco Nuñez, se hallaban los hijos del Marqués y
Hernando Pizarro y yo, sin tener oro ni plata, aunque,
tanto habiamos enviado á S. M., y sin tener un palmo de
tierra de tanto [*tanta*, Palentino] como habiamos acrecentado á su real corona. Pero con todo esto, tan entero en
su servicio como el primer dia. Ansí que de quien tanto
ha servido á S. M., no se debe presumir haya necesidad
de saber el poder de su príncipe, mas de para alabar á
Nuestro Señor, que tanta merced nos hace de darnos un
tal señor que, allende de las muchas virtudes que en él,
como en su morada propia, concurren, le hizo tan poderoso y de tantas victorias, que todos los príncipes cristianos y infieles le teman y recelen. Y aunque yo no haya
gastado tanto tiempo en la corte de S. M., como he
gastado en la guerra en su servicio, Vmd. crea soy tan
aficionado á saber las cosas de S. M., especialmente las
que ha hecho en las guerras, que muy pocos hay de los
que en ellas se hallan que me hagan ventaja en saber el
verdadero punto de todo lo que en ellas ha sucedido. Porque en la [*con el*, Palentino] aficion que en mí conocen
los que de allá vienen ó escriben, que se me podria notar

á curiosidad, y con ser tan amigo de verdad como en todas las cosas suelo ser, siempre procuran de escribirme lo
que realmente pasa, [y] yo, como cosa que tanto me de-
leita y satisface, siempre procuro tenerlo en la memoria.»

«Diera á Vmd. larga relacion de lo sucedido en esta tierra, si los procuradores destos reinos no fueran á S. M. á in-
formarle de lo que obró la venida de Blasco Nuñez con
las ordenanzas que consigo traia, de quien [*quizás*, Palen-
tino] Vmd. podrá claramente conocer cuan grande es la justicia que estos reinos tuvieron en lo que han hecho, y
cuanta razon tienen en lo que suplican á S. M. En lo que
á mí toca, sólo quiero que sepa, que á pedimento de todos
los vecinos destos reinos y parescer de todos los prelados dellos, el audiencia real me mandó con una provision con sello de S. M. aceptase la gobernacion dellos, entendiendo que así convenia al servicio de S. M.; y
yo, conociendo ser ansí, lo acepté, y á mi costa pacifiqué
estos reinos, resistiendo y castigando todos los que en ellos
por sus particulares intereses procuraban alterallos; de
manera que, dende la villa de Pasto hasta Chile, que son
mil leguas, no hay cosa que no esté quieta y pacífica, en
servicio de S. M.; lo cual hasta aquí no estaba, ántes Blasco Nuñez y otros que tomaban su apellido, como con cabeza de lobo, robaban las cajas de S. M. en las ciudades de
Trujillo, Piúra, Guayaquil, Puerto Viejo, Quito, Pasto,
Arequipa y los Chárcas; y despues que Dios ha sido servido que yo lo pacificase y redujese al servicio de S. M., con
todas las dichas ciudades, estan todos [los] quintos y derechos de S. M. de oro y plata sin faltar un peso en sus cajas
reales, en poder de sus oficiales; y lo que en esto yo he
trabajado y gastado, Dios es testigo dello y testigos todos
los principales...» [*Lib.* 2.⁰, *cap.* 72, *f.*⁰ 119 *vto.*, *col.* 1.ª, *lín.* 46.]

(De este mismo fragmento se sacó una copia en Salamanca, por órden de Muñoz, la cual existe en la Biblioteca de la Academia de la Historia.)

En prueba de que Gasca, siendo ya obispo de Palencia,
ordenaba la Relacion histórica de que es parte lo traslado

más arriba, véase la siguiente carta que escribia desde la
capital de su diócesis en 23 de Agosto de 1553 á Gui-
llielmo Malineo (*):

«Magnífico Señor: La de vmd. de postrero de Julio
recebí á XII del presente, y la XXVI de Junio, despues
á XXII, y con entrambas y la particular cuenta que
se me da de todo lo de allá, mucha merced, y especial de
lo que toca á la salud y contentamiento que S. M. tiene,
por ser, como es, nueva de dos cosas que yo tanto deseo.
Plega á Dios de las continuar y crescer por muchos y largos años, como la república cristiana ha menester, y los
vasallos y criados de S. M. deseamos. Amen.»

«Mucha merced recebiré de que se me envie el *libro de
las flores que de los psalmos se han sacado*, que no puede
ser sino de sentencias muy bien escogidas y de mucha devocion, siendo elegidas por S. M. y de su sancta y devota
intencion y de tan propria doctrina del spíritu santo,
como son los psalmos, que tan copiosamente pasan por
todos los actos de la vida humana, ansí prósperos como
adversos (**).»

«El clérigo Gomara, cuya historia ó relacion se mostró
á S. M., aunque yo no le conozco, pienso que debe ser
hombre deseoso de decir verdad; pero como no se halló
en lo del Perú ni de Tierra Firme, escribe por relacion, y
así en algunas cosas no acertó; y entre ellas es una lo que
dice que Gonzalo Pizarro no occupó la hacienda de S. M.
hasta que supo que la armada estaba debaxo de su real
voz; siendo esto tan fuera de lo que pasó, que él supo lo del
armada en Abril de 47, y empezó á ocupar la hacienda

(*) Guillermo Van Male, camarero y muy privado del emperador Cárlos V. Sus cartas en latin á diferentes personajes de Europa, llenas de
pormenores á cual más interesante acerca de la vida íntima de su amo,
se publicaron por el baron de Reiffemberg en Brusélas el año de 1843.
(**) Dice Van Male, ó *Malinæus*, en una de aquellas epístolas, á 24 de
Diciembre de 1542: "*Scripsi ante annum ad te, si recte memini, Cæsarem,
in adversa valetudine sua impense juvari lectione..... sacra vel psalmodia
davidica vel Bibliorum.*" Y en otra de 5 de Mayo de 1551: "*Theologa-
mur valde serio in psalmodia, spiritus ille davidicus prorsus in Cæsare resus-
citatus.*"

real el año de 45, luego que entró en Lima y tomó la gobernacion; y ansí de la hacienda de S. M. se ayudó para
seguir al visorey Blasco Nuñez Vela y tomó todo lo que en
ella habia hecho, el contador Zárate de alcance á algunos
de los oficiales reales; y porque no hiciese lo mesmo en el
alcance del tesorero Richelmo (*sic*) [Riquelme], disimuló
de hacerlo, teniéndolo tan al cabo, que por el balance que
el habia hecho de alcance líquido é confesado delante de
este contador, alcancé al tesorero en 84.000 castellanos. Y
llegado á Quito, tomó toda la hacienda que allí estaba de
S. M.; y lo mismo hizo Francisco de Carvajal, su maestro de campo en los Chárcas, Cuzco y Arequippa.»

«Tambien le engañaron en lo que dice de Diego García de Paredes, que cuando yo salí de Nombre de Dios le
dejé allí por capitan; porque yo salí de Nombre de Dios á
XI de Agosto, y no llegó él allí hasta en fin de Enero
adelante; y luego que entró en aquel puerto, entendiendo
que no venia con ánimo de servir á S. M., le prendió don
Pedro de Cabrera, capitan que yo allí habia puesto por
S. M.—Y tambien le informaron mal en lo que da á entender que la llegada de los procuradores de Gonzalo Pizarro á Panamá, me puso en mucho estrecho y miedo,
porque cuando el primero llegó, tenia yo de cinco partes
de la armada ganadas las cuatro y estaba en mi mano reducir la otra por fuerza. Pero ansí porque aquello se habia
de hacer con alguna sangre, la cual me pedia mi hábito
escusasse, en cuanto á mí fuese, y tambien porque [impor]
taba mucho para persuadirá los que estaban en el Perú...
[roto] convenia lo que les llevaba, saber que los amigos
que... [roto] en Tierra Firme todos de voluntad lo abra-
zaban é no [por fuer] za se reducian, trabajaba se hiciese
toda la reduccion en paz y no con riesgo, como se hizo
dentro de tres dias, despues que este procurador llegó; el
cual, entendiendo la parte que yo era, y temiendo que si
sabia de la instruccion que contra mí traia, lo castigaria,
le quemó la noche que desembarcó.—Y al segundo procurador prendieron en la mar, ya despues de reducido todo
lo de Tierra Firme al servicio de S. M., tres navíos que
yo puse á unas islas que dicen de las Perlas, para pren-

der á los que viniesen del Perú, porque no tuviesen lugar
de poder volver á dar aviso de cómo la armada estaba por
S. M., porque son aquellas islas la primera tierra que los
que vienen del Perú reconocen. *Tambien echó muy corto
en lo que dice que traje para S. M.*» (*)

«Otras cosas tambien hay en que recibió Gomara engaño, por haberle mal informado, y no, á lo que creo, porque él quisiere decir sino la verdad de lo que entiende,
que cierto me dicen es hombre amigo de verdad.»

«De todo esto se podrá ver sin que se quite ó añada cosa de lo que pasó, por la relacion que enviaré, la cual será
un traslado de los pliegos que al Consejo de Indias y á Cobos envié, continuando la relacion del uno con la del
otro próximo pasado; porque, temiendo que por falta de
memoria podria decir una cosa por otra, he querido enviar la relacion por el traslado destos pliegos que se escribieron al tiempo que las cosas pasaban; y porque de algunos de que no me habia quedado borrador, unos estaban
en Consejo de Indias, y otros los de aquel Consejo habian dado á personas particulares, como se suele hacer
en las cosas de nuevas, especialmente cuando son de cosas que todos desean saber, como era (*sic*) las que entonces pasaban, se ha tenido trabajo en juntallos. Dáse
priesa á trasladallos, y sacados, se enviaran con las cosas
que parecen de admiracion de aquella tierra y mar, y algunas dificultades notables que en la jornada se ofre-
cieron.»

«Si á vmd. no pareciere que es cosa que se me podria
atribuir á atrevimiento, recibirla he en que por mí bese
la manos á S. M.»

«De mí no tengo que hacer saber á vmd. sino que, Dios
sea loado, quedo con salud entendiendo en las cosas desta
iglesia y obispado; que aunque algunos parezca que hago
algo, yo entiendo bien lo poco que es.»

«N. S. por su infinita bondad perdone lo que se falta y
guarde la magnífica persona de vmd. con el augmento

(*)   Añadido de puño de La Gasca.

que desea y yo le deseo. De Palencia á xxiii de Agosto de 1553—Al señor Adrian (*) mandará dar mi besamanos.» (Borrador.)

Es posible que en algo estimulase los propósitos del prelado Palentino de escribir la Relacion histórica de los sucesos del Perú, esta carta de Gonzalo Fernandez de Oviedo, digna por otros conceptos de ser publicada.

«Ill.º y Reverendísimo Señor.—Aunque á mí me falta el conoscimiento que ha querido NS. que otros gocen con haber visto é tractado la ilustre y reverendísima persona de Vuestra Señoría, el mismo Dios le ha dado tanto sér, que desde el otro hemisperio ó polo antártico sean manifiestas en este nuestro ártico sus obras é grandes fechos é negocios tan arduos é que tan dubdosos estaban, para que en la ventura de César é prudencia de Vuestra Señoría se hayan con tan próspero evento concluido, é que con perpetua memoria quede escripto en la mente de los que viven, é que con inmortal acuerdo pase á los que despues de nos vinieren. De lo cual Jhuxpto ha seido alabado é lo será siempre, é la Cesárea magestad é su real ceptro sublimado é acrecentado, é nuestra nacion prosperada y España enriquescida y los tiranos destirpados con la setta pizarreña. Y pues tanta parte deste bien cabe á todos los que aman el servicio de Dios y de su rey é á los que nascimos obligados á vivir y morir en este leal deseo, suplico á Vuestra Señoría que como á uno dellos yo sea acogido en la memoria de Vuestra Señoría, que en verdad, aunque mi edad es ya llegada al tercio postrero, eso que me queda de la vida me pienso emplear en tanto cuanto bastare mi persona á merescer en parte la merced que pido; y si fuere servido, me haga digno que por su aviso yo sepa aquella gloriosa difinicion de la victoria pasada y muerte del tirano Gonzalo Pizarro; porque, non obstante que yo me hallé en España, cuando Hernan Mexía llegó á Se-

---

(*) Adriano de Rus, Mayordomo mayor de Cárlos V, y de su Consejo de Estado.

villa (*) é que yo no le ví, los oficiales que allí residen
en la Contractacion, me dixeron la fin de los desleales; y
con el mal suceso de aquellos y con mi buen deseo, yo
cerré é acabé descrebir la tercera parte de la Historia general de las Indias, que como cronista dellas yo he escripto, y que por mandado de S. M. Cesárea estaba vista é exa-
minada en el Consejo Real de Castilla. Y para colmarla
de perpétua fama, llegó la nueva á tiempo que con ella se
cerró y acabó el tercero volúmen hasta esa sazon; la cual
historia principia en el primero descubrimiento que hizo
don Xpbal Colon, primero almirante de las Indias y se
acaba en estos tropheos de Vuestra Señoría Reverendísima.

Tengo licencia para impresion por XV años, y héla suspendido é dilatado por agora hasta que Vuestra Señoría me
haga merced de la relacion que le suplico; porque, como yo
habia estado cuasi tres años como procurador desta isla en
la córte del príncipe nuestro señor, no tuve tantos dineros
como fueran menester para la impresion, é envié á suplicar al Emperador nuestro señor, me hiciese merced de
me mandar ayudar, porque salga á luz una historia tan
onrosa para España y tan deseada en el mundo é digna
de ser sabida; é tenge (*sic*) esperanza que S. M. lo mandará; é por no la poner en aventura, yo la dexé en buena
custodia en un monesterio, é pienso volver á España, en
sabiendo que el Emperador, nuestro señor, está en ella,
para la imprimir.

Una carta va con la presente para Vuestra Señoría de mi
señora doña Isabel de Quintanilla; no la he enviado ántes,
por no haber hallado mensajero al propósito hasta agora.
Suplico á Vuestra Señoría yo sea avisado del rescibo.
Y NS. le dé la vida y el descanso y estado que Vuestra
Señoría Reverendísima y sus servidores le deseamos y por
largos tiempos á su santo servicio. Desta fortaleza de la
cibdad y puerto de Santo Domingo de la isla Española
á 3 de enero de 1550 años.—Beso las manos de Vuestra
Señoría Illustrísima y Reverendísima.—Gonzalo Fernandez. (Toda de su puño y letra.)

(*)   Véase el Apéndice núm. 1.º, al fin.

NUM. 3.º

No soy yo el primero en hacer este cargo al autor de las Décadas de Indias. Véanse el prólogo de la *Historia del Nuevo Mundo* de don Juan B. Muñoz, la introduccion á los *Viajes y descubrimientos marítimos* de don Martin Fernandez de Navarrete, y el apéndice número 31 á la *Vida y viajes de Cristóbal Colon*, de W. Irving. Este último, que le trata con agridulce deferencia, cita en su elogio el parecer de Vosio, el cual viene á decir, que ninguno ha descrito geográficamente con más exactitud la tierra, cielo y mares de las Indias. Pero, tan encomiásticas palabras sólo prueban que Vosio no estaba muy al tanto de la geografía del continente americano. El cronista de Castilla no hizo más que copiar con todos sus errores ortográficos y geográficos y sin conferir unas con otras algunas de las notables relaciones que por pueblos y conforme á cabal y minucioso formulario mandó hacer don Felipe II por su cédula de 25 de Mayo de 1577 y otras posteriores.

Tuvo ya Herrera en vida bastantes detractores y envidiosos de su reputacion, á cuyas murmuraciones respondia con frase dura y sóbria más que razonada, en las dedicatorias de las Décadas sétima y octava al marqués de Salinas y á don Francisco de Tejada y Mendoza; mas, en cambio, no sé de literato que haya recibido, como compensacion de infundadas y acerbas censuras, una alabanza póstuma por el estilo de la de don Andrés Gonzáiez Bárcia: «que las falsas é impertinentes oposiciones con que algunos han querido abatir la fama de Herrera y su historia, son como las manchas que fingen en el sol los astró-

nomos, ofuscados de su luz» (*). ¡Lástima que el sentido de esta imágen dependa del progreso de los conocimientos astronómicos!

NÚM. 4.º

Acaso compitiera con él en curiosidad cierta obra del P.ᵉ Cristóbal de Molina, un clérigo que consagró toda su vida á investigar la historia, costumbres y religion de los antiguos peruanos, de la cual daba cuenta al Emperador en carta de Los Reyes á 12 de Julio de 1539, en los siguientes términos: «He ido con Almagro [el viejo] en sus descubrimientos, y para que V. M. sea bien informado, envío con Henao, criado del comendador mayor Cobos, por dibujo todo el camino que anduvo y descubrió, que es desde Túmbez, que está en 3º, hasta el rio de Maule, que está en 39º, que hay por tierra 1.024 leguas, sin lo que desde Panamá hasta Túmbez descubrió; y más figuradas las naciones y gentes, trajes, propiedades, ritos y cerimonias, cada cual en su manera de vivir; con otras muchas cosas á estas anexas.» Y añade: «Lo sucedido entre Hernando Pizarro y Almagro no lo digo porque soy sacerdote y á nadie quiero perjudicar sin mandado de mi Príncipe. Soy ya en dias y cansado de trabajos que en servicio de V. M. he pasado con Almagro.» (Col. Muñoz, t. 81, f.º 260 y 61.) A pesar de lo cuál, vivió todavía lo bastante para dedicar, siendo cura de la parroquia de Nuestra Señora de los Remedios del hospital de los naturales de la ciudad del Cuzco, una *Relacion de las fábulas y ritos de los Incas* á don Sebastian de Lartáun, del Consejo de S. M. y obispo de

---

(*) Proemio de su edicion de las Décadas de Herrera.

esa ciudad, que tomó posesion de su mitra el 28 de Julio
de 1573 y murió asistiendo en el Concilio Limense á 9 de
Octubre de 1583. (*Historia del Cuzco*, por don Vasco Contreras y Valverde, MS.)

NÚM. 5.º

Las ediciones de la Primera parte de la Crónica del Perú, por Cieza de Leon, que conozco ó de que tengo noticia, son las siguientes:

[Orla de imprenta.] [Escudo del Príncipe.] Parte primera [negro]/De la chronica del [rojo] Peru. [n.] Que
tracta la demarca-/cion de sus provincias: la descripcion
dellas./Las fundaciones de las nueuas ciudades. Los ritos
y/costumbres de los indios. Y otras cosas estrañas/dignas
de ser sauidas. Fecha por [r.] Pedro de Cieza/de Leon [n.]
vezino de [r.] Seuilla./1553./ [n.] Con priuillegio Real.
[r.] (*Al fin.*) Impressa en Seuilla en casa de Martin/de
montesdoca. Acabose á quinze de/Marzo de mill y quinientos y/cinquenta y tres años.

F.º got. á dos colum. fileteadas—cxxxiiij fs. con más 9 de prelim.:
privilegio, licencia, dedicatoria, prohemio, tabla de capítulos y fe de erra-
tas.—Lleva grabados abiertos en madera expresamente para la edicion;
algunos muy curiosos, como los que representan la destruccion de los gigantes de Manta y Punta de Santa Elena; las llamas ó carneros del Perú y
el cerro de Potosí.

Parte primera/de la chro-/nica del Perv, que tra-/cta
de la demarcacion de sus prouincias, la descripcion/
dellas, las fundaciones de las nueuas ciudades, los/ritos y
costumbres de los Indios, y otras co-/sas estrañas dignas
de ser sabidas./Hecha por Pedro de Cieza/de Leon,
vecino/de Seuilla./Añadióse de nueuo la descripcion y

traza de todas/las Indias, con vna Tabla alphabetica de las/materias principales en ella contenidas./(*Escudete del impresor*) En Anvers,/En casa de Iuan Steelsio. M.D.LIIII./Con priuilegio. (*Al fin de la Tabla alfabética*) Impresso en Anuers por Iuan Lacio/M.D.LIIII.

12.º,—285 fs.—con más 8 de preliminares: dedicatoria, y prólogo.— Al fin: 9 fs. de Tabla alphab.—Lleva grabados en madera semejantes á las de la edicion de Sevilla.

La Chronica/del Perv nveva/mente escrita, por/Pedro de Cieza de Leon,/vecino de Se/uilla. (*Escudete del impresor*) En Anvers/En casa de Martin Nucio./M.D.LIIII/ Con priuilegio Imperial. (*Catálogo Trœmel.*)

12.º (8.º segun Brunet).—204 fs.—con más 8 fs. prels.—Grab. en madera.

"Edicion distinta de la de Steelsio del mismo año; siendo de notar que en ella aparece un priuilegio concedido á Nucio, para que solo él pudiera imprimir la obra durante cinco años en los Paises-Bajos. Hay ejemplares del mismo año con el nombre del impresor Billero; pero ignoro si son de diversa edicion." (*Cat. de la Bibl. de Salvá.*)

La prima parte della cronica del regno del Peru, tradotta dalla lingua spagnuola nella italiana da Agostino Cravaliz. Roma, Valerio e Luigi Dorici, 1555, 1 t. 8.º (*Brunet.*)

Esta traduccion se reimprimió en Venecia en casa de Giordano Ziletti año de 1560, 1 t. 8.º menor; aumentóse con una 2.ª parte en 1564, y con otra 3.ª en 1566, trasladadas tambien al italiano de la Historia de López de Gomara. (*Brunet.*)

La prima parte/dell'istorie del Perv;/dove si tratta l'ordine/delle Prouincie, delle Citta nuoue in quel Paese/edificate, i riti et costumi de gli Indiani,/con molte cose notabile degne/che uengano a notitia./Composta de Pietro Cieza di Leone Cittadino di Siuiglia./Aggivntovi in dissegno tutte le Indie/con la tavola delle/cose piu notabili./Co'l Priuilegio per anni XX. (*Escudete del impresor.*) In Venetia, Al Segno del/Pozzo. Appresso Andrea Arivabene. MDLVI.—(*Catal. Trœmel.*)

The seventeen years Travels of Peter de Cieza through the mighty Kingdom of Peru and Popayan in south America.—Trad. de John Stevens. London, 1576, 4.º *(Brunet.)*

La/Crónica del Perú,/nuevamente escrita/por Pedro de Cieza de Leon,/vecino de Sevilla. (Pag. 349 á 458, del tomo segundo de Historiadores primitivos de Indias. Coleccion dirigida é ilustrada por don Enrique de Vedia. En la Biblioteca de autores Españoles, etc. Tomo vigesimo sexto.—Madrid. Imprenta y estereotipia de Manuel Rivadeneira—1853.)

Conserva los errores de la edicion reimpresa con alguno que otro más.

The/travels/of/Pedro de Cieza de Leon,/A.D. 1532—50,/contained in the/First Part of his Chronicle of Peru./ Translated and edited,/with notes and introduction,/by Clements R. Markham, F.S.A., F.R.G.S.,/author of «Cuzco and Lima,» «Travels in Peru and India,» and a/ «Quichua grammar and dictionary»/London:/Printed for the Hakluyt Society./M.DCCC.LXIV.

8.º *Anteporta; un mapa frente á la portada; portada; lista de los consejeros de la Sociedad;* Table of contents, XVI; Introduction, lvii; *copia é imitacion de la portada de la edicion de Juan Steelsio, con la variante de* NATIVE *en lugar de* VECINO *de Sevilla; dedicatoria y prólogo del autor* 1-10 pag.; *texto,*—427; Index,—438.

Edicion muy bella. Bien anotada en la parte geográfica y de historia natural; en la histórica y biográfica con los Comentarios de Garcilaso y las Décadas de Herrera. No van corregidos muchos de los errores ortográficos de las ediciones anteriores.

El señor don Enrique de Vedia, en la breves noticias acerca de Cieza y sus obras con que ilustró la edicion de la Primera parte de la Cronica del Perú, cita una de Amberes de 1555 por Nucio y otra del mismo lugar y año de Juan Bellero. Presumo que aquel 1555 debe ser 1554; y en cuanto á Juan Bellero, véase más arriba la cita del catálogo de Salvá.

Por fin, en la copia que del *Catálogo de la Biblioteca selecta del conde de San Lúcar* hizo el diligente archivero

señor Ayala, y se conserva en la particular de S. M., en la
seccion titulada *Perú,* se lee:

«Chrónica del Perú. Descripcion de sus provincias,
fundaciones de sus ciudades, ritos y ceremonias de los indios. su Religion, Gobierno, Costumbres, Leyes. por Pedro
de Cieza de Leon. Son dos partes—La 2.ª trata del Estrecho de Magallanes. de las armadas que ganó (*sic*) y
otros sucesos. por Gonzalo Fernandez de Oviedo. En f.º
Sevilla 1553. H. 14.»

Debe ser la edicion de Montesdoca encuadernada con el
libro vigésimo, y primero de la segunda parte, de la *Historia general y natural de las Indias,* último de los publicados por Oviedo, é impreso en Valladolid por Francisco
Fernández de Córdova, año de 1557, f.º; y que Nicolás
Antonio y Antonio de Leon Pinelo titulan *Historia del
estrecho de Magallanes.*

NÚM. 6.º

Hace ya algunos años, habiéndome llamado la atencion la especie divulgada por Prescott en su *Conquista
del Perú,* de que el Ilmo. Sr. Don Juan de Sarmiento, Presidente del Consejo de las Indias,—el cual jamás estuvo en
ellas, y presidió este cuerpo, si acaso, veinte meses (*),—
hubiese escrito la exacta y minuciosa *Relacion de la sucesion y gobierno de los incas, señores naturales que fueron
del Perú, etc.,* en ese reino y recorriendo sus provincias

(*) Véase su biografía en la Historia del Colegio viejo de San
Bartolomé, mayor de la célebre universidad de Salamanca.—
2.ª edicion.—Primera parte, pág. 336.

con aquel carácter, traté de consultar una copia de ese documento conservada en la Biblioteca de la Academia de la Historia; y ya en el título ví que se habia compuesto no *por* sino *para* aquel distinguido personaje. Y procurando averiguar por su lectura el nombre del verdadero autor, por cierto que no tardé en descubrirlo en multitud de referencias y alusiones que en ella se hacen á la Primera parte de la Crónica del Perú de Pedro de Cieza de Leon, tan claras, que parece imposible que aquel historiador no cayese en la cuenta. Pero no solamente no cayó, sino que hubo de emitir acerca de Sarmiento y el Tratado de los incas, y de Cieza y su Crónica tales juicios, que por ellos resultan dos personalidades perfectamente definidas y dos autores completamente diversos (*). No es ahora del caso citar uno por uno los pasajes donde se hallan dichas alusiones: basta el siguiente, que hace inútiles todos los demás. En el capítulo «que trata la riqueza del templo de Curicancha y de la veneracion que los incas le tenian» se dice textualmente: «..... y á una obra que ví en Toledo cuando fuí á presentar la primera parte de mi corónica al príncipe don Felipe»; lo cual es poco ménos que la firma del autor, porque sólo hay una primera parte de crónica relativa á Indias dedicada á ese príncipe, la de Cieza; y en acudiendo á ella con la guia de ese indicio, se encuentran tantas referencias á la Relacion de los incas, como en esta á la primera parte de la crónica.

Faltábanme, por el tiempo en que tuve la fácil fortuna de descubrir en la obra dedicada á Sarmiento la segunda parte de la crónica del Perú del desgraciado Cieza de Leon, medios de darla á la estampa. Quedó el asunto en tal estado. Y más tarde, á poco de circular el prospecto de la BIBLIOTECA HISPANO-ULTRAMARINA, supe por el señor don Pascual de Gayangos que un distinguido perúano, el señor La Rosa, se ocupaba en publicarla, restituyéndola en su verdadero título, y á quién le pertenece. A estas horas lleva ya más de un año de impresa, y hé aquí el

(*) LA CONQUISTA DEL PERÚ. Adic. á los lib. I y VI.

motivo de que no aparezca ántes de la *Guerra de Quito,*
conforme á lo que en dicho prospecto se anunciaba. Mas
como el señor La Rosa destina la edicion, si mis informes son exactos, única y exclusivamente á su patria,
creo que no holgarán en esta nota las noticias del manuscrito, primero atribuido á don Juan de Sarmiento, despues
anónimo y últimamente á quien le corresponde.

Guárdase en la Biblioteca del Escorial, códice L j 5,
donde ocupa desde el fólio 1.º, que es la cubierta y portada
de la relacion, hasta el 130 inclusive. Es una copia, detes-
table por todo extremo, de mediados ó fines del siglo XVI;
de dos ó tres letras grandes y claras; bien conservada; fál-
tale la primera hoja, por lo cual el manuscrito comienza
en el segundo de sus fólios—que están paginados al mismo
tiempo que la copia se hizo,—y con estas palabras: «... *dellos mas de lo que yo cuento va á un lugar deleitoso. etc.*»
Los capítulos carecen de numeracion, y no es fácil restable-
cerla, porque si bien la falta de sólo un fólio induce á suponer que la del manuscrito afecta nada más que á una
parte del primero de sus capítulos, hay que tener presente
que Cieza de Leon, la única vez que cita en la primera
parte de su Crónica capítulo determinado de la segunda,
dice: «Muchos de estos indios cuentan que oyeron á sus
antiguos que hubo en los tiempos pasados un diluvio grande
y de la manera que yo lo escribo en el tercero capítulo de
la segunda parte.» (*) Y de tal acontecimiento no se habla
poco ni mucho en ninguno de los que comprende el manuscrito del Escorial.

En la cubierta y primer fólio del Códice, encima del
título, se lee, de letra más moderna: «De las relaciones
del tiempo de la visita:» lo cual, en mi entender, explica
el error de haber tenido por anónimo este escrito de Cieza. El que puso esa nota lo encontraria—acaso falto ya
del primer fólio ó sin nombre de autor—al lado de la copia de la *Suma y narracion de los incas de Juan de Betánzos,* encuadernada en el mismo códice L j 5, y de las

_____

(*)　Primera parte de la Crónica del Perú, cap. C, al principio.

mismas letras que la «Relacion de la sucesion y gobierno de los incas,»—y con la informacion ó relacion de Hernando Santillan acerca de las leyes y gobierno de esos soberanos, y quizá con las de Polo de Ondegardo y Bravo de Sarabia, hechas en tiempo de los vireyes don Antonio de Mendoza, conde de Nieva y marqués de Cañete, á consecuencia de varias cédulas reales ordenando visitar los repartimientos y encomiendas del Perú y averiguar si los indios tributaban más ó ménos que en tiempo de sus señores naturales; y viendo que trataba la misma materia que los otros, le atribuyó la misma procedencia; refiriéndose probablemente en aquella visita á la famosa que giraron en 1559 ó 60, gobernando el conde de Nieva, el licenciado Bribiesca de Muñatones y Diego de Várgas Carvajal, oidores de Lima.

Este documento anónimo y mal titulado de la biblioteca del Escorial, es lo único contemporáneo ó casi contemporáneo que se conserva de la segunda parte de la Crónica del Perú de Pedro de Cieza de Leon. Traslados suyos son el que ha publicado el señor La Rosa, el que se guarda en la Academia de la Historia, hecho con bastante negligencia, y el que existia en la rica coleccion del lord Kingsborough, del cual á su vez procede el que envió Mr. Rich á Mr. Prescott con el *por* en lugar de *para Don Juan de Sarmiento*. Creo que el manuscrito de dicha parte, propiedad de la persona á que me refiero en la nota de la página XXI de mi prólogo, tampoco es original.

Herrera tomó tambien directamente de la copia escurialense, unas veces á la letra, otras en extracto, ordenando á su modo los asuntos, intercalando algunos trozos del libro sexto de la Historia natural y moral de las Indias del P. Acosta, pero dejando intactos muchos de los errores característicos de aquella, el texto de los capítulos VI á XVII del libro III, y I al VIII inclusive del IIII de su Década V.

d

NUM. 7.º

«Este Pedro Pizarro—dice él de sí mismo en su Relacion,—en esta escriptura nombrado, por servir á S. M.,
no aprovechando muchos ofrecimientos que al principio
cuando Gonzalo Pizarro se empezó á alterar le ofreció que
le haria su capitan y seria el más preeminente en su campo, todo lo pospuso y dejó por servir á su Rey y Señor; y
ansí Gonzalo Pizarro lo tuvo para matar en la ciudad de
los Reyes, y por ruego de Carvajal, su maese de campo,
no le mató. Desterróle á los Chárcas, quitóle los indios,
perdió más de treinta mil pesos, y al último aventuró la
honra habiendo puesto muchas veces la vida al tablero,
todo por servir á su Rey y Señor, negando á su nombre y
sangre.»

Mal se compadece con esto la siguiente carta:

«Al Muy Ilustre Señor Gonzalo Pizarro.—Muy ilustre
señor:—Andando en esta costa (a) recogiendo algunos hi-
dangos (*sic*) de los de Senteno [Diego Centeno] por mandado del capitan Silvera, teniente de Vuestra Señoría, recibí una carta de Vuestra Señoría, la cual tuve en tanto
como los Santos Padres la venida de Nuestro Señor al
ymbo (*sic*) [al Limbo]. Porque aunque pequé, fué con ino-
rancia, de miedo, más que con malicia de querer deservir
á Vuestra Señoría, que ha dicisiete años que soy Pizarro
con el alma y la vida, y solo un mes de temor me hizo
algun tanto olvidar; y aunque fuera más, bien creo que
trayendo Vuestra Señoría esto en la memoria, usará conmigo lo que con todos, ques clemencia.—Pequé, pido mi-

---

(a)   De Arequipa, de cuya ciudad era vecino.

sericordia, pues Dios no quiere del pecador más de que se
conozca con enmienda, é esta haberá (*sic*) en mí de hoy
en adelante, pues con esta carta de Vuestra Señoría soy
hecho de preceto predestinado á su servicio.—Nuestro Señor la muy ilustre persona de Vuestra Señoría guarde con
el acrecentamiento de estado que Vuestra Señoría desea.—
Desta costa á 18 de Diciembre [de 1546].—Criado de Vuestra Señoría que sus muy ilustres manos besa.—Pedro Pizarro. (Original.)

Conforme á la Relacion de este *cambiabanderas*—usando
de una palabra del tiempo, por extremo pintoresca y
exacta,—no hay hueco en toda su vida donde colocar la
anterior epístola.

El presidente Gasca, que hubo de leerla—pues se encuentra con otras muchas dirigidas tambien á Gonzalo Pizarro entre los papeles que se trajo á España,—al repartir
las encomiendas de los rebeldes desgraciados entre los
leales venturosos, despues de la batalla de Xaquixahuana, despachó al futuro historiador con este breve decreto: *Quédese con lo que tiene*. (Repartimiento de Gasca.
Noticias del Perú de López de Carabantes.—Discurso 2.º
MS.) Hé aquí la explicacion de aquel resentimiento que
no supo esconder, pero sí soportar hasta los años de 1602
y 88 de su edad, en que el virey don Luis de Velasco le
concedió los indios de Characari y Paucarpata en los términos de Arequipa, vacos por muerte de Jerónimo Pizarro.

NÚM. 8.º

Al Emperador en el Consejo, Blasco Nuñez Vela. Panamá 15 febrero de 1544—(Extractada por don Juan Bautista Muñoz.)

«Desde Canaria escribí; detúvome allí el tiempo contrario 15 dias; siempre estuve embarcado por no perder
tiempo en haciéndole; lo mismo previne hicieran todos, y
muchos, por no estar acostumbrados á la mar, saliéronse
á tierra, y cuando yo me hice á la vela, no se pudieron
embarcar; ansí se quedaron algunos navíos, entre ellos el
en que venia el licenciado Sandoval. Ya que salí á la mar,
me dió tanto temporal, que no pude hacer ménos de me-
terme á la mar, sin esperarlos, con hasta 35 navíos que salieron conmigo. Viniendo en el golfo, zozobró un navío y
se fué á fondo en muy breve; ahogáronse hasta 30; salvá-
ronse 20 que tomaron del agua las naos que eran junto á
él. Ansí vinimos hasta la isla de Guadalupe í Matalino
(*sic*). Desde allí todas las demas naos se fueron á hacer escala en Santo Domingo. Yo vine sin hacerla por no perder el tiempo de la navegacion desta mar del Sur; sólo
toqué en Santa Marta, para tomar un poco de agua, y
llegué á Nombre de Dios en 10 del pasado. Estuve allí 15
dias y vine aquí; pienso embarcarme dentro de dos ó tres
dias. Aquí he hallado cantidad de gente del Perú de todas
calidades y he oido mucho contra Vaca de Castro; sé que
se envian á V. M. grandes quejas y se han dado en la
Audiencia que aquí residia tan recias y con palabras tan
fuera de lo que se debe, que me parece «que no siendo las
culpas del licenciado [Vaca de Castro] como las escriben,
y aunque en parte lo fuesen, serian dinos de castigo los
que por tales palabras informan»; y si fuesen como dicen
sus culpas, corresponde hacer de él un escarmiento. «Lo
que yo he podido sentir es que Vaca de Castro ha puesto
mucha cantidad de indios en su cabeza y llevado los tributos dellos, que dicen que son en gran cantidad; y pre-
tendió que todos los tributos de los indios que tenia en su
cabeza don Francisco Pizarro le pertenecian á él desde el
dia en que el dicho don Francisco Pizarro murió,» de lo
que dicen haber cobrado mucho oro de personas que habian vendido caballos, y otras cosas á Almagro, diciendo
que se habian pagado en coca habida de los indios de
Pizarro.

«Oigo que ha dado lugar á que se vendan los indios de

unos á otros, y él ha proveido algunos recibiendo dineros
de á quien los encomendó. Algunos destos dineros tomó
para dar a los hijos y deudos de los difuntos que tuvieron
los repartimientos. Dicen que, contra la costumbre de
aquellas partes, ha echado muchos indios á las minas de
los que tenia en su cabeza y en la de S. M., de que han
muerto muchos.

«En llegando allá daré aviso de lo que sobresto pueda
averiguar. Maravillado estoy que el licenciado haya echado indios á minas, cuando en los asientos que se tomaron
con Pizarro se insertó provision que perdiese los indios
quien los echase á minas. Cuanto á la cédula que llevo
yo para que los que en esto hubieren excedido pierdan indios y la mitad de sus bienes, he embargado aquí cantidad
de oro y plata de algunos que aquí estaban, y supe haber
contravenido.

«Tiénese aquí por muy averiguado que Vaca de Castro
ha enviado á España gran cantidad de oro, y ninguno en
su nombre. Débese ahí catar su casa secretamente, porque
si es verdad, allí habrá parte dello, y si no, conviene á su
honra que se sepa; y no es bien que si él está limpio den
á entender lo que se da tan públicamente, sino que V. M. sepa que ha servido bien y que merece, porque ha hecho en
allanar la tierra, toda merced que V. M. le haga.

«Hubiera convenido que en el Perú no se supiera de las
nuevas ordenanzas hasta estar puesta el audiencia, segun
las gentes á quien les toca las sienten.»

(Col. Muñoz, t. 83, f.º 246.)

Uno de los que informaron á Blasco Núñez acerca de
la conducta de Vaca de Castro, se descubre en la siguiente:

Carta de Contador Juan de Cáceres al Emperador. De
Nombre de Dios 18 Agosto de 1543. (Extr. por don J. B.
Muñoz.)

«Desde que Vaca de Castro entró en el Perú, no ha
pretendido sino que V. M. no supiese» lo que pasaba y robos y coechos y daños que hace y maltratamientos á los
naturales y del fraude que ha usado en la hacienda real.»
No ha dejado salir navío de la tierra; hacia tomar á todos

las cartas; de manera que Dios ha librado la tierra de un
tirano y la ha puesto en manos de este «robador. Y estuvo
en términos de perderse la batalla [de Chúpas] por su co-
bardía y poco esfuerzo; porque estando ya para romper,
hizo sacar 40 hombres de los mejores, que estuviesen en
guarda de su persona, detrás de un cerro donde se puso,
que una culebrina no alcanzara... Moririan en la batalla
de una y otra parte hasta 300 hombres: Ha quedado tan
soberbio y orgulloso desta carnicería que se hizo, que
ha destruido y talado toda la tierra». Tiene en sí todo lo
habido de los rebeldes, de que pudiera haber aplicado al
real fisco mas de 200 mil castellanos; y todos sus repartimientos dellos tiene en su cabeza y de sus criados; y
algunos repartimientos vende públicamente. El se trata
como rey y no se acuerda de las necesidades de V. M. De
manera que, dando de sí la tierra tanto, no habrá en todo
este año para acabar de pagar los gastos de la guerra pasada. El cabildo de la ciudad y los oficiales de los Reyes,
viendo esto y que lo de V. M. se repartia entre vocingle-
ros y campaneros y que estaban sin libertad, acordaron
viniese yo á informar á esta Audiencia y pasar, si fuese
necesario, á la córte. «Loque yo hiciera, sino que, vistas
las nuevas de cómo V. M. ha mandado proveer para
remedio de la tierra á Blasco Nuñez por visorey, determiné aguardalle aquí y informalle y volverme con él.
Mas no hago falta, yendo Alonso de Alvarado, el fator
Diego de Mercado, Lope Idiáquez y otros que se han
salido de la tierra, por no ver las cosas que en ella pasan, y van á informar á V. M.» Yo pedí que un oidor
fuese á tomar residencia á Vaca y tener la tierra en justicia hasta la venida de Nuñez Vela. Mandáronme dar
fianzas de mil castellanos para la pena, si no probaba.
Los deposité y dí informacion bastante que envío á V. M.
Aquí todos están espantados como fué provisto en tal cargo «un tan mal hombre, mentiroso, vanaglorioso, mal
cristiano, codicioso, y en quien concurren tantas y tan
malas calidades, que Dionisio Siracusano ni Sardanápalo,
en su tiempo, no podian ser tan malos... metelle en su
Consejo real y dalle el hábito de Santiago y hacelle otras

mil mercedes. Todos están á la mira á ver el castigo ejemplar que V. M. manda hacer por sus atroces delitos.

«Procuré se tomasen aquí los dineros que enviaba á su mujer, que diz eran mas de 50.000 pesos, y como aquí las cosas todas se hacen entre compadres, sólo se hallaron 3 ó 4 mil. Se han tomado los despachos, cartas é instrucciones que envía para sus criados y mujer (*); van para V. M. los mande abrir. «Por ellos se verificaran sus liviandades y el mucho oro y plata y joyas y esmeraldas que ha enviado y envia y le queda, porque no ha habido pieza buena en la tierra que no la haya recogido.»

«Peranzúles ha sido capitan de su guarda, va por su procurador. Tómensele las instrucciones, que declare el dinero que lleva y todo lo demás, que él lo sabe, como que no se confiaba de otro el gobernador Vaca de Castro.

«Diego de Aller, un criado de Vaca de Castro que envió á V. M. á entender en sus negocios el año pasado, vino aquí, y yo le hice prender y queda preso en Panamá por 2.700 pesos que llevó á España, que eran de V. M.; el que confesó que su amo se los mandó gastar y los gastó en los negocios á que le envió. Otros más dineros envió con él que sacó de la caja de V. M. en Quito. De la caja de San Miguel hizo sacar mas de 9.000 pesos y mandólos llevar á la Culata [Guayaquil] con intento de enviarlos á su casa, y en el camino salieron los indios de la isla de Puná y los tomaron.» Oyendo ser estos indios muy ricos, resolvió enviar á conquistar esa isla; no quiso fuesen los que envió el veedor, como deseábamos, por poder hartar la codicia sin estorbos, defraudando la real hacienda. Fueron; viniéronse de paz los indios; diz que dieron mucho oro, pero nada han visto los oficiales de V. M.; á otros indios ha pedido, socolor de V. M., y todo lo toma para sí.

«Aquí se han publicado las nuevas ordenanzas, y cerca de que ninguno que tenga cargo de justicia, ninguno de los

(*) Esta carta de Vaca de Castro á su mujer estuvo en poder de don J. B. Muñoz, segun consta de un catálogo de muchos é importantísimos documentos que se le remitieron—probablemente de Simáncas,—conservado en el tomo 93 de su Coleccion.

officiales, etc., tengan indios de repartimiento. Es cosa du-
rísima y se debe mandar suspender la ejecucion de esa ordenanza, pues aquí no es como en Nueva-España, y no
podemos mantenernos sin repartimientos.» (Col. Muñoz,
t. 83, f.º 101 vto.)

NÚM. 9.ª

Las únicas cartas relativas á ese asunto que he encontrado en la correspondencia de Gonzalo Pizarro, secues-
trada por La Gasca, son las siguientes:

Del licenciado Cristóbal Vaca de Castro á Gonzalo Pizarro.—De Angoyacu 13 de Abril de 1544. (Original.)

«Magnífico Señor.—En esta puente de Anguayaco [An-
goyacu] recibí una carta de vmd. hecha á dos de enero
pasado, y de la buena llegada de vmd. á su casa he holgado cuanto es razon, y del mal recaudo que vmd. halla en
su mina me pesa mucho, que quisiera que fuera peñas y
tierra plata. Placerá á Dios que discurriendo se torne á
hallar y demostrar buena veta; del valor de la del Sr. Hernando Pizarro me estoy maravillado. Lo que yo he quitado por reformacion ha sido muy poco, porque lo de
Val de Tarija ha sido de gente que no servia y de poco
valor; otro poquillo que se ha quitado tambien es de poca
sustancia; y plegue á Dios que no haya sido dañoso quitar
tan poco.

›En lo de la reformacion de los indios de vmd. se ha
hecho lo justo y lo que ha convenido, como por otros sabrá vmd.

›Lo que más hay que escribir es, que el señor visorey
está en la tierra, y el dia de hoy se cree que estará en Trujillo. Y por la priesa que tengo no escribo más largo, por-

que Diego Maldonado, que está por acá, escribirá más largo. Nuestro Señor la magnífica persona de vmd. guarde y acresciente.—De Anguayaco dia de Pascua [13 de Abril de 1544].—A servicio de vmd.—El Licenciado Vaca de Castro.—Al magnífico señor el señor capitan Gonzalo Pizarro, en el Cuzco ó donde estuviere.»

La carta de Maldonado á que Vaca de Castro se refiere, es esta:

Carta de Diego Maldonado y Hernando Bachicao á Gonzalo Pizarro.—De Angoyacu 13 Abril 1544. (Original.)

«Muy Magnífico Señor.—Porque las cosas pasadas fueron tan apasionadas, no nos dió lugar á hacer lo que siempre somos obligados al servicio de vmd.; y Dios sabe cuánto deseamos quedarnos en esa cibdad para servir á vmd. y tener algun descanso de tantos trabajos pasados; aunque, como dicen, cualquiera tiempo pasado fué mejor; y plega á Nuestro Señor quel se lo perdone, á quien en tantos trabajos nos ha puesto. Por nueva cierta se tiene quel señor virey é los señores oidores serán muy breve en la cibdad de los Reyes. Vmd. nos invie á mandar, pues sabe que lo habemos de hacer como verdaderos servidores.

«El portador de la presente lleva cierta memoria tocante á las mercedes que S. S. [Vaca de Castro] á vmd. hecho (*sic*) y á los hijos del señor marqués, que haya gloria, en las cosas que tocan á los indios de Chuquiabo y Yucay. Vmd. lo vea y nos responda con toda brevedad, porque S. S. desea tener á vmd. por hijo y darle cuanto tiene; y pues Vmd. vée que en cuanto á caballero no debe nada á ninguno y en favor está muy estimado en España, y vmd. al presente no tiene necesidad de dineros, sino quien represente los servicios de vmd. ante S. M. y procure el premio que ellos merecen, pues no es justo que siendo como son tan señalados, S. M. deje de gratificar á vmd. su premio. Nuestras casas, hijos, mujer é hacienda é criados encomendamos y suplicamos á vmd. les tenga debajo de su amparo y de vmd. reciban todo favor y mercedes. Cuya muy magnífica persona de vmd. Dios Nuestro Señor guarde y en el estado que vmd. desea é nosotros como sus servidores deseamos prospere. De Angoyaco hoy dia de

Pascua de Flores [13 de Abril de 1544].—Besamos las magníficas manos de vmd.—Diego Maldonado.—Hernando Bachicao.

NÚM. 10.º

Aunque la Informacion y la Carta, que vienen á seguida, tratan de los actos del virey Blasco Núñez Vela hasta una época muy posterior á su entrada en el Perú, me ha parecido conveniente insertarlas en este lugar, facilitando así varias otras referencias que á los mismos documentos han de hacerse más adelante.

Informacion que por mandado de los oidores Cepeda, Tejada y Alvarez tomó este último sobre las cosas del virey Blasco Nuñez Vela. (Ext. por Muñoz.)

Empieza en la ciudad de los Reyes á 19 de Setiembre de 1544 y acaba el 23 del mismo mes y año.

Resulta del interrogatorio que:

1 Luego que el virey llegó á Nombre de Dios y Panamá, embargó todo el oro y plata de los pasajeros del Perú, á título que lo habian sacado con indios, y sobre ello dió pregones públicos con graves penas. Por esta causa fueron muchos forzados de volver á Lima en seguimiento del virey, gastando en tan largo camino sumas considerables. Esto alteró y escandalizó la tierra.

2 Muchos indios é indias del Perú, que estaban en servicio de varios vecinos de Nombre de Dios y Panamá, recogió con pregon é los hizo volver á sus naturalezas á costa de los amos. De + 40 que eran, unos murieron en el camino, otros, echados á tierra en Túmbez, ó perecian de hambre, ó volvian á su gentilidad.

3   Al partir de Panamá, no quiso llevar consigo los oidores Cepeda, Zárate, Alvarez y Tejada que con él vinieron de España, por más que lo procuraron y la nao iba vacía.

4   Ocasionando á Cepeda y Tejada gasto de 3.000 pesos en fletar un navío en que partieron tres dias despues y llegaron á Túmbez pocos dias despues que él.

5   No les quiso esperar en Túmbez por entrar la tierra obrando absolutamente y sin consejo, ántes de ser recibido en ella.

6   Este entrar sólo y ejecutar por sí las ordenanzas, debiéndolo hacer juntamente con los oidores, resabió á todos.

7   En Túmbez despobló el tambo de españoles, quitóles los indios que allí habia sirviendo y mandó á todos los caciques de la comarca que no diesen de comer á español residente ni pasajero, lo cual era costumbre antigua desde la conquista.

8   Lo mismo hizo en todos los demás tambos hasta Lima, dejando el camino yermo sin gente ni comida. De ahí hambres, enfermedades, muertes en los caminos: de ahí ranchear los pasajeros todas las comarcas; escandalizarse generalmente, blasfemar del virey.

9   Por do quiera mostraba, áun á la gente más comun, las ordenanzas y provisiones que traia, jurando de efetuarlas todas y poniéndolo en obra ántes de ser recibido. Ya en Túmbez quitó los indios á Cabrera [don Pedro Luis de?]

10   A todos los vecinos de San Miguel y Trujillo, á todos los soldados quitó los indios de servicio. Especial dejó sin ninguno á Pedro de los Rios, vecino de San Miguel, hijo del gobernador que fué de Nicaragua y Panamá, y á un Córdova, persona muy calificada.

11   En Trujillo les quitó á Diego de Mora y á García Holguín, caballero conquistador de 80 años, que no tenia otra cosa, lo cual escandalizó toda la tierra.

12   Los bastimentos que los indios solian dar de gracia, mandó se les pagasen: de ahí alboroto en todo pasajero que no lo tienen (*sic*), etc.

13   En San Miguel y Trujillo, léjos de otorgar supli-

cacion de las nuevas ordenanzas, trató con palabras injuriosas á religiosos y otros que se lo suplicaban; á unos que los sacaria la lengua y á otros que ahorcaria; de donde vino irse muchos á hacer junta de gente en el Cuzco.

14   Por no suspender 3 ó 4 ordenanzas, perdió su magestad un millon de oro con que le sirvieran, cuando despues suspendió esas y otras por pregon público.

15   Porque Lorenzo de Aldana, caballero principal vecino de Guamanga, le escribió 2 ó 3 cartas, avisándole de lo que convenia, venido á se le ofrecer, lo embarcó y tuvo preso muchos dias en un navío: de ahí general escándalo, no acudirle otros; él poner sospechas en todos y amenazar de matallos; y lo peor es que lo publicaba, por donde incurria en ódio de todos y ocasionaba que gran parte fuesen á juntarse al Cuzco para venir sobre él.

16   Aumentó el rencor contra sí el intento de matar á oidores y otros muchos, especial al capitan Martin de Robles, á quien él mismo habia dado conducta de 130 y tantos soldados; y lo hiciera, si no se lo estorbara su hermano Vela Nuñez.

17   Intentó matar á Diego de Urbina, su maestre de campo [*Al margen*: El mismo Urbina lo declara y que se lo confesó el virey, y la causa, porque al virey dijeron quel maestre de campo le queria matar], y á Lorenzo Mexía y al mayordomo de María de Escobar.

18   A Antonio Solar, veedor de Lima, porque no queria admitir á un portugués que el virey quiso enviar á sus indios y le dijo que la tasacion alborotaria la tierra, le mandó ahorcar, y aunque desistió por ruego de muchos, le tuvo 3 meses en la cárcel pública.

19   A Baltasar (al. Xpoval) Rodriguez, maestre de un navío, porque habiéndoselo llevado de Arequipa sin su licencia al puerto de Lima, se lo pidió al virey, le mandó ahorcar sin proceso ni dar parte á la Audiencia, y esta lo estorbó ya á punto de ejecutarse.

20   A don Baltasar de Castilla, hijo del conde de la Gomera, venido de Trujillo á ofrecérsele contra los del Cuzco, quiso matar; lo mismo á Gaspar Mexía y otros caballeros, que por eso se fueron al Cuzco.

21   Por mostrar en los tambos y do quiera á todos sus facultades, hacer alarde de ellas, amenazar, contar de sus crueldades en otros oficios que habia obtenido, de sus duelos con particulares, etc., todos le tuvieron por hombre muy liviano y de poco juicio, cruel, súpito y arrebatado, que no queria ni pedia consejo.

22   Todos, hasta sus hermanos, deudos y criados, le aborrecen y no le pueden sufrir.

23   En muchos pleitos se ha mostrado apasionado y parcial.

24   Proveyó procuraciones del Audiencia á personas inhábiles, vendidas por su hermano Vela Nuñez y su cuñado Cueto.

25   Trató de que todos los alguaciles del reino contribuyesen con 1/2 de derechos á su cuñado Diego Alvarez Cueto, alguacil mayor, y á pesar de los oidores, hizo que lo fuese de Audiencia y de ciudad.

26   Despreciábase Cueto del oficio, servia por sustituto criado del virey y muy apasionadamente, por manera que oidores ni alcaldes eran servidos sino en lo que el virey queria.

27   Siempre que querian Cueto y Vela Nuñez sacaban de la cárcel á quien se les antojaba.

28-29   A pesar de la ciudad, con amenazas hizo recibiese á su cuñado por alguacil mayor della, conviniendo estuviesen separados estos oficios.

30   Tasó los tributos ya por relacion de solos encomenderos, ya de solos indios, sin consultar los oidores, sin ser informado, sin guardar ordenanzas ni instruccion. Para eso trajo los caciques y principales hasta Lima, tomando dellos mantenimiento para sí y su comitiva, dejando tras sí toda la tierra sin indios ni comida; de ahí agravios en los que venian despues; hambres, robos, alteracion.

31   Hizo las tasaciones con sobra de pasion y falta de conocimiento; á quién aumentaba un doble los tributos, á quién quitaba la mitad por respetos y amistades de Vela Nuñez y Cueto, por paisanaje, etc.

32   Los indios de Melchior Verdugo, vecino de Truji-

llo, de los de ménos servicios, porque era de Avila, tasó
en más que juntos todos los de los otros vecinos. Más de
9.000 pesos en oro y otras cosas subia la tasacion de Verdugo, y no ascendian á tanto los tributos tasados á todos
los demás.

33 Los que quitaba á tenientes y ponia á S. M. aumentaba los tributos. Por estas causas estuvieron en términos de no le recibir en Lima, Cuzco, Arequipa, Guánuco, Chachapoyas, Chárcas y Quito. Muchos se han ido
al Cuzco juntando artillería, armas y caballos, «é vienen
contra él para le matar ó echar de la tierra, porque dicen
que es hombre que no hace justicia, é ques muy cruel, soberbio, amigo de su parecer, que no guarda secreto, palabra ni promesa, ni se han de fiar dél jamás.»

34 Ha tratado muchas veces de medios con Gonzalo
Pizarro y demás alterados, y siempre le han respondido
que se vaya de la tierra, que no quieren que gobierne.

35 Acordó y propuso á oidores y oficiales hacer 50 arcabuceros y 30 de caballo para guarda suya y de la ciudad,
y so esta color ha gastado 150.000 castellanos de S. M. por
mano de Vela Nuñez, á quien hizo capitan general, y de
Cueto, que se han quedado con + 30.000 castellanos sin
haber dado cuenta, y han aprovechado así á sus criados.

37 (*sic*) Los más destos soldados, por sus malos tratamientos, dicen que no quieren venza el visorey, que no
han de pelear por él, y cada dia se van huyendo á los
alterados.

38 Las capitanías proveyó en hombres inexpertos, y
así se le huyó un capitan de arcabuceros y á otro estuvo
para dar de puñaladas.

39 A todos trata de traidores, amenaza de matar; al
mismo tiempo que traia medios con los del Cuzco, publicaba que cuando los tuviese llanos, habia de matar á
unos, embarcar á otros; de aquí desearle mal todos y que
se le desbaratase.

40 Los oidores han vivido á su costa y limpiamente,
han aconsejado al virey lo que convenia, le echaron dos
obispos que le hablasen, para que tratase de medios con
los alterados; han sostenido á muchos en su deber, etc.

41 El virey, por querer ejecutar las ordenanzas sin tiempo ni acuerdo del audiencia, por sus ligerezas, malas palabras y crueldades, etc., ha sido causa de la alteracion de la tierra.

42 A una mujer casada y con indios, so color que se perjuró acerca de una cruz de esmeraldas que diz habia dado al licenciado Vaca de Castro, la tuvo presa y condenó á penitencia pública en la iglesia. A otra porque se sentó junto á él en la iglesia, mandó llevar á la cárcel. Por lo primero desabrió á todos; por lo segundo se alteraron deudos y quisieron matarle.

43 En causas criminales y de deudas, etc., conoció y sentenció por sí solo.

44 So color de la guerra, dió á sus criados doble sueldo que á los otros soldados.

45 «El domingo en la noche 14 setiembre se huyeron desta ciudad don Baltasar de Castilla y Gaspar Mexía, y otros 18 por malas palabras y tratamientos que les hizo; y mandó llamar á media noche al fator Illan Suarez de Carabajal, é venido le dijo:—Decí bellaco traidor, cómo se ha hecho esta traicion que se han ido vuestros sobrinos y algunos criados á los alterados de Cuzco? Y el fator dijo: Ninguna cosa sé y no he hecho traicion, ántes servido á S. M. Por esto el virey le dió con una daga de puñaladas y le mandó acabar de matar á Cueto é á sus pajes é criados, é muerto, le echaron de un corredor, é de ahí á un rato le llevaron á enterrar dos negros.»

46 Era el fator persona sosegada y virtuosa, que nada sabia de la ida de sobrinos y criados; porque tenia una casa muy grande de cuatro cuartos é 40 ó 50 personas en su casa; él se cerraba en su aposento y no tenia cuenta con los demás. El fué gran parte para [que] vecinos y regidores recibiesen al virey, que no querian.

47 «Por parecer de los oidores, se propuso en acuerdo de presidente y oidores, mártes por la mañana 16 de Setiembre, tratar si convendria quel virey aguardase en Lima á Gonzalo Pizarro y los que con él venian del Cuzco; y caso quel virey acordase de se ir, si convernia quel audiencia quedase. Por dos más se acordó que debia

quedar el audiencia por muchas razones que alegaron
oficiales, regidores, capitanes y perlados, con quien se
comunicó.

48 Mas como el virey habia resuelto embarcarse y
llevar oidores y oficiales de audiencia con sus casas y á
todos los vecinos y matar á quien lo resistiese y que su
hermano Vela Nuñez siguiese por tierra con los soldados
talándola, porque Pizarro no pudiese ir tras él; refutó y no
admitió el acuerdo de la mayor parte y no quiso se escribiese, diciendo que queria aguardar en Lima para asegurar á todos los dichos no pensasen que los queria embarcar.

48 (*sic*) Quedó acordado para deliberar en caso tan
grave, juntar con presidente y oidores los obispos de
Cuzco y Quito que en la ciudad estaban, los oficiales y
algunos de cabildo, y como los oidores publicaban con-
venir no saliese el audiencia, acordó mudar propósito, y
juntó sus capitanes y gente de guerra con quienes consultó sin intervencion de oidores ni otros.

50 Los mismos capitanes acordaron que aunque el
virey se fuese, debia quedar el audiencia, conservando la
tierra en nombre de S. M.

51 Sin embargo, el virey resolvió llevarse el sello y
audiencia y oficiales con todas sus casas y las de muchos
vecinos con sus mujeres é hijos, caballos, herraje, etc.;
hizo el martes 16 de Setiembre en la noche apercibir los
soldados por medio de Vela Nuñez, alagándolos con el
saco de cuantos se opusiesen. En efecto, el 17, al alba,
se tocó al arma por parte del virey, á su puerta, con voz
de: «¡Saco, saco!» Acudieron los oidores y estorbaron el
saco y vieron al virey á la puerta del audiencia, do posaba, armado con tres banderas. No osaron irle á hablar,
porque les avisaron que los mataria, pero le enviaron al
chantre y otros religiosos y clérigos que le suplicasen que
no permitiese la perdicion de la ciudad y reino, se embarcase si queria é los dejase y á los vecinos con sus haciendas. No quiso condescender, alteróse mucha gente y
quisieron dar contra el virey y sus soldados, sino fuera
por los oidores que mandaron, pena de muerte, que nadie

hiciera mal ni daño, especial en la persona del virey, el cual se fué con el licenciado Cepeda, en cuya casa estuvo muy seguro de los vecinos y soldados que le aborrecian.

52 Fué muy servido, acatado y mirado todo el tiempo que allí estuvo; él de su voluntad dijo, que, pues era aborrecido, queria irse á España; por su mandado le llevaron á embarcar. Los que tenian á cargo los navíos no quisieron recibirle, ántes se alzaron con 6 ó 7 que en el puerto habia, quemaron otros dos, y otros dos echaron á fondo Gerónimo de Zurbano, Martin de Arauco y Diego Alvarez de Cueto, cuñado del virey, y por su mandato. Por lo que robaron cuanto en ellos habia, valor de más de 130.000 castellanos sin los navíos. (Los navíos estaban á cargo de Alvarez de Cueto; todo esto se cree hizo segun la voluntad del virey.)

53 Al tiempo que los oidores salian de casa de María de Escobar, do se recogieron aquella mañana por miedo al virey, el licenciado Alvarez dijo: «Sedme testigos que vamos á suplicar al virey no nos mate, prenda ni embarque y él se ponga á recaudo, porque la gente está amotinada contra él; que no vamos para deservirle y enojarle; y pena de muerte quien lo contrario intente.» Repitiólo á voces al canton de la calle y en las gradas de la iglesia.

54 Y sin duda la gente matara al virey, si los oidores no pusiesen recaudo en su persona.

55 Ni podria estar ya seguro en la tierra, ni gobernarla, pues le aborrecian tanto, que ántes se dejaran hacer pedazos, que consentir su gobierno, segun decian públicamente.

56 Cuando alguno se oponia á su dictámen, poníase tan feroz como si le faltase el seso, injuriaba, amenazaba, etc.

57 Era tan hablador, que los avisos que le daban, las cartas, lo que intentaba, todo lo decia á la mesa por más secreto que fuese.

58 Si más estuviera en el Perú, hubiera mil desgracias, por manera que absolutamente convenia se fuese á España á informar á S. M.

e

59   En efecto, como han visto que quiere irse á España, todos están quietos y pacíficos.

Todo esto, más que ménos, se prueba con copia de testigos que deponen:

1.-En 23 Setiembre.—Manuel de Rojas, de 70 años (*plus minusve*), que no es vecino en el Perú, natural de la villa de Cuellar (sin duda es el de Cuba), criado de S. M.

2.-23 Setiembre.—Capitan Hernando Sarmiento, vecino de Quito, de 38 años (*p. m.*), natural de Xerez de la Frontera y S. Lúcar (*sic*).

3.-23 de Setiembre.—Fray Juan de Solano, dominico, obispo del Cuzco, de 38 años (*p. m.*), natural de Archidona en Andalucía, que fué al Perú poco despues que el virey.

4.-24 Setiembre.—Bachiller Garci Diaz [Arias] obispo de Quito [electo], de 40 años (*p. m.*), natural de la villa de Consuegra en el Priorazgo de San Juan.

5.-24 Setiembre.—Lorenzo de Estopiñan, de 39 años (*p. m.*), natural de Xerez de la Frontera.

6.-24 Setiembre.—Diego de Urbina, capitan, de 37 años (*p. m.*), natural de Orduña, vecino de Puerto Viejo, maestre de campo de S. M. nombrado por el virey.

7.-24 Setiembre.—Don Francisco de Leon, arcediano y vicario de Los Reyes, de 40 años (*p. m.*), natural de Sevilla.

8.-[Sin número en el extracto de Muñoz] 24 Setiembre.—Alonso de Lerma, de 30 años (*p. m.*), natural de Ciudad-Real, alférez general del ejército del rey nombrado por el virey.

8.-24 Setiembre.—Martin de Arauco, de 35 años (*p. m.*), natural de Bilbao, en Galicia (*sic*).

9.-24 Setiembre.—Agustin de Zárate, contador de cuentas, de 30 años (*p. m.*), residente en la corte como criado de S. M.

10.-24 Setiembre.—Antonio de Robles, maestre de campo, hermano del capitan Martin de Robles, natural de la villa de Melgar, de 28 años (*p. m.*).

11.-24 Setiembre.—Alonso Hernandez, mayordomo

de M.ª de Escobar, natural de Villabraxima, de 37 años (*p. m.*)

12.-24 Setiembre.—Antonio Solar, de 35 años (*p. m.*), natural de Medina del Campo.

13.-24 Setiembre.—Alonso Manuel, natural de Madrigal, de 30 años (*p. m.*)

14.-25 Setiembre.—Gerónimo Aliaga, vecino de Los Reyes, de 34 años (*p. m.*)

15.-25 Setiembre —Rodrigo Nuñez de Prado, vecino de Los Reyes, de 50 años (*p. m.*)

16.-25 Setiembre.—Capitan Pedro de Vergara, de 40 años (*p. m.*)

17.-24 Setiembre.—Blas de Atienza, de 55 años (*p. m.*)

18.-24 Setiembre.—Francisco de Avila, chantre de Los Reyes, 28 años (*p. m.*)

19.-25 Setiembre.—Capitan Martin de Robles, de 26 años (*p. m.*)

20.-22 Setiembre.—Lorenzo Mexia, de Sevilla, de 34 años (*p. m.*), deudo de don Baltasar de Castilla.

21.-23 Setiembre.—Toribio de Huerta, clérigo de misa, natural de Fuente el Sauco, de 35 años (*p. m.*)

22.-23 Setiembre.—Nicolás de Ribera, alcalde ordinario de Los Reyes, de 50 años (*p. m.*)

Cuanto á la pregunta 45 sobre la muerte del factor Illan Suarez de Carabajal, todos los más contestan en ella como cosa pública y notoria: Que el virey, habiéndole llamado á su cámara, le trató de traidor sobre la fuga de sus sobrinos, que el factor respondió á lo de traidor no ser tal y otras palabras por las cuales se acabó de encolerizar el virey, le dió una ó dos puñaladas y mandó á sus criados y pajes que le acabasen de matar, como lo hicieron, dándole muchas estocadas: Que muerto, le retiraron á unos corredores, de donde, al amanecer, ó poco ántes, dos negros, al mando de Alonso de Lerma, alférez del general Vela Nuñez, le llevaron á enterrar secretamente. Despues, mandado desenterrar y reconocidas las muchas y penetrantes heridas, fué enterrado de nuevo muy honradamente.

Particularmente el 5.º testigo dice que oyó los cargos

quel virey hacia al factor y los descargos déste, é «vió al virey echar mano á una daga ó puñal, é le tiró un golpe.» Quiso contenerlo Estopiñan y se abrazó del virey diciéndole: «no, señor, que no se sufre que VS. haga eso, que se destruye.» Amenazóle el virey si no le dejaba, y tiró otro golpe al factor, del cual (*sic*) pidió confesion. Luégo un Tapia, criado, y Vela, pariente del virey, por mandato deste, le dieron de estocadas con sus espadas. Estaban presente Cueto, cuñado del virey, Ribadeneira y otros criados del mismo.

El 7.º, Alonso de Lerma, queriéndose acostar poco ántes de media noche, llamado del general Vela Nuñez para que con él y algunos soldados viesen si podian haber algunos de los que se huian; ya que habian andado algunas casas de las que daban sospecha, llamaron á la del factor y le hallaron acostado en su cama. Extrañó y sintió mucho la huida de sus sobrinos y fué llevado á casa del virey. Lerma le dejó en la cámara y bajó por mandado del general á dar pólvora á los arcabuceros y poner guardas en la escalera y puertas. A poco oyó que el virey habia muerto al factor. Mandóse á Lerma por un alguacil, que ántes de amanecer le llevara á enterrar, como en efecto le condujeron y enterraron en la iglesia mayor dicho alguacil Castro y Sebastian de Coca.

El 9.º, Agustin de Zárate «dijo ques público y notorio» y quel virey la misma mañana le dijo cómo sus criados le habian hecho pedazos «en su presencia, porque le habia dicho algunas palabras descomedidas;» callaba el virey que el habia dado las primeras puñaladas (*).

El 11. Este testigo y Lorenzo Mexía fueron llevados aquella noche al virey, quien les mandó declarar sobre la huida de don Baltasar de Castilla, y porque no sabian dar razon, mandó traer un tormento y un garrote y un clérigo para confesar al deponente. Pero á este tiempo

---

(*) Nótese la conformidad, en el fondo, de esta declaracion con lo que dice en su Historia del Perú.

llegó Vela Nuñez con el fator y mandaron salir á este y
demás; cerráronle con Mexía en un aposento inmediato,
de donde oyó quel virey á voces trataba de traidor al
fator, que luego se levantó de la silla y se le oyó: «matalde
á ese traidor....,» é sonaban golpes; y luégo incontinente
dijo: «sacalde á ese traidor y echalde por esos corredores
abajo». Sacáronle los que estaban y luégo volvieron é
mandaron al alguacil Castro lo echase por los corredores
abajo, y el alguacil lo llevó al corredorcillo pequeño arrastrando por los piés. Luégo salió de la cámara del virey
su paje Ordoño y dijo, que el primero que apechugó al
fator con una daga fué el virey. Con él estaba su cuñado
Cueto. A poco dicho alguacil, habiendo ido con una can-
dela á do el fator estaba y visto que aún vivia, llevó un
crucifijo y en breve espiró. Dende á más de dos horas,
vió quel alguacil é unos negros en un repostero viejo
le llevaron.

El 18.º, que con Gaspar Mexía, cuñado de don Baltasar de Castilla, posaba en la casa de María de Escobar
por razon del mayordomo desta y de Mexía, dice, que como
entró el fator en la cámara del virey, dijo: «B. L. P. de
V S.» Y el virey: «noramala vengais, traidor.» El fator.
«Yo no soy traidor ni nunca lo he sido, sino buen servidor de S. M.» Y el virey: «Cómo no, que se han ido
vuestros sobrinos de vuestra casa é por vuestro mandado,
que sois traidor.»—«No soy traidor ni en mi linaje le ha
habido, sino tan buen servidor de S. M. como V S.»—«¿No
basta hacello sino negallo?» E puso mano á una daga é
le dió una puñalada por la garganta, é dijo á sus criados
que le matasen..... Cueto, viendo lo que el virey habia
hecho, se abrazó con él diciendo: «No más, señor, por
amor de Dios;» é que no obstante le mataron allí de muchas
heridas.

El 20. A este Mexía llamó el virey como deudo de
don Baltasar de Castilla, le trató de traidor y amenazó de
matalle. Repite en sustancia lo del antecedente y añade,
que entre 5 ó 7 le mataron muy cruelmente y luégo desde
la cama [cámara] del virey, do le mataron, le sacaron á
los corredores arrastrando por los piés.

Cuanto á la pregunta 46, todos á una voz contestan que el factor era hombre de bien, prudente y sabio, buen cristiano, que ninguno presume supiera nada de la vida de sus sobrinos y que su casa era grande y habia diversas puertas por do podian irse sin él oirlo, y cuanto más puede decirse en su abono.

(Auténtica y autorizada por dos escribanos que recibieron la informacion:—Pedro López y Baltasar Vázquez.)

(Col. Muñoz, t. 83, f.º 240.)

Carta del obispo del Cuzco Fr. Juan Solano á S. M. De los Reyes á 10 de marzo de 1545. (Original.)

«S.C.C.M.—Yo allegué á este reino de V. M., provincia del Perú, sin esperar las bulas ni detenerme por ellas como V. M. me lo mandó; y por las provisiones que yo tengo, V. M. me manda que me ejercite en el buen tratamiento y conversion de los indios y en dotrinallos en nuestra santa fe católica, y á los que son de guerra traellos de paz; y con este celo y fin me atreví á encargarme deste oficio; y parésceme que hay mucho aparejo y dispusicion para aprovecharlos, si las alteraciones desta tierra me dan lugar. Y como criado y servidor de V M. estoy obligado á decir la verdad á V. M., como hombre que está sin pasion y sin afeccion de todo lo que acá pasa y de lo que he visto en esta tierra, dende que entré en ella, hasta allegar á la cibdad de los Reyes, para que V. M. ponga en ello el remedio que fuere servido, porque hay mucha necesidad.

«Yo allegué á desembarcarme en Túmbez, que es un puerto en esta tierra del Perú docientas leguas desta ciudad de los Reyes, y allegué el postrero de los oficiales de V. M., porque tuve muchos estorbos, especialmente en este mar del Sur, á donde me perdí; y como llegué el postrero, tuve lugar de ver por el camino en mi presencia todo lo que pasaba. Como el virey es tan criado y tan servidor ferviente de V. M., en desembarcando en el mismo puerto de Túmbez que saltó en tierra, luégo puso en ejecucion las ordenanzas y leyes que V. M. dió para estos

reinos, é libertó luego á los indios del servicio que hacian
á los cristianos, y que como libres se fuesen á donde quisiesen, y hiciesen de sí libremente á su voluntad; y en
todo lo demás de las ordenanzas lo iba ejecutando como V. M. lo manda. Y con esta libertad que tomaban los
indios, vi que los indios que estaban dotrinados en nuestra
santa fe católica y la sabian y eran cristianos batizados,
vílos sin fe y en sus ritos y sacrificios y leyes como solian,
vueltos á sus caciques y á sus pueblos como ántes; y desto
toda esta tierra es testigo. Vi tambien que en las casas de
los cristianos y en los tambos por los caminos á donde
cada noche les enseñaban la dotrina cristiana, ya no se
usa esta costumbre, porque no hay á quien enseñarla,
porque todos se fueron á sus tierras y caciques. Y llegué
á la cibdad de San Miguel y vi que en la iglesia, á donde
solia haber 40 niños indios que servian en la iglesia y les
enseñaban la fe y las cosas del servicio divino, cuando yo
llegué, no habian quedado más de dos; todos los demás se
habian ido á sus pueblos con sus padres á vivir en su ley
y ceguedad. Y todo esto vi hasta llegar á la cibdad de los
Reyes, y de todo esto no me quedó sino llorar por ver los
cristianos volverse infieles, y más sabiendo que la voluntad
de V. M. es que los indios infieles sean cristianos y dotrinados en nuestra santa fe católica y no que dejen la fe
y se tornen como solian. Y el recibimiento que sus cacique les hacian era sacrificallos porque eran cristianos y
habian servido á cristianos; y esto era muy público por
los caminos. Y de un cacique yo soy testigo, porque se lo
reñí, y él me confesó que habia sacrificado una india; y
viendo esto, no pude dejar de sentillo; porque tener los
indios subjecion á nuestra santa fe católica, y que estén
domésticos y mansos al evangelio y nuestra cristiandad,
no es quitalles la libertad, mas ántes es dalles aquella libertad que *Christus liberabit nos*, más que hacellos esclavos, porque se han de tratar *non sicut servi sub lege, sed
sicut liberi sub gratia constituti*. Y en la cibdad de San
Miguel y de Trujillo vi los vecinos muy alborotados y
turbados, por que suplicaron de las ordenanzas y leyes que
secutaba y no les quiso otorgar la suplicacion, mas ántes se

quejaban que les habia respondido y muy ásperamente con amenazas de la vida.

Y llegado á esta cibdad de los Reyes, fué mayor la pena que recibí que todos los trabajos pasados, por la poca paz y mucha alteracion que veo en este reino; porque como el virey, en desembarcando, venia esecutando las leyes y ordenanzas que traia y no queria conceder la suplicacion, alborotóse toda la tierra y cuando llegó á esta cibdad de los Reyes, á donde lo rescibieron no de mucha buena voluntad. Y sabiendo esto los del Cuzco, cómo no queria conceder la suplicacion, y lo que venia haciendo y diciendo por los caminos, alborotáronse contra la persona del virey, y temiendo su persona y condicion, proveyeron de gente, diciendo que venian á suplicar de las leyes y ordenanzas, y hicieron capitan á Gonzalo Pizarro. Y sabiendo esto el virey, comenzó á hacer gente; y cuando yo llegué que vi que tenia hecha gente, vi que todo iba borrado, porque no era aquello lo quél y yo habiamos platicado por el camino. Y en llegando que llegó aquí á esta ciudad, luégo mandó desembarcar ciento y cincuenta mil castellanos que Vaca de Castro tenia en un navío para enviar á V. M., y todos los gastó en la gente que hizo, los cuales se gastaron en calzas y jubones y juegos; y aunque pagaba bien la gente, no les pagaba las voluntades, porque de voluntad no tenia cincuenta hombres, segun despues se vió por la obra. Y despues que los tres oidores fueron llegados á esta ciudad, que los habia dejado en Panamá, parescióles que era bien suspender las leyes y ordenanzas, por asegurar y apaciguar la tierra; aunque no aprovechó nada, porque era ya tarde, y segun decia la gente desta tierra, luégo al principio las habia de suspender.

Ya la gente no tenia confianza ninguna del virey, por lo que públicamente hablaba y decia llamándoles de traidores y tiranos, y que despues de asosegada la tierra, los habia de ahorcar de sesenta en sesenta, y que no habia de dejar cabeza en la tierra. Y oyendo esto la gente, todos se temieron que lo habia de hacer así como lo decia, y que habia de secutar las leyes, y que no habia de estar por

la suplicacion. Y en esto V. M. puede creer que el virey
tiene la culpa dello, porque ninguna cosa sabia tener secreta en su corazon, sino todo cuanto pensaba de hacer
decia públicamente; lo que de noche pensaba decia de
dia; y esto es lo que lo echó á perder. Y los del Cuzco, por
estas cosas y por conocer su condicion, pedian quel audiencia real de V. M. se quedase y quel virey fuese á
informar á V. M.

Y estando en estos términos, acaeció que un domingo
en la noche á 14 dias de setiembre, se salieron diez y
siete ó veinte de caballo y se fueron para la gente del Cuzco, porque todos tenian sus corazones y voluntades con
ellos, y cada dia se le iba gente para ellos; y entre estos
se fueron dos deudos de Guillen Juárez, factor de V. M.,
y otros dos ó tres que posaban en su casa del mesmo factor. Si el factor lo supo ó no, no hay quien lo sepa. Y
como se fueron, tañeron al arma á hora de media noche,
y como el virey supo los que se habian ido, envió á llamar
al factor y le dijo si le parecia bien aquella traicion y como
lo tenia vendido; y el factor le respondió, que él era servidor de V. M. y que no era traidor. Y esto díjomelo un
clérigo que se halló presente á todo. Y el virey le tornó
á replicar, y el factor le respondió que era tan servidor
de V. M. como él. Y como el virey oyó estas palabras, azo-
róse mucho, y entónces él, ó sus criados por su mandado,
lo mataron allí luégo sin confesion ni sin tomalle su dicho ni otra cosa ninguna; y arrebujáronlo en una manta,
y mandó á unos soldados que luégo lo llevasen á enterrar,
y así lo llevaron. Y fué tan grande el espanto y tristeza
que á todo el pueblo tomó en ver de la manera que lo
habia muerto, que todos andaban mustios y tristes. Y
luégo el lúnes mandó embarcar á los hijos del marqués don Francisco Pizarro; y luégo el mártes habló
de embarcar á los oidores y á las mujeres del pueblo; el
fin para qué, no lo sé. Tambien se dijo este dia que queria saquear la ciudad; esto yo no lo creo, porque en esta
no se usa verdad, sino engaños y falsedades y traiciones;
aunque todos los del pueblo no dejaron de esconder y enterrar sus haciendas.

Luégo, el miércoles de mañana á 17 dias del mes de setiembre, andaba la cibdad muy alborotada, y mandó tocar
el arma; y salen los oidores con alguna gente, aunque no
mucha, y júntaseles una bandera, y mandaron pregonar
que todos favoreciesen á V. M. y á su audiencia real; y salen á la plaza con este pregon, y van hácia la ʼgente del
virey, que estaba cerca de su posada, y al tiempo de
encontrarse, alzaron todos las picas y los arcabuceros ti-
ran por alto y pásase toda la gente á la parte de los oidores,
porque todos no deseaban sino verse fuera de la sujecion
del virey. Y entra la gente en casa del virey, y prén-
denlo, sin morir nadie ni ser herido ni derramarse gota
de sangre, con tanta gracia del pueblo y pacificacion, que
yo creí para mí que debiera ser cosa tramada y concertada
entre ellos; ó ello fué milagro, ó yo no lo entiendo; que
prendiesen á un virey, teniendo tanta gente y que ningun
peligro hubiese, no lo alcanzo. Y el preso entregáronlo á
los oidores y lleváronlo preso á casa de un oidor, y de allí
lo llevaron preso á una isla que está junto al puerto, hasta
que lo enviaron en un navío preso allá á España.

Yo creo que si se diera batalla, que á él lo mataran y
hobiera muchas muertes y la tierra quedaba perdida y en
peligro de perdella V. M., al dicho de todos; y por estas
cosas les debiera de parecer á los oidores que era ménos
inconveniente hacerse como se hizo, que no que viniera
tanto mal como se esperaba. No sé, ellos darán cuenta
á V. M. dello; lo que yo he alcanzado á conocer y lo que
yo he visto de la gente desta tierra es, que todos están muy
mal con el virey y es mal quisto de todos, y ántes se de-
jarán hacer pedazos, que no ser gobernados por él; y bien
ha parecido por las obras. Y la culpa de todo ello el mismo virey la tiene, porque no se ha sabido gobernar; porque si él entrara por esta tierra disimulando y mirando lo
bueno y lo malo que en ella habia hasta llegar á esta cibdad y que fuera rescibido en toda la tierra y pusiera las
justicias y oficiales de su mano y se apoderara primero en
la tierra, él hiciera despues todo cuanto quisiera y execu-
tara las leyes al pié de la letra, sin que nadie fuera parte
para enojalle; mas no quiso tomar ni admitir ningund

consejo de los criados y servidores de V. M., mas ántes todos decian que se aconsejaba con los de Chile, contrarios
de Gonzalo Pizarro, los cuales trajo de Panamá, que los
habia desterrado Vaca de Castro. Y ansí entró bravo en la
tierra obrando y diciendo, y ansí me parece que todo le
ha caido á cuestas, por no abrazarse con el consejo de los
criados de V. M.

Y tambien no dejaré de decir otra verdad á V. M.: que
todo cuanto ha hecho Blasco Nuñez Vela, lo ha hecho con
grandísimo amor y voluntad y celo de servir á V. M. y de
no faltar en un punto en el servicio y en ejecutar todo lo
que V. M. le tenia mandado.

Y el capitan quel virey tenia en la mar quemó dos navíos y echó á fondo otro, y con los demás hácese fuerte y
alza velas y váse con el hermano y cuñado del virey y con
Vaca de Castro, que habia muchos dias que lo tenia preso
en la mar, el por qué no lo sé, y fueron á parar diez y
ocho leguas de aquí. Dende allí metieron al virey en un
navío, y el licenciado Alvarez, uno de los oidores desta
audiencia real de V. M., lo llevó preso allá á España; y
segund ha parescido, en el camino se confederaron y her-
manaron y fueron á parar al puerto de Túmbez; y allí
detenian los navíos que ninguno pasase acá ni hobiese
contratacion en esta ciudad. Y fueron desta ciudad y le
tomaron los navíos, y él se fué huyendo por la tierra aden-
tro á la ciudad de Quito.

Y ántes desto, allegó Gonzalo Pizarro aquí á esta cibdad
de los Reyes á 24 del mes de Octubre; y dos ó tres dias
ántes que entrase, entraron aquí sus capitanes, y ellos y
los procuradores de todas las ciudades deste reino que á la
sazon estaban aquí, que habian venido por mandado del
virey, ellos y los capitanes demandaron á esta audiencia
real de V. M. que hiciesen gobernador y capitan general
de todos estos reinos á Gonzalo Pizarro, hasta en tanto
que V. M. otra cosa mandase. Y la audiencia ansí lo hizo, y ansí pareció á los criados de V. M. que cumplia á
su servicio real, y que la tierra estoviese en nombre de
V. M., como siempre ha estado y estará, placiendo á Dios.

Ahora se dice por muy cierto que el virey está en los

términos de la ciudad de Quito con doscientos hombres, para venir sobre esta ciudad, y que ha tomado en los pueblos comarcanos las rentas de V. M. para pagar la gente; temo que ha de ser como lo pasado.

Ya V. M. podrá sentir el mucho mal que en esta tierra hay y habrá si V. M. no lo remedia con enviarnos paz; y tambien podrá ver V. M. de la manera que acá se gastan las rentas y el oro de V. M., y la gran lástima que es de ver de los naturales, porque quedan destruidos, perdidos y muertos, ques grandísimo cargo de conciencia. Y quien aquí me parece que más pierde es V. M. y los naturales, y por eso suplico á V. M., por amor de Jesucristo, que V. M. haya piedad dellos y nos envie paz con brevedad como fuere su servicio, pues que todo está en manos de V. M., porque hay extrema necesidad; y V. M. no permita questa tierra se pierda y los naturales se destruyan, porque ya iban tomando las cosas de nuestra ley y aprovechando mucho en las cosas de nuestra santa fe católica; y con estos alborotos y guerras todo se deja y se pierde. V. M. tenga lástima dellos, porque es grandísimo cargo de conciencia dejallos perder, porque estando la tierra en paz y en sosiego, en breves años se hará muy grandísimo provecho y gran servicio á N S. en su conversion, porque están todos pared y medio de ser cristianos.

Tambien he sabido, y es así, que los vecinos desta cibdad de los Reyes han tomado de la caja de V. M. veinte y cinco mill pesos, y los vecinos del Cuzco doce mill, para los gastos de la tierra. Y como supe esto, hablé á Gonzalo Pizarro sobrello, cómo se habia tomado el tesoro de V. M.; y me dijo que ellos habian hecho obligaciones y conoscimientos y habian obligado á ello sus personas y bienes, y que son personas abonadas, que valen sus haciendas más de doscientos mill pesos, y que V. M. no perderá una blanca dellos, y que en ellos están mejor guardados á V. M., que no en poder del virey. Y así me lo dicen todos cuantos hablé sobrello, que en ellos los tiene V. M. seguros.

Tambien he sabido que la real audiencia ha mandado por una provision real á Gonzalo Pizarro que vaya á echar

al virey desta tierra, porque no la ande alborotando ni
destruyendo, sino que se vaya á dar cuenta á V. M.: y así
toda la gente se apareja para ir con él y todos comienzan
ya á caminar; no sé en qué parará. Gonzalo Pizarro lleva
muy gran poder; temo que segund toda la gente está mal
con el virey, que Gonzalo Pizarro no ha de ser parte para
defender al virey que no le maten. Y con estas cosas la
tierra se pierde y se destruye y los naturales perecen. Suplico á V. M. lo mire con ojos de piedad como príncipe y
señor y padre de toda esta tierra.

Lo que veo y lo que oigo es que todos están bien con
Gonzalo Pizarro y es bien quisto de todos y todos le aman
y descan, y él y todos desean V. M. les haga mercedes, y
desean servir á V. M. con mucha copia de dineros y de pagar á V. M. todo lo que el virey ha gastado de V. M., y esto
es lo que más desean en esta tierra. Y de otra manera la tierra está en grandísimo peligro y duda. Y esta es la verdad
de todo lo que acá pasa; y cuanto lo que toca á este punto,
remítome al padre que la presente lleva, que él informará
á V. M. en particular todo lo que en esto hay.

Yo he escrito á V. M., porque me parece que si yo no
hiciera saber á V. M. toda la verdad de lo que acá hay y
todo lo que pasa, yo quedara con gran cargo de conciencia y no hiciera lo que soy obligado al servicio de VM.

Yo envio allá á este padre que es persona de crédito
y vicario principal (*sic*, provincial) en esta tierra del Perú,
persona muy religiosa y de buena vida y fama; á él me
remito en todo lo que V. M. quisiere saber desta tierra.

Lo que torno á suplicar á V. M., por amor de Jesucristo,
es que V. M. nos envie paz como fuere su servicio, y no
permita questos naturales tantos males reciban, ques
grandísimo cargo de conciencia, porque estaban ya á la
puerta de ser todos cristianos, y con estas alteraciones
todo se ha dejado, y habiendo paz todo se remediará, y así
lo espero yo en N S.

N S. la imperial persona de V. M. guarde con acrecentamiento de más reinos y señoríos, como por sus servidores y vasallos es deseado. Desta cibdad de los Reyes
á 10 de Marzo de este año de 1545.—De V. S. C. C. M.

devoto siervo y capellan, que sus imperiales piés y manos
beso.—Fray Joan Solano.

(Col. Muñoz, t.º 84, f.º 29.)

NÚM. 11.*

Con este acuerdo y nombramiento se relaciona la siguiente:

Carta del cabildo de la villa de Plata dirigida á uno de
sus vecinos á la sazon ausente (Pedro de Hinojosa?), invi-
tándole á que acuda á nombrar el procurador que suplique de las nuevas leyes y ordenanzas que traia el virey
Blasco Núñez Vela. (Original.)

«Muy magnífico Señor.—Hoy dia de la fecha desta llegó
á esta villa un despacho, por el cual el señor gobernador
y los señores justicia y regidores de la cibdad del Cuzco,
nos hacen saber cómo S. M. ha proveido y fecho ciertos
capítulos é ordenanzas, por los cuales manda se rijan é
gobiernen estos reinos; é porque vmd. estará informado
dello, no hay necesidad de hacer á vmd. relacion más de
que parece por la carta del regimiento de la cibdad del
Cuzco, que ella y todas las demás cibdades é villas destos
reinos tienen acordado de enviar procuradores á S. M.,
para le informar de las cosas que tocan á su real servicio
é á la sustentacion é conservacion destos reinos, é suplicar
á S. M. mande moderar algunas cosas que en los dichos
capítulos vienen proveidas en daño destos reinos y deservicio de Dios y de S. M., por no haber sido S. M. informado de lo que convenia á su real servicio. Y así nos
escriben que enviemos de esta villa un caballero, persona
calificada, para que juntamente con los demás procuradores destos reinos vaya á pedir á S. M. el remedio dello.

E visto que esto es cosa muy importante al servicio de
Dios N. S. y de S. M., hános parecido que lo debemos proveer; é porque es razon que de cosa que tanto
importa se dé parte á vmd., pues es vmd. vecino desta
villa é persona á quien le toca y celoso del servicio de
Dios é de S. M., hemos acordado de suplicar á vmd. nos
la haga en llegarse á esta villa, porque con parecer de vmd.
y de los caballeros se dé la órden que mejor sea posible,
con la más brevedad que el negocio requiere. N. S.
guarde y prospere la muy magnífica persona de vmd.
como vmd. desea. Desta villa de Plata á 18 de Marzo
de 1544.—Besamos las manos á vmd.—Diego de Centeno.—Antonio Alvarez.—Francisco Retamoso.—Rodrigo
de Orellana.—Lope de Mendieta.—Por mandado de sus
mercedes.—Luis de Soto, escribanode S. M. público y de
concejo.

NÚM. 12.º

Aquí tachó el autor todo lo que viene á seguida:
«Y esto decíalo con un hervor y voluntad que parescia
que dentro en lo interior de sus entrañas tenia al Emperador
y Rey nuestro señor. Enjemplo claro ha sido la muerte
deste varon, para que en él y en su lealtad muchos tomen
enjemplo en cuanto á su intencion y voluntad; pero en
muchos casos, no solamente es bien, cuando en algun reino
se va léjos del príncipe á cumplir su mandamiento, estando allá, mirar la mutacion del tiempo, y si las provisiones
quel Rey ó tal príncipe dá y manda cumplir no conviene
echallas en lo profundo del mar y avisalle que haga otro
proveimiento, porque por traer dificultosos inconvenientes,
no conviene cumplir el que mandó. Y ansí unos por cum-

plillo y ejecutallo se han perdido y causado muchos males; otros, por no usar de los poderes, han adobado los negocios. Anon (*) de la cibdad de Cartago, capitan del linaje famoso de los Varcinos, la Señoría cartaginensa le dió poderes muy amplísimos para facer ciertas ligas y amistades con sus amigos los andaluces que en aquellos tiempos, segun dice Veroso (**), habian por nombre turdetanos, y para hacer guerra á los túrdulos, que creo que era en la Estremadura, y tomar ciertos mineros de metales de oro y plata y otras cosas que se entendia gran daño de la provincia de los andaluces, sus amigos. Llegado en España, parecióle que si hobiese de cumplir lo que le fué mandado por el Senado, que su patria y cibdad perderian reputacion y él saldria de las provincias sin honra; y mirando cuerdamente lo que más convenia, dejo de usar de los poderes que traia y proveyó lo que convenia; de manera que, demás de ganar honra, quedó en gracia de sus mayores. Quiera un gobernador hacer una cosa que al Rey convenga, que nunca, aunque el Príncipe la haya mandado otra cosa, le dará pena por ello, si su intencion es de servirle, que si es de ser tirano, ponelle en el estado que se puso Gonzalo Pizarro, es poco para lo quel castigo merescia. Fulvio Flaco (***), cuantas cartas le trujeron del Senado romano que no matase á los senadores de Cápua y otros nobles, las cartas metió en el seno hasta que hizo lo que convenia en castigar aquellos por su rebelion y haber seguido el amistad del africano Anibal; nunca le dieron en Roma pena porque no cumplió su mandamiento, ántes lo alabaron por el castigo famoso que hizo.»

(*)   Hannon Barca, hermano de Annibal.
(**)   Beroso, De Antiquit.
(***)   Q. Fulvio Flaco. V. Tito Livio, Hist. ab Urbe condita, libro XVI y XVI.

NÚM. 13.º

Algo y muy grave debió haber en esto de la tentativa de envenenamiento de Blasco Núñez, cuando La Gasca, años más tarde, abrió informacion acerca de tan feo negocio, según consta por el siguiente documento.

«En la cibdad de los Reyes, en veinte y cuatro dias del mes de Mayo de mill é quinientos é quarenta é nueve años, el muy Ilustre Señor el licenciado Pedro de la Gasca, del Consejo de S. M. de la Sancta y general Inquisicion y su Presidente en estos reynos é provincias del Perú, por ante mí, Simon de Alzate, escribano de S. M., hizo parecer ante sí á Pedro de Quirós, estante al presente en esta cibdad, del cual su señoría tomó é recibió juramento en forma de derecho; el cual, habiendo jurado, prometió de decir verdad, é siendo amonestado que lo diga, fué preguntado diga y declare si sabe ó ha oido decir que alguna persona ó personas hubiesen intentado á dar tósico al visorey Blasco Nuñez Vela, que Dios tenga en su gloria, é diga y declare lo que cerca desto sabe ó ha oido decir é no otra cosa.

Dijo, que lo que sabe este testigo es, que á el tiempo y sazon que á este testigo tomaron en el alcance de Cáxas, estaba en compañía de dicho visorey; los de Gonzalo Pizarro é su valía de la otra parte de Cáxas, que puede haber tres ó cuatro leguas, poco más ó ménos, en un rio junto á él. Llegando este testigo junto al rio á donde le habian preso, estaba del otro cabo de la puente el licenciado Cepeda con otras personas rancheado, é como vido á este testigo, le llamó é le preguntó que ¿qué decian el visorey y el licenciado Alvarez del dicho licenciado y de quién se quejaban? Y este testigo le respondió y dijo que l'habia

oido decir al licenciado Alvarez muchas veces, que
si S. M. le tuviese para hacer cuartos y le dijese algunas
palabras en que le preguntase que por qué causa habian
prendido al visorey, que responderia y diria que no tenia
causa nenguna de desculpa, sino que responderia que el
diablo se le habia revestido en el cuerpo á él y á los demás oidores, y que no hallaba otra causa. Y el dicho licenciado Cepeda, al tiempo que le dijo lo susodicho, respondió á este testigo y dijo: quel licenciado Alvarez habia
sido una gallina cuando quisieron prender al visorey, é
que lloraba como mujer, y quél le habia dado de empujo-
nes y le habia metido en su casa para que callase y no dijese las niñerías que decia. Y ansimesmo dijo: «¿No sabe
el licenciado Alvarez que concertó con el licenciado Rodrigo Niño de que le enviasen un bocado á Guarua [Guaura],
y quel dicho bocado no alcanzó al visorey en Guarua?» Porque, segun este testigo entendió, quiso decir que habian
enviado el dicho bocado al visorey que estaba en Guarua,
y cuando llegó, ya era partido el dicho visorey, é no hubo
efeto. E que no sabe más acerca de dicho bocado. E cuando
esto pasó, estaban junto al dicho Cepeda, Sebastian del
Hoyo y fray Pedro [Muñoz, llamado el Arcabucero], mer-
cenario, y Olea; é que lo que ha dicho es la verdad, para
el juramento que hizo, é firmolo, é fuéle encargado el secreto, é lo prometió.—Pedro de Quirós.—El licenciado
Gasca.—Ante mí, Simon de Alzate, escribano de S. M.

»En este dicho dia, su Señoría del dicho señor Presidente
hizo parescer ante sí [á] Alonso de Castro, alguacil mayor
desta cibdad, del qual su Señoría, en presencia de mí el
dicho escribano, tomó é rescibió juramento conforme de
derecho; y él, habiendo jurado, prometió de decir la verdad
cerca de lo que le fuese preguntado; é siendo amonestado
que lo diga, fué preguntado diga y declare si sabe ó ha
oido decir que nenguna persona ó personas hubiesen intentado á dar tósico al visorey Blasco Nuñez Vela, que Dios
tenga en su gloria; que diga y declare lo que acerca desto
sabe é ha oido decir y no otra cosa.

»Dijo, que lo que acerca desto ha oido decir es, questan-
do este testigo preso en la cárcel pública desta cibdad,

donde á este testigo y á otros criados del visorey prendieron porque no fuesen con él, y estando el visorey preso en
la isla del puerto desta cibdad que está metida en la mar,
oyó este testigo decir á personas que iban á visitar á este
testigo que estaba preso y á los otros, que no se acuerda
quién eran las dichas personas, quel licenciado Rodrigo Niño
habia de dar un bocado al dicho visorey. Y esto decian
desta manera: que estando el visorey en esta cibdad en
su oficio de visorey, la mujer del dicho Rodrigo Niño ha-
bia·hecho un bocado para dar al dicho visorey, y quel dicho Rodrigo Niño lo habia traido á esta casa donde al
presente posa su Señoría, donde posaba en la sazon el dicho visorey; é que habia procurado de echar el dicho bocado en cosa donde habia de comer el dicho visorey, é
que no pudiendo efetuallo, lo habia echado en un cántaro
de agua el dicho licenciado Niño, de donde bebia el dicho
visorey; é que por ser mucha cantidad de agua la que estaba en el dicho cántaro, no habia tenido operacion contra el dicho visorey. E que ansimesmo decian las dichas
personas, quel dicho licenciado Rodrigo Niño, á quien se
habia dado en guarda el visorey cuando le prendieron, [habia]
de darle tósico en la isla donde le tenia ; é que no oyó decir
otra cosa cerca de lo que le ha sido preguntado, ni tiene
memoria de presente qué personas eran las que lo decian,
mas de que fué público en esta cibdad quel dicho licenciado Niño habia echado el dicho tósico en el cántaro. E
paréscele á este testigo que se le quiere acordar, que despues de salido este testigo de la cárcel, le dijo Juan de Badajoz: «¿Vistes aquel bellaco,—entendiendo por el dicho
licenciado,—cómo queria dar tósico, ó cómo quiso matar
al visorey?» E que lo que ha dicho es la verdad para el
juramento que hizo, é firmólo. Fuéle encargado el secreto.—Alonso de Castro.—El licenciado Gasca.—Ante mí,
Simon de Alzate, escribano de S. M.

»E luego incontinenti, su Señoría del dicho señor
Presidente, tomó é recibió juramento en forma de derecho
de mí el dicho escribano, é habiendo jurado, prometí de
decir verdad de lo que supiese y me fuese preguntado en
este caso, é fuí amonestado que lo diga.

»Fuéme preguntado por su Señoría diga y declare si sé ó
he oido decir que alguna persona ó personas hubiesen intentado á dar tósico al visorey Blasco Nuñez Vela, difunto,
que esté en gloria; que diga y declare lo que cerca desto
he oido decir é no otra cosa alguna. Digo, que para el juramento que tengo hecho, que al tiempo y sazon que estaba preso el visorey en la isla del puerto desta cibdad,
hablando yo, el dicho escribano, con amigos mios, de cuyos nombres al presente no tengo memoria, por ser mucho tiempo que há que pasó, cómo el licenciado Rodrigo
Niño habia querido dar un bocado al visorey, é que se temian las tales personas que conmigo, el dicho escribano,
hablaban, no se lo diesen, pues lo tenian preso. Y puede
haber cuatro ó cinco dias, estando en la cámara de su Señoría hablando con su Señoría el contador Juan de Cáceres, dijo el dicho contador que fué público y notorio quel
dicho licenciado Niño habia querido dar un bocado al
visorey; y que creia, segun lo habia oido decir, que lo
habia hecho el bachiller Aleman, boticario que á la sazon
era en esta cibdad. E esto es lo que sabe (*sic*) deste caso y
he oido decir y no otra cosa para el juramento que tengo
hecho; y lo firmo de mi nombre y prometo de tener secreto en esto y en lo demás, como soy obligado y á mi
oficio se requiere. El cual dicho bachiller es natural de
Xerez de la Frontera.—Simon de Alzate.—El licenciado
Gasca.—Ante mí, Pedro D'Avendaño.

»E despues de lo susodicho, en diez y seis dias del mes
de Junio de mill y quinientos é cuarenta y nueve años,
el señor licenciado Cianca, oidor de la Audiencia Real
de S. M. destos reinos, por mandado del señor Presidente,
fué á las casas de la morada del licenciado Cepeda, al
cual tomó é recibió juramento en forma de derecho, y él
habiendo jurado, prometió de decir verdad.

»Fué preguntado que diga y declare si sabe ó ha oido
decir que alguna persona ó personas hubiesen intentado á
dar tósico al visorey Blasco Nuñez Vela, que sea en gloria;
que diga y declare lo que cerca desto sabe ó ha oido decir
é no otra cosa.

»Dijo, que lo que sabe es, que al tiempo quel licenciado

Alvarez se habia de partir desta cibdad para llevar al visorey á España á S. M., dende á ciertos dias que esto estaba acordado por todos los oidores, el licenciado Alvarez
dijo á este testigo que queria llevar un bocado, para que,
si sintiese quel visorey se queria soltar, queria llevar con
que le pudiese matar; y que envió á llamar al bachiller
Castro y trataron de hacer el bocado; y este testigo no sabe de qué fué, más de que el licenciado Alvarez dejó el
cuidado á Rodrigo Niño el Mozo, el cual salió desta cibdad con el veneno quel dicho licenciado Alvarez y bachiller Castro mandaron hacer un dia ó dos despues quel dicho licenciado salió desta cibdad. E despues, vuelto á esta
dicha cibdad el dicho Rodrigo Niño, dijo á este testigo que
no habia dado el dicho veneno al dicho licenciado Alvarez, porque, cuando llegó á Guarua, á donde estaba,
ya se habian hecho á la vela.

»Preguntado si supieron otras personas más de lo que
tiene declarado que supiesen del dicho veneno, dijo, que
no más de que oyó decir al licenciado Alvarez ó al bachiller Castro, no se acuerda cuál dellos, más de que fué el
uno dellos, que habian mandado hacer el dicho bocado y
veneno en casa del bachiller Aleman, boticario. Y questo es
lo que sabe y es la verdad para el juramento que hizo, é
firmólo.—El licenciado Cepeda.—El licenciado Cianca.—
Ante mí, Simon de Alzate, escribano de S. M.—Va entre
renglones ó diz decir, vala. E yo Simon de Alzate, escribano de S. M. el susodicho, en uno con su Señoría del señor
Presidente que aquí firma, etc., etc.—El licenciado Gasca.
—Simon de Alzate. »(Original.)

(Bibl. part. de S. M.)

NÚM. 14.º

Entre los leales y consecuentes partidarios de la causa real, á quienes La Gasca, en el repartimiento de mercedes que hizo despues de la derrota de Gonzalo Pizarro, no pudo recompensar, por haber consumido las encomiendas premiando de preferencia á los que abandonaron la causa de los rebeldes, se hallaba un Alonso de Medina, vecino de Arequipa, viudo con cuatro hijos, pobre y lleno de deudas; el cual, no solamente quedó desatendido, sino que, por intrigas de sus émulos, fué encausado y tuvo que refugiarse al monasterio de Santo Domingo de Arequipa, desde donde dirigió al presidente del Perú varias cartas, unas anónimas y otras con su firma, reclamando justicia y enterándole de las maldades y traiciones cometidas por los agraciados con perjuicio de los buenos sin valimiento. El hambre y la desesperacion le soltaban la lengua y daban color extravagante y carácter alocado á su estilo; pero no debieron ser calumnias todas las acusaciones contenidas en sus escritos: primero, porque La Gasca los conservó, y segundo, porque la historia no desmiente muchas dellas.

Valga por lo que valiere, he aquí lo que decia en uno de los anónimos acerca de la eleccion de Gonzalo Pizarro en el Cuzco, y de las personas que en ese acto intervinieron, algunas de las cuales desempeñan un interesante y trájico papel en esta guerra de Quito.

»....Y lo prendieron [al virey Blasco Núñez], y ántes que lo prendiesen, echaban sus juicios, y decian: «Si saldremos con ello ó no?» Enviaban sus cartas á Gonzalo Pizarro; decíanle que abajase con 200 hombres á Xauxa, quellos le prenderian con su favor y se lo darian atado; por sostener

á los malaventurados de los naturales; por comelles las carnes y chupalles la sangre. Dejo aldicho Gonzalo Pizarro que estaba en el Cuzco; demandaba justicia mayor y capitan general al dicho cabildo; unos decian: «No se lo demos, que somos traidores, basta que sea capitan general.» Los otros decian: «A donde va la soga vaya el cardero, y salgamos con ello, porque sepa el rey con quien se toma, que mos quiere castigar agora por lo que habemos hecho.» Y ellos en esto firmanle capitan general y hacen su junta de comunidad y hacen firmar á todos los mercaderes y estantes y habitantes. Y en esto entra Diego Centeno y Lope Martin, que habian ido por espías de Gonzalo Pizarro desde el Collao, y dánle firmas del cabildo de Lima que fuese á más andar; no porque el dicho Diego Centeno no tenia buen corazon á las cosas de S. M., á lo que parescia á las gentes, mas á la postre y al fin tambien ayudó su parte. Y incontinenti vino Gaspar Rodriguez con diz é nueve arcabuces; y el apellido é intencion deste no era sino por Vaca de Castro, porque le queria casar con una hija; y como se vido el Vaca de Castro apretado de la residencia, envia á Gaspar Rodriguez á gran priesa desde Guamanga que muviese (*sic*) la tierra para suplicar de lo quel virey traya; y llegado al Cuzco, halló á Gonzalo Pizarro en la demanda á la quél venia, y elóse y pasmóse de lo comenzado, no queriendo [?] Gonzalo Pizarro gobernador, sino que Vaca de Castro como gobernador que suplicase de lo quel señor virey traia. Y luégo entró el traidor del licenciado Carvajal, perdonado de quince dias de servicio, y este venia á hacer cara con Gonzalo Pizarro, porque no le quitasen los indios á el dicho licenciado Carvajal y á su hermano el fator, que está en la otra vida, dada cuenta de lo mucho que ha revuelto en esta tierra y de lo mucho que ha sido parte de la destruicion destos reinos. El firmó en la muerte de don Diego de Almagro el Viejo, porque le diesen indios; él le cohechó diez mill pesos al dicho don Diego de Almagro por los hermanos que tenia en el Consejo de Indias (*);

(*) Uno de ellos era Juan Xuárez de Carvajal, obispo de Lugo.

él fué causa del mal sucedido, que si él dijera á su hermano el licenciado Carvajal: «Hermano, vente á donde está el Rey mi señor,» ni él muriera ni hubiera acontecido tanto mal; sino, como vido que quitaban á los oficiales de S. M. los indios y él era el fator y su hermano habia sido teniente por don Francisco Pizarro y habia dado mandamiento para tomar la balsa que iba á S. M. (*), y habia el fator robado de los pueblos de S. M. más de cincuenta mil pesos, que los tuvo diez años metiendo sobrinos y salian ricos; con esto envió una carta el fator á su hermano: «íos vos al Cuzco; y si Gonzalo Pizarro se alzare, vos allá y yo acá haremos lo que solemos.» (Original.)

NUM. 15.°

Lo que pasó en este negocio del arrepentimiento y embajada secreta de Baltasar de Loaysa, puede verse en la *Instruccion que el Maese de Campo* [Francisco de] *Carbajal tomó contra Gaspar Rodriguez* [de Camporedondo] *y los demás á* 24 *de Setiembre de* 1544.

«En el asiento que se dice Paucara, á 28 dias del mes de Setiembre de mill y quinientos y cuarenta y cuatro años, en presencia de mí, Pedro Gonzalez del Castillo, escribano de S M. é testigos de yuso escriptos, el señor

---

(*) Con despachos de don Diego de Almagro y con cinco de sus amigos, que trataban de ir á España á informar de las injusticias de don Francisco Pizarro, el cual tenia secuestradas todas las embarcaciones que habia entónces en los mares peruanos. La balsa fué tomada y echada á pique por el navío la *Concepcion,* al mando de Francisco Martin de Alcántara y dirigido por el piloto Hernan Gallego.

Francisco de Carbajal, maese de campo deste ejército (*), para saber la verdad de lo que pasa cerca de la venida de Baltasar de Loaysa, tomó é recibió juramento en forma de derecho de dicho Baltasar de Loaysa; é puso la mano en la corona é juró por Dios etc.; é lo que dijo é depuso es lo siguiente, lo qual pasó en presencia del padre Francisco de Herrera, cura y vicario deste real.

»Fuéle preguntado que diga é declare todo lo que sabe cerca de las cosas que se han tratado entre'él y Gaspar Rodriguez y otras personas; dijo lo siguiente:

»Queste que depone ha estado siempre temeroso en pensar que se habian de perder en tomar voz contra el visorey Gonzalo Pizarro y los demás, y siempre estaba con deseo de saber el poder que tenian abajo; y algunas veces dijo este confesante á Gaspar Rodriguez por el camino, cuando vinieron de Lima, y en el Cuzco, que no se metiese en estas cosas tan de golpe, porque se perderia; y él le respondió, que alguno lo habia de hacer. Y cuando tomó el artillería de arcabuces de Guadacheri, le pesó dello y se lo (**) retrajo, diciéndole que ¿cómo pensaba sustentarse?; y él le respondió, que con hacer una caxa y que todos los conquistadores contribuyesen para pagar gente. Y que le paresció [paresciéndole] á este confesante disparate lo que decia, se reia dello y todavía se lo increpaba; y que á esta causa se adelantó el dicho Gaspar Rodriguez y se quedó este confesante; y desde el camino escribió este confesante una carta al visorey ofreciéndole (*sic*) por servidor y dándole cuenta de lo que le habia movido á salirse de Lima; y que despues este confesante se fué al Cuzco, donde halló al dicho Gaspar Rodriguez; y posó en su casa siempre que en el Cuzco estuvo; y siempre temió que se habia de perder, porque le vió mal quisto de los de Chile, y á él hombre entremetido y envidiado de las gentes; y así se lo dijo muchas veces. Y que asimismo, estando una noche en la dicha cibdad del Cuzco, que podria ser á veinte y dos ó

(*) El de Gonzalo Pizarro, que venia caminando hácia Lima.
(**) *Quitó* (Borr.).

veinte y tres dias del mes de Agosto, en la posada de Luis
Suarez, que durmió allí, y el licenciado Leon, comenzaron
á tratar en esta materia de las ordenanzas que S. M. envió á esta tierra y de cómo no sabian nada de Lima ni
si tenia gente ni no la tenia el visorey. En aquella sazon
entró Diego Maldonado, vecino é regidor de la dicha cibdad, que llaman el Rico, y hablando en ello, dijo el dicho
licenciado Leon, que si el hobiese salvo conduto, haria
entender á los oidores por disputa pública, cómo era mal
proveido lo que el rey habia proveido. Y el dicho Diego
Maldonado dijo: «¿Si os le trujesen, ofreceros íades á ir
allí?» Y el dicho licenciado dijo: «¡Ojala yo le toviese!» Y
dijo este confesante: «¡Pluguese á Dios que con aventurar-
me yo os le pudiese traer, que toviese yo aparejo para ello,
que yo lo haria!» Y el dicho Diego Maldonado se llegó al
oido y dijo: «¿Qué os falta, padre?» Y dijo este confesante: «No tengo cabalgadura» Y él dijo: «Pues quedaos, que
yo os la daré.» Y este confesante dijo que sí se quedaría.
Y dijo al dicho Gaspar Rodriguez y á todos que se queria
quedar en el Cuzco, y así se quedó. Y dijo al dicho Gaspar Rodriguez cómo cierta persona le daba una mula
para que fuese á Lima por salvo conduto para el licenciado Leon; que se holgaba dello, porque entenderia lo de
abajo. Y aún al dicho Gaspar Rodriguez pareció que no le
pesaba, porque era á la sazon que se habian huido Garcilaso y los demás, y estaba algo descontento; y dijo que
¿qué pensaba hacer allá?; y este confesante le respondió:
«Veré y entenderé lo de allá abajo.» Y él le respondió: «Si
viéredes quel visorey está más pujante que nosotros, po-
dreis procurar que dé la gobernacion de lo de Diego de
Rojas á Gonzalo Pizarro, y sacadme seguridad del visorey
para mí y para mis amigos, los que yo os dijere; y si no
estuviera tan pujante y estuviéremos nosotros más pujan-
tes quél, no hablareis palabra de esto. Siempre poniéndole delante el acrecentamiento y seguridad de Gonzalo
Pizarro.» Y que esto lo habia de hacer en caso que ningund
remedio hobiese y no en otra manera; y que por estonce
con esto se apartaron. Y despues desto vino la nueva que
Pedro de Puelles era llegado á Guamanga y con gente, y

el dicho Gaspar Rodriguez dijo á este confesante: «Paréceme que no debeis de ir á Lima, porque, á Dios gracias, se nos va haciendo bien con esta venida de Pedro de Puelles.» Y este confesante le respondió: «Yo no voy á Lima por sólo lo que con vos he hablado, sino porque he sabido que está preso Melchior Ramirez y querria ser parte para sacallo; y querria que se ofreciese algo en que dar á entender mi voluntad al señor Gonzalo Pizarro.» Y así se apartaron; y entónces temió este confesante quel dicho Gaspar Rodriguez lo diria al señor Gonzalo Pizarro y le escusaria la ida á Lima.

»Y que Diego Maldonado le dijo que le daria una mula y que fuese á Lima y tratase con los oidores, diciéndoles cómo el señor Gonzalo Pizarro y toda la tierra querian á ellos, y al visorey nó, sino que se fuese, porque le tenian por juez apasionado y los habia amenazado con la muerte, llamándolos de gente ruin y cevil; y que les dijese en este caso todas las palabras que le pareciese, para que pudiese indignar á los oidores con el visorey para echarle de la tierra; y dió á este confesante una memoria simple en que decia: «*Lo quel padre Loaisa ha de hacer en Lima, me-* «*diante Dios*, *es lo siguiente*: Si el visorey estoviese tan «pujante quel señor Gonzalo Pizarro y lo de acá á arriba «no fueren parte con él, que diese á entender que la pu- «janza de acá arriba era más que la suya, para que de- «bajo desto, abrazándose siempre con los oidores, se pro- «curase otorgamiento de la suplicacion, dejando al señor «Gonzalo Pizarro con el Cuzco y dende arriba, hasta que «S. M. respondiese lo que fuese servido. Y si esto no se «pudiese negociar, y el visorey estoviese tan pujante y los «de acá tan flacos, que procurase que se diese al dicho «Gonzalo Pizarro la gobernacion de Diego de Rojas y á «él perdon de cualquier delito que en esta tierra hobiese «cometido y licencia para ir en la dicha jornada en com- «pañía del dicho Gonzalo Pizarro, y licencia para que «dejase su hacienda y indios á sus hijos.» Y más le dió una carta para el visorey en que le decia quél se habia venido de Lima, á la sazon que venia á ella, por venir á sus haciendas, que se le perdian, y porque decian que ve-

nia amenazando á todos los vecinos y moradores destas partes, y que les habia de quitar las vidas y haciendas; y que desto habia muchos testigos que se lo habian oido decir; y que ¿por qué razon los habia amenazado de lo susodicho? Y que en lo demás se remitia á este confesante, que era el mensajero; y que el crédito que le dió es lo mismo que le dió en la memoria; y que le acriminase mucho palabras feas que contra los vecinos del Cuzco habia dicho delante de los oidores, especial que habia dicho delante de Diego Ortiz de Guzman: «¿Qué se me dá á mí de otorgarles la suplicacion, que despues les cortaré las cabezas?»

»Que ansimismo este confesante llevó otra carta en cifra de Setiel, que estaba en casa del dicho Diego Maldonado, y que la cifra cree este confesante que era de Luis Xuarez, porque, al tiempo que este confesante la dió al visorey, que fué por yerro, pensando que era la de Diego Maldonado, la abrió el visorey y vió que era en cifra, mandó llamar á Diego Montesino, compañero del dicho Luis Xuarez, y sospechó este confesante que era para que le declarase la carta.

»Fúele preguntado que quién eran los amigos del dicho Gaspar Rodriguez para quien se habia de pedir el salvo conduto y lo demás que en este caso pasó, diciendo siempre se toviese cuenta con el acrecentamiento y vida del dicho Gonzalo Piżarro. Dijo que era el dicho Gaspar Rodriguez, y Alonso de Toro, Tomás Vázquez, y Villacastin, y el capitan Guevara; y que con estos despachos que dicho tiene este confesante, se fué de la dicha cibdad del Cuzco é se despidió del dicho Gaspar Rodriguez y del dicho Diego Maldonado y se fué á Lima, persuadido siempre del dicho Gaspar Rodriguez que por todas las vias que pudiese se echase el visorey de la tierra, de manera que gobernase Gonzalo Pizarro; y así se partió del Cuzco y llegó á las minas de Guallaripa, donde escribió una carta al dicho Gonzalo `Pizarro, diciendo quél en ninguna cosa iba á deserville.

»Fué preguntado que quién le acompañó en este camino: dijo que no más de cuatro yanaconas que le dió el dicho

Diego Maldonado para que le acompañasen en el dicho camino y le avisase lo que habia en Lima; y así se lo escribió desde Atunlucana [Atunrucana] unas nuevas como otras que vió [*sic*, ¿hubo?] de Luis Garcia de Samamés; é que la dicha carta vino á Hernando Alonso, hermano de Juan Alonso de Badajoz; y de allí se volvieron los dichos indios al dicho Diego Maldonado; é desde allí se fué este confesante solo y con propósito de haber algo allá en que dar á entender su voluntad al dicho Gonzalo Pizarro y servirle en algo, para quitar las sospechas que deste confesante se habian tenido. Y que del camino escribió este confesante una carta al visorey, diciéndole cómo iba y que le habia servido en el Cuzco en todo lo que habia podido, por tenelle grato; y otras cosas que no se acuerda.

»E queste confesante llegó á Lima al tiempo que el visorey acababa de comer, é estovieron ámbos parlando hasta que aderezaron de comer; y allí le dijo públicamente que se habian ido Garcilaso y los demás, y que iban allá; y le dijo que Gonzalo Pizarro tenia quinientos y cincuenta hombres; y desde á un poco se fué á su posada, que fué en casa del contador Juan de Cáceres, donde se juntaron Pablo de Meneses y don Alonso y Martin de Robles y Diego de Silva y otros vecinos, que serian quizá veinte entre todos, y allí, empezándole preguntar nuevas, dijo que Gonzalo Pizarro tenia quinientos y cincuenta hombres; y Martin de Robles preguntándole por sus amigos, le dijo este confesante que sus amigos todos le estaban esperando, y que á cualquier tiempo que fuese, seria bien recebido. Y á Diego de Silva dijo,—preguntando por sus indios: «¿Ya no serán mios?» Dando á entender que se los habian quitado,—«Por cierto no, aunquel señor Gonzalo Pizarro mandó á un yanacona vuestro que viniese conmigo y dijese á los caciques que eran suyos y que le guardasen el oro y plata que le habian de dar.» Y que todo esto fueron á decir al visorey, y que hacia gente, y le quisieron embarcar, como lo saben muchos. Y á esta causa este confesante dijo á Bobadilla, que habia ido allá por entender las cosas de allá abajo y ver los ánimos de las gentes, y le dijo que todos estaban unánimes y confor-

mes para servir al señor Gonzalo Pizarro. Y por temor
que no le embarcasen, empezó á tratar con el visorey que
perdonase á algunos de los de acá arriba y que se pasarian
á él, por tener ocasion para salirse de allí y porque no le
embarcasen, y por hacer algun servicio al señor Gonzalo Pizarro, y por decir á sus amigos que la pujanza
de acá es más que la de allá. Y así sacó una provision
del audiencia en que decia que perdonaba el rey á Gaspar
Rodriguez y á Gumiel, y al capitan Guevara, y á Alonso
de Toro, y á Tomás Vazquez, y á Villascatin, y á don
Pedro Portocarrero, y á Altamirano, y á otros que no se
acuerda, que se refiere al registro de la provision, si
se pasasen á la parte del visorey ántes de quince dias que
hobiere rompimiento, y así mismo todas las personas que
se le pasasen dentro del dicho término; y que esta provision traia para dar al señor Gonzalo Pizarro con una memoria de ciertos ecebtados, que á lo qué entendió del visorey, era para este efecto; y así lo dijo en Lima á Manuel
de Rojas y á Bobadilla, para que dijese á los vecinos amigos
y servidores del señor Gonzalo Pizarro que viniesen con
él tres ó cuatro personas; y así se lo dijo el dicho Bobadilla á Pedro Martin, que está aquí presente, y así creyó
siempre que habia [n] de venir.»

(Copia simple y mala de letra del escribano Castillo.)
(Bibl. part. de S. M.)

NÚM. 16.º

Esta es la primera vez que Cieza nos habla en los tratos que sobre la paz tuvo el Regente ó Provincial de los
Dominicos, fray Tomás de San Martin, con Gonzalo Pizarro. Más adelante, al fin del capítulo XLII, vuelve á

ocuparse en el asunto; pero es para decirnos que fray Tomás venia ya de vuelta del Cuzco y no muy satisfecho del resultado de sus gestiones. De suerte que el lector queda ignorando cuándo el Regente partió de Lima y los términos en que pasaron aquellos tratos.

Herrera, para enmendar el descuido de nuestro cronista, supone que fray Tomás salió de Los Reyes despues que el obispo Loaysa y al mismo tiempo que el secretario Pedro López, Simon de Alzate y Francisco de Ampuero, encargados de notificar á Gonzalo Pizarro las provisiones reales de Blasco Núñez; y que el Regente «pidió al visorey provision para que, sosegándose Pizarro, fuese en el Cuzco teniente de gobernador.» A lo cual contestó el virey «que, pues estaba alzado, no era bien darle tal provision; pero que le daria una cédula, firmada de su nombre, para que, si se pusiese en servicio del Rey, le haria teniente de gobernador en el Cuzco.» (Déc. VII, lib. VIII, caps. I y II.)

Pero esta enmienda contiene una inexactitud y además dice muy poca cosa acerca del asunto principal que la motiva.

El Regente partió de Lima para el Cuzco ántes que el obispo. Al cruzarse con Pedro López y Francisco de Ampuero en Vílcas, y luégo con ese prelado en Cochacaxa, volvia de aquella ciudad, no iba, como Herrera creyó, interpretando equivocadamente lo que Cieza refiere en los capítulos XLII y XLIV y pasando por alto lo que Diego Fernández de Palencia asegura (*). Su viaje no fué oficioso, ni lo hizo por cuenta propia (**) y llevado de su amor á la paz entre los príncipes cristianos, sino para llevar á Gonzalo Pizarro de parte del virey y por iniciativa de éste y

---

(*) Historia del Perú, Prim. par., lib. prim., cap. xiij, p. 13, col. 2.ª.—El capitan don Alonso de Montemayor, que entónces se encontraba en Lima al lado del virey, afirma lo mismo que Fernández. V. su Relacion copiada por Oviedo en el lib. XLIX, cap. X de la Hist. gen. y nat. de las Ind., t. IV., p. 406 de la ed. de la Ac. de la Hist.

(**) Como parece deducirse de lo que Cieza pone al final del capítulo XLII.

con poderes bastantes, ciertas proposiciones de avenencia
á la verdad no muy conformes con las fieras protestas
y altiveces de Blasco Núñez, ni con aquella pena de cien
azotes á quien dijese que Gonzalo Pizarro estaba alzado; ni
tampoco con el carácter noble y caballeresco que los histo -
riadores le atribuyen, si es cierto que las tales proposiciones no eran más que un pretexto para entretener y aluci-
nar al caudillo rebelde, mientras fray Tomás seducia á
algunos de sus principales capitanes y consejeros de confianza, apartándolos de su bandera ó aconsejándoles que
le diesen muerte. Como quiera, las conferencias diplomá-
ticas á solicitud del virey pasaron en el Cuzco, á mi juicio,
tranquilamente y sin otro resultado que menoscobar la
autoridad que Blasco Núñez representaba y alentar los
propósitos de Gonzalo Pizarro. El cual dió por termina-
das las negociaciones en los primeros dias del mes de
Enero de 1544, con la nota ó *ultimatum* que sigue:

«Magnífico y muy Reverendo Señor.—En lo que Vuestra Paternidad trae del señor Blasco Nuñez Vela, resu-
miéndome en lo último de todo, respondo lo siguiente:

»Al primero capítulo, en que Vuestra Paternidad dice
que la suplicacion se concederá y se suspenderá la ejecucion de las ordenanzas, y que para eso se envien procuradores sostitutos, digo, que á eso vamos estos caballeros y yo,
y que se enviará procurador é procuradores con instruccion
y poder para que presente la suplicacion y requerimientos
que yo le diere, para más justificacion de lo que se hace;
los cuales procuradores irán debajo del salvo-conducto
bastante como el que Vuestra Paternidad trae. Y cuanto á
lo de la gobernacion, que yo en tal no hablé ni tal pre-
tendo ni quiero.

»Al segundo capítulo, en que se pide quel señor Blasco
Nuñez Vela quede en la tierra, y que para la seguridad
nuestra y mia se pidan ciertos conciertos de casamientos,
digo, que del quedar Su Señoría en estos reinos, sabe y
entiende Vuestra Paternidad los inconvinientes que se
siguen, los cuales no cesan por los casamientos que se
proponen é piden, pues siendo más cercano entre Jullio

César y Pompeyo, no evitó las guerras que entre entrambos hobo, ántes las encendió; fuera de lo cual, tenemos ejemplo de ayer de lo que pasó entre Pedro Arias de Avila y su yerno (*); y aunque todo esto cesara, agora es tiempo de alteracion y estamos en justicia por lo que toca al bien público de todo este reino, y pareceria que nos habiamos puesto en esto por nuestros intereses particulares, y no por el bien de la república. Fenecidos estos negocios, harto se gana de nuestra parte con lo que de la de Su Señoría se pide; tiempo habrá para hacello y entenderse en ello. Y en lo demás de los rehenes que se dan para seguridad desto, buenos rehenes tengo yo en seiscientos caballeros que conmigo están, bien pertrechados; fuera de ser esta la voluntad de todo el reino, y esotro seria poner en trabajo, así á Su Señoría, como á los rehenes que nos diese.

»Y á lo demás del dicho capítulo en que dice quel señor Blasco Nuñez dexará [deshará] por esto su gente, digo que, sin eso y con eso, Su Señoría es obligado á deshacella, pues nosotros vamos á pedir justicia, y la gente que nos hemos juntado, solamente ha sido para defendernos é este reino de la fuerza que se nos hacia; y pues nosotros tenemos derecho para lo que hacemos, Su Señoría no lo tiene para lo que hace.

»Item, al tercero capítulo, en que se dice que para todo se dará perdon general desde don Diego de Almagro hasta hoy, digo, que aunque Su Señoría y los señores oidores lo pudiesen hacer, yo ni estos caballeros no tenemos necesidad de perdon en lo pasado ni en lo presente, pues no hemos cometido delito que tenga necesidad de perdon, pues ántes hemos servido en todo lo pasado y presente á S. M. que deservídole; y que si alguien ha cometido algun delito particular, ántes queremos que se castigue, por ser bien de la república; pues que nosotros no venimos á impedir la justicia, ántes nos juntamos y venimos para que se haga, y en ella no haya fuerza ni se pase del dere-

(*) Vasco Núñez de Balboa.

g

cho. Y en lo demás que dice el dicho capítulo, que se confirmaran los indios á todos los que por mí fueren señalados, ecebto los que Vaca de Castro dió á sus criados que no han servido, digo, que en eso hará S. M. lo que fuere servido; é yo no quiero sino que el que no ha servido que no lo goze, así los criados de Vaca de Castro, como todos estos que están en la tierra que no lo merecen. Y aunque yo esto quiera, torno á decir que se ha de seguir la voluntad de S. M., bien ó mal, porque aquello es la justicia.

»Item, al cuarto y principal capítulo, en que se dice que para quel señor Blasco Nuñez no quede en la tierra, por tener la fama que tiene de cruel y esecutar al pié de la letra de lo que S. M. manda, que conviene que Su Señoría vea el real, para ver nuestra pujanza, y que se le hagan los requerimientos que convengan, para que él salga y tenga disculpa con S. M.; digo, que la causa por que se pide que Su Señoría vaya á informar á S. M., no es por ejecutar lo que se manda al pié de la letra, porque si él hiciera lo que S. M. le manda, para hacer lo que ha hecho en este reino, se aconsejara con los señores oidores, siendo como son personas tan calificadas, y asimesmo guardara los términos del derecho que no guarda ni ha guardado y supiera ser y fuera hombre sufrido y cauto y no ponernos en la alteración que nos ha puesto. Y la causa porque se suplica de quél sea visorey, es porque no hace lo que S. M. le manda, y por ser, como es, tan áspero y á nosotros tan odioso, y por otras causas que se dirán en la suplicacion que por mi parte se interpusiere. Y en lo demás, si Su Señoría quisiese ver el real, que allá vamos y lo verá; y áun si lo quisiere venir á ver, como venga con tres ó cuatro caballeros, lo verá y le dejaremos entrar en él y áun hablará á todos. Y en lo demás de los requerimientos, á nosotros nos conviene, porque lo que pretendemos es cumplir con S. M. y no echarnos ninguna culpa de Su Señoría á nuestras cuestas.

»Item, al quinto capítulo que se dé seguridad para que los señores oidores queden en la tierra, estoy admirado pedir esto, siendo nuestro principal intento pedir antellos

nuestra justicia é facer antellos nuestra probanza, justificar antellos nuestras causas y áun suplicalles quescri-
ban á S. M. nuestras quejas, y áun tomar dellos nuestra
seguridad; pues siendo esto así, mal quebraremos el es-
pejo en que nos hemos de mirar, que no somos tan necios
y torpes fuera de razon, que hemos de apartar lo que nos
conviene y allegar nuestro daño, apartándonos de nuestro bien, ques S. M. Y para esto vean Sus Mercedes
ques la seguridad que quieren, que aunquellos quieran,
no saldrán de la tierra, porque quedariamos sin justicia.
Esto nos ha puesto grandescándolo, porque quien pone
escrúpulos en esto debe ser grande enemigo nuestro y
gran deservidor de S. M.; y es infamarnos, para questos señores estén escrupulosos de nosotros y se nos vayan sin
hacernos ninguna merced y dejarnos desamparados de
justicia. Y en lo demás que en el dicho capítulo se dice,
que á mí me harán capitan general, yéndose el señor
Blasco Nuñez Vela de la tierra, digo que Sus Mercedes harán lo que más conviniere al servicio de S. M., ó lo que
les pareciere, para que se asegure la gente que conmigo
llevo, que yo seguro estoy, porque sé que aquellos señores
me guardarán justicia, y guardándomela, estoy seguro. Y
en lo demás que Vuestra Paternidad se refiere á decir la
posibilidad que tenemos, Su Señoría y esos señores la
vean, que no es sola esta, sino la de todo el reino.—Gonzalo Pizarro.» (Original).

Con la nota anterior iba esta carta de Gonzalo Pizarro
al virey:

«Illtre. Señor=Bien entiendo y acá se entiende, que la
poca verdad de las Indias impone algunas cosas á Vuestra
Señoría de las que dicen que hace, que no solamente
no crealas, pero ni áun pensarlas se deben de un caballero tan sábio y calificado como Vuestra Señoría es;
pero otras que Vuestra Señoría hace y ha hecho y dice
que ha de hacer, que su aspereza y crudeza hasta acá nos
lastima y su notoriedad no se nos deja encubrir, han fecho
ayuntar en esta cibdad toda la gente que á Vuestra Se-

ñoría dirá el Muy Reverendo Padre Fray Tomás de San
Martin, provincial de los Predicadores, llevador desta é
tan servidor de Vuestra Señoría, que no le dirá otra cosa
de la verdad, para que Vuestra Señoría no nos haga
fuerza en la justicia, ni nuestra honra lo padezca por descuido.

»La causa que hemos tenido para esta alteracion, es
sola la que Vuestra Señoría nos ha dado entrando solo
en este reino sin los señores oidores, haciendo solo lo que
todos habian de mirar y considerar, primero que se procediese á ejecucion, y no admitiendo exebcion ni causa
legítima á ninguna de las personas á quien tocaba, pro-
cediendo sin órden de derecho, por sola voluntad, y lo
que peor es y que más nos exaspera, no admitiendo
suplicacion alguna que para ante S. M se haya interpuesto por los cabildos y vecinos de las cibdades de San
Miguel y Trujillo y los Reyes, ántes denegándolas y pro-
cediendo de hecho á ejecutar aquellas de que tan justa y
santamente se suplicaba, sin admitir ni permitir defensa,
y seyendo, como es, de derecho natural, y quel príncipe
no la puede quitar ni admover.

»Visto que lo que S. M. no hiciera ni pudiera hacer hasta
oirnos, Vuestra Señoría tan ásperamente lo ejecuta, estos
cabildos de las cibdades de acá arriba y ésta, como cabeza,
por merced de S. M., me han elegido por procurador de
todo el reino, y por su capitan, como aquel á quien va su
parte en ello y quiere y desea que S. M. entienda y sepa
que no son pequeños y de poca calidad los servicios que
en estos reinos se le han hecho, para que la dicha fuerza
no se les haga y la dicha ejecucion se suspenda, hasta que
S. M. nos oiga, y oidos, provea lo que fuere servido;
porque aquello será justicia y retitud, y con nosotros usará
de su acostumbrada beninidad, de las cuales cosas nunca
S. M. falta. Y si otra cosa de lo que pensamos y suplicamos S. M. hiciere, aunque de las dichas cosas lo
que proveyere carezca (que no creemos), sus vasallos somos é sus subjetos y él es nuestro señor natural, á quien
hemos de obeder y cumplir sus mandamientos. Quitarnos
y llevarnos las haciendas, revocarnos las mercedes, oyen—

donos, ternemos por justo; privarnos de la vida, ternemos
por santo; opremirnos nuestra libertad, ternemos por bueno; porque sabiendo y entendiendo nuestras causas y so-
brellas oyéndonos, sabremos y entendremos que no será
sin justa causa lo que S. M. hiciere y proveyere, siendo,
como es, tan católico, tan justo y benino como todos
conocemos.

   »Y para que lo susodicho haya efeto, con estos caballeros
y gente que me han eligido por procurador y capitan, voy
á esa ciudad de los Reyes, así para suplicar de las ordenanzas que todo el reino ha suplicado y de las demás
que nos convengan, como de que Vuestra Señoría sea visorey en estos reinos; no porque Vuestra Señoría no sea
caballero sabio y calificado y tal quel gobierno de España
toda no se le podria encomendar, pero por ser en la justicia tan áspero, en la condicion tan recio, y en esta tierra
tan poco experimentado y en el oir y administrar justicia
tan poco sufrido, y aún por queste ayuntamiento le parecerá á Vuestra Señoría pecado y siempre le ternemos por
sospechoso, de las cuales cosas una tan preminente dignidad como á Vuestra Señoría ha sido sobida por S. M.
debe carecer.

   »Acá nos han dicho que, sabiendo deste nuestro ayuntamiento, Vuestra Señoría hace gente y armas, con ánimo de
denegarnos nuestra justicia y suplicacion; á lo cual creer no
nos podemos persuadir, porque nosotros no queremos batalla, recuentro ni que en esto intervenga sangre; no porque
en nosotros no haya habido suficiente causa, por la que
Vuestra Señoría nos ha dado, pero porque podriamos con
ello dar algun sinsabor á S. M., el cual no creo yo que
se huelga que sus vasallos se maten é diminuyan, aunque haya muy gran causa, como pueda cesar, no seyendo tan urgente y forzosa que no se pudiese excusar. Nosotros no pedimos sino justicia, no queremos sino razon,
no deseamos sino lo que S. M. quiere y desea, ques oirnos y que no se nos haga fuerza y que nos conservemos
en justicia, y que lo que S. M. mandare conforme á derecho, se cumpla; pues á nadie quiere que se le haga agravio.

   »Por tanto, si así es que Vuestra Señoría hace gente y

armas, de mi parte le suplico, y de la de Dios y de S. M.
le requiero, que cese en el llamamiento de gentes y
en lo demás que hace, y no dé ocasion ni causa á que nos
destruyamos todos y que en esto intervengan muertes y
venga en rompimiento, porque por ventura será causa de
mayor daño del que Vuestra Senoría piensa; y podria que,
como en estos ayuntamientos se ayuntan gentes de diversas condiciones, se hiciese cosa que ni en ninguno
fuese remediarla, ni en la de nadie, sino en la de Dios,
excusarla; y despues no aprovecharia medicina para sa-
narla, ni color con que encubrirla, que seria causa de
nuestra perdicion y de algun gran deservicio de S. M.

»Bien creo que tampoco esto es verdad, como otras
cosas que á Vuestra Señoría levantan é imponen; dígolo y
avísolo, porque no faltarán ruina y males que á Vuestra
Señoría pongan en ello, y pesarme hía de cualquier deservicio que por esta causa á S. M. se le hiciese. Mejor le está á Vuestra Señoría y mejor le parecerá, pues es
tan buen caballero y tan acebto á S. M., que dél
nos alcance la justicia, la libertad y la conservacion de
las mercedes que nos ha hecho, pues por su intercesion,
más que por la de persona alguna de España y destos
reinos, se podrá esto alcanzar, por haber visto y entendido
la razon que tenemos y el servicio que á S. M. se le
hace, en ejecutar lo que Vuestra Señoría á cargo traia, y
porque á nadie como á Vuestra Señoría se le dará tanto
crédito en esto. Cerca de lo cual he hablado largo acá con
el Muy Reverendo Padre Regente provincial, el cual, si
ántes hubiera venido, por tener en esto tan buena intencion, pudiera ser haberse ántes efectuado y Vuestra Señoría habernos hecho las mercedes que de Vuestra Señoría
esperamos, y no lo que acá nos han dicho que contra nosotros intenta y hace, pues carecemos de culpa y Vuestra
Señoría no tiene razon en querernos mal por defender lo
que tanto nos cuesta y habemos ganado con tanto trabajo
é gastos de nuestros patrimonios é riesgo de nuestras
personas; pues si le quitasen su mayorazgo, vea lo que
sentirá Vuestra Señoría. Cuya ilustre persona y estado
Nuestro Señor acresciente como por Vuestra Señoría es

deseado. Del Cuzco 2 de Agosto de 1544—Illtre. Señor—
Besa las manos á Vuestra Señoría—[Gonzalo Pizarro]»
(Minuta auténtica.)

En la cubierta, de mano del secretario de Pizarro: «Lo
que se escribe al virey con el Regente.» Y más abajo, de
letra de Juan Gutiérrez, secretario de Gasca: «Es de Gonzalo Pizarró, del Cuzco á dos de Agosto de 1544 al visorey.»

Aparte del mensaje del virey al gefe de los sublevados,
el astuto y mañoso Regente hubo de llevar el encargo de
descubrir las intenciones de Gonzalo respecto de los oidores, y si trataba de hacer con ellos lo que con Blasco Núñez, á pesar de constarle las sérias desavenencias y pro-
fundos ódios que los dividian. Este doble carácter del
reverendo embajador explica quizá la osadía y los atrevi-
mientos de la audiencia del Perú; la cual probablemente
contaba con el apoyo de Pizarro y de seguro con sus sim-
patías, á juzgar por el tono amistoso y los juramentos y
protestas de las cartas que trajo fray Tomás; pero de todos modos, es un hecho de importancia, que no han tenido
en cuenta los modernos historiadores del Perú, y que con-
firma las aseveraciones del *desautorizado* López de Gomara (*) y de don Alonso de Montemayor (**), relativas á la
correspondencia que medió entre el caudillo de los rebeldes y los oidores; si bien don Alonso, fiel amigo de Blasco
Núñez, no alude ni remotamente al provincial de los
dominicos.—Añadiré de pasada, que Herrera no estuvo
en lo cierto al decir que el clérigo Diego Martin, recien
venido de España, criado de Hernando Pizarro y mayordomo de su hermano, y que acompañó al Regente en su
regreso del Cuzco á Lima, fué el que trató la inteligencia
de los oidores con Gonzalo (***).

«Magnífico y Muy Reverendo Señor:=Porque, por lo

(*)   En el capítulo de su Historia titulado "De cómo Gonzalo Pizarro
se hizo gobernndor del Perú."
(**)   Cap. citado de la *Hist. gen. y nat. de las Indias.*
(***)   Déc. VII., lib. VIII., cap. II.

que Vuestra Paternidad me ha dicho y soy informado, entiendo que algunas personas, que no me tienen buena voluntad ni desean el bien deste reino y procuran el desasosiego y escándalo dél más quel bien público por sus particulares intereses, han puesto sospecha en mí y en estos
caballeros que conmigo van á defender la fuerza que á
este reino se hace, tenemos intencion de echar los señores oidores y el abdiencia destos reinos, representando,
como representan, la persona real que nos ha de tener
y mantener en justicia y en sosiego y quietud estos dichos
reinos, y de quien esperamos toda merced que informaran
á S. M. del agravio queste reino recibe con muchas de
las ordenanzas que nos envia, porque con ellas no se
podrá sustentar; é porque ante S. mds. hemos de pedir
nuestra justicia, y antellos hemos de hacer nuestra probanza, y asímismo justificar nuestras causas y áun tomar
dellos nuestra seguridad; y asímismo porque los tengo y
tenemos por personas que representan la persona real, de
quien, por ninguna causa, aunque sea de muerte ó de
perdimiento de todos nuestros bienes y haciendas, no hemos de quitar la obediencia que le debemos, como á
nuestro señor y rey natural; por tanto, yo juro á Dios
Nuestro Señor y á Santa María, su madre, y á las palabras
de los Santos Evangelios, que mi intencion ni la destos
caballeros, no es de que los señores oidores ni ninguno dellos, salga de este reino, sino que su audiencia real se esté
en donde por S. M. fué mandado, con tanto que S. mds.
nos den seguridad como yo y estos caballeros no ten-
gamos sospecha en ningun tiempo de que por este ayuntamiento ni por cosa en él sucedida, se puedan sus mercedes en ello entrometer ni de parte dello conocer, hasta
que S. M. provea suficientemente sobre nuestra suplicacion que todo este reino hace. Y áun más digo, que aunque ellos se quisiesen ir de su voluntad, que yo los supli-
caria, porque este reino no quedase sin justicia y por lo
que á mí y á todos conviene; y que si se fuesen, iria tras
dellos, pudiéndolos alcanzar, para que se tornasen. Y
porque desto puedan estar más seguros, puede Vuestra
Paternidad suplicarles de mi parte, que declaren la seguri-

dad que quisieren, que se hará y se los dará todo lo posible y que nosotros pudieremos dar, fuera de la presun-
cion violenta que por nosotros está en convenirnos tanto
que S. mds. no se vayan. Y porque esto es ansí como
digo, lo firmé de mi nombre y soy servidor de Vuestra
Paternidad.»

En la cubierta: «Lo que se responde al Regente sobre
quedar los oidores.» «De solos los oidores y el visorey.»

«Muy Magníficos Señores.=La venida de V. mds. sea
mucho enhorabuena como de todos se espera y cree que lo
será, pues que es y ha de ser para el remedio deste reino
tan aflejido, tan atribulado y tan alterado como V. mds.
ven. Pluguiera á Nuestro Señor que como la entrada fué
por esa parte, fuera por esta donde estamos estos caballeros
y yo, porque V. mds. nos guiaran, encaminaran y manda-
ran como mejor y más en servicio de S. M. hovieran medio
y remedio estas cosas de que ha sido causa el señor Blasco
Nuñez Vela, que S. M. invia por visorey á estas partes.

Escrebir á V. mds. lo que ha hecho y·nos han dicho
desde que entró en este reino hasta agora, aliende de que
habia menester bien prolija escritura, seria dar guia el ciego al que vee, pues V. mds. saben y han visto todo lo que
ha hecho por allá y la ocasion que nos ha dado acá para
que juntos no nos haga fuerza ni tan esarrutamente (*sic*) se
nos administre justicia como Su Señoría ha comenzado, en
lo cual nos hemos puesto, así por lo que toca al bien universal deste reino, vecinos y naturales del, como al servicio
de Dios Nuestro Señor y de S. M. La mayor causa de nuestra alteracion ha sido velle entrar como entró en este reino solo y sin V. mds. sus compañeros, que cada uno era
tanta parte en lo que haria como él, para lo hacer; y luégo
sin asentar esa real audiencia, segun por S. M. fué mandado, y sin el parecer y acuerdo de V. mds. apregonar y ejecutar las ordenanzas que S. M. invia á estas partes de los
estatutus (*sic*) que á él le pareció hacer. Y esta nuestra alteracion no ha sido tanto por entrar solo, que ya le obe-
decieron y recibieron en las partes deste reino do llegó, no
pudiéndolo en ninguna dellas hacer, sin que primero se

recibiera en esta cibdad, pues es cabeza de todo este reino
por merced de S. M.; ni porque á Su Señoria le fuese encomendado el gobierno dél, mereciendo tanto y siendo
caballero tan sabio y calificado como á todos es notorio,
como por tenernos á todos los desta tierra en tan poco y á
V. mds., que es lo más. Los cuales, queriendo venir con él
en el navio que vino, mandó al maestre echar la ropa fuera,
cosa que ni con mercaderes ni otros pasajeros ni aun con los
negros que con él vinieron hizo, pues vinieron muchos
en su compañía, é no criados suyos, en cuyo lugar todos
V. mds., ó algunos, pudieran venir, á los quales juntamente con él S. M. cometió lo que Su Señoría ejecuta y
dice que trae á cargo.

En este caso, entrestos caballeros que conmigo están, ha
habido muchos paresceres: unos dicen que por no guar-
darnos justicia ni seguir los terminos de derecho, no quiso
traer letrados consigo; otros dicen que por que no se repre-
sentase la persona real, para decir que era mero ejecutor
y que no podia admitirnos la suplicacion que todo este
reino ha interpuesto; é aun otros, más sueltos de lengua,
han dicho que oidores que en tan poco son tenidos de su
presidente ó visorey, deben carecer de las calidades que
se requieren para el oficio ó dignidad que traen, ó deben
ser tales á quien no se deba tener respeto; y que si son
tales, que tal abdiencia no se debe admitir en un reino tan
preminente como este, á los oidores por ser tales, y al
visorey, por quedar solo y traerlos tales, pues es razon
que S. M. nos dé justicia y tal, especialmente audiencia
real que representa su persona y á quien se tenga todo
respeto; y que si V. mds. son personas tan sábias y calificadas que carecen de todo defecto, como sabemos y es notorio, que es razon, y así lo haremos, que se suplique para
ante S. M. de que sea visorey un caballero tan acelerado
y mal sufrido, que en tan poco tiene á unas personas de
tanta calidad como V. mds., siendo audiencia real, é
la mayor é que con más justo título representa la persona
real, y S. M. nos envie visorey cual convenga para una
tan insigne audiencia, el cual, en todos los casos é cosas
deste reino, entienda juntamente con V. mds., é no sin ellos,

como Su Señoría lo ha hecho; pues que aún S. M. no se
da licencia á sí mismo para cosa semejante, ni queriendo
hacer cosa á solas; y si la hace, quiere que su Consejo la
emiende, como se vee cada dia en las cédulas de cámara.

»No obstante que hay tanta razon y la tenemos para suplicar de que sea visorey Su Señoría, por las causas suso-
dichas, con todo se pasara, á todo se callara y todo se su-
friera, así por cortar el alteracion y soltura de los malos,
como por el sosiego y quietud de los buenos, si Su Señoría se atentara y templara en lo que decia, y nos guardara
justicia, ó procediera conforme á derecho en lo que haria.
Pero denme V. mds. hombres tan villanos, abatidos caballeros que nunca sirvieron á su Rey, que tengan las caras
de acero y los entendimientos de piedra, que sufran que
ya que se les haga el daño, no busquen remedio, pues no
les admiten defensa, siendo, como es, de derecho natural,
la cual el Príncipe no puede quitar ni admover. Nosotros,
¿en qué habemos deservido á S. M.? ¿En qué le habemos
sido tan traidores, ó en qué habemos pecado tan grave-
mente que no merezcamos ser oidos, y que interponiendo
una suplicacion tan justa, como se ha interpuesto por todo este reino, de las ordenanzas que Su Magestad nos
invia, por ser como son, si se ejecutasen, toctal distrui-
cion de todo él, el cual con tanto trabajo, tanto gasto de
nuestras haciendas, riesgo de nuestras vidas, sangre é
pérdida de nuestros debdos y amigos, sin costa alguna
de S. M. habemos ganado, nos sea denegada é no ad-
mitida; y que mientras más se suplique y más razones y
causas se den para que se admita, más ásperamente é
con más vigor se ejecuten las dichas ordenanzas, no
como en ellas se contiene, sinó en peor sentido, en
nuestro daño y en el deste reino?

»Viendo una cosa tan áspera, viendo una cosa tan recia,
los vecinos y cabildos de las ciudades de acá, ya que se les
deniega la defensa que de derecho tienen y el Príncipe de
justicia no le puede quitar, y que en ninguna cosa les apro-
vecha el suplicar, han ocurrido á aquella con que nacieron,
y se han ayuntado en esta cibdad, como cabeza del reino. Y
al principio me importunaron que fuese su capitan, para se

defender de una tan gran fuerza y agravio como se les
hacia, lo cual yo rehusé muchas veces, así por evitar escándalo y alboroto, como porque queria ántes ser privado
de la hacienda y áun de la vida, que encargarme de cosa
de tanto trabajo; el cual no me lo impidia tanto como
el parecerme que en alguna manera corria riesgo mi fama
con S. M. y con los que no supiesen ser mi causa justa;
y al fin yo lo estorbara, ó á lo ménos no lo aceptara, si no
fuera por evitar otro mayor daño, que por algunos me
fué notificado y certificado, diciendo, que si no lo acebtaba,
todos los más soldados deste reino é vecinos andarian de
treinta en treinta y de veinte en veinte con arcabuces y
ballestas, hechos salteadores por los caminos, robando
y destruyendo todo este reino, así á los naturales como
á los españoles y vecinos que no les ayudasen á hacerlo;
y tras esto se soltaban á decir palabras muy desvergonzadas, dando razones coloradas que tenian para las decir,
que ni se sufren escrebir ni aun pensar. Finalmente,
viendo tan gran peligro, acebté el menor y quise hacer lo
que me rogaron, que fué ser su procurador y capitan para
ir juntamente con ellos á suplicar de las dichas ordenanzas é de que sea visorey el señor Blasco Nuñez Vela, pues
es tan abstero en la justicia y tan poco experimentado en
esta tierra y áun tan mal conforme con V. mds., siendo,
como son, los que representan la persona real.

»Hánnos dicho, que, sabido esto, hace gente Su Señoría
é gasta los dineros de S. M. é protesta de nos matar é des-
truirá todos, é áun ha intentado secretamente, con promesas
que nos ha hecho, que los unos á los otros nos matemos;
el cual oficio no solamente no lo he visto ni oido de visorey
ni justicia, pues aquella ha de ser pública y clara, pero
áun de caballero que toviese en algo su honra y no quisiese cobrar mala fama. Allá le escribo suplicándole no
sea causa de nuestra destruccion, ni ponga en peligro su
vida, ni á tanto riesgo el patrimonio y servicio de S. M. y
este reino, sino que se vaya é le informe de cuanto nos
ha agraviado en las ordenanzas que nos invia y cómo por
ellas se le destruye este reino; y que pues es su oficio, y
de los caballeros como él, nos haga conservar las merce-

des que S. M. nos ha hecho, é intente é importune que, pues lo habemos servido, se nos hagan otras de nuevo que sean en abmento de este reino; porque, allende que será en muy gran servicio de S. M., le tendremos por patron desta tierra y le sirviremos todo el trabajo que en ello tomare, como se le ofrece en la carta que le escribo, que allá V. mds. verán.

»A V. mds. suplico lo encaminen, porque cesen tantas alteraciones y males como se esperan y la disminucion de la hacienda real de S. M., y no sea causa de que se haga alguna cosa, que despues no sea en nuestra mano remediarla, en que S. M. sea grandemente deservido. Lo que queremos y pedimos, despues de su partida á España, es que se suspenda la ejecucion de aquello que se suplica por estos reinos, hasta tanto que S. M. provea sobrello y haya segunda jusion, siendo nosotros oidos, pues esto es conforme á derecho, de lo cual, ni de lo que S. M. mandare, no se eceda un punto; é como esto se haga, todo lo que nos fuere mandado obedeceremos, todo lo cumpliremos, sin que en cosa ninguna haya falta, siendo conforme á justicia. E porque en la de V. mds. y en su retitud confian esos caballeros é yo, no soy más importuno, ni digo los provechos que dello resultarán, ni los daños que de lo contrario se pueden recrecer, por ser como son tan notorios á V. mds. Cuyas muy magníficas personas y estados Nuestro Señor acreciente y prospere, para que tengan en paz y sosiego estos reinos. Del Cuzco á tres de Agosto 1544 años.—Muy Magníficos Señores.—Besa las (*) manos de V. mds.—Gonzalo Pizarro. (Original.)

Al respaldo del sobre hay á seguida esta nota: «En dos (*sic*) de Agosto de mill é quinientos é cuarenta é cuatro años, estando en el monesterio del señor Santo Domingo desta ciudad, yo Gomez, escribano, por mandado del señor capitan general Gonzalo Pizarro, dí y entregué el treslado desta carta al padre fray Tomás de San Mar-

---

(*) *Piés* (Tach.)

tin, firmado del dicho señor general, siendo testigos el capitan Gaspar Rodriguez, é el capitan Francisco Maldonado, é Francisco Villacastin, é otros.» (Una rúbrica.)

En el sobre: «A los muy magníficos señores, los señores oydores de la audiencia real de S. M. que reside en la cibdad de Lima.»

A esta carta respondieron los oidores con la siguiente:

«Muy Magnífico Señor:=La carta de V. md. recibimos con el reverendo padre regente provincial, y hemos holgado mucho de entender el celo y voluntad que V. md. y esos caballeros tienen en guiar estas cosas por justicia, porque, de otra cosa ó de lo contrario, no se podria seguir sino muy gran deservicio de Nuestro Señor y de S. M. y total destrucion de esta tierra y de los naturales della y de los españoles que en ella residen, para cuya restauracion y conservacion principalmente S. M. nos envió. Por la carta de V. md. entendemos estar V. md. y esos caballeros mal informados de la voluntad quel señor visorey y presidente y nosotros tenemos para su conservacion, aumento y perpetuidad en esta tierra y de informar dello á S. M., para que ansí sea; y por esto se invia por el abdiencia provision y salvo conducto para que se nombren allá personas por procuradores que propongan é pidan su justicia en esta real audiencia, é que vengan resolutos en todo, como por la provision V. md. verá; de lo cual más cumplidamente informará á V. md. y á esos caballeros el padre regente, á quien se dará crédito en lo que cerca desto de nuestra parte dirá. Nuestro Señor la muy magnífica persona y casa de V. md. guarde é prospere para su servicio y de S. M. De los Reyes á veinte y tres de Agosto de mil y quinientos cuarenta y cuatro.—Besan las manos de V. md.—El licenciado Cepeda.—El doctor Lison de Tejada.—El licenciado Alvarez.» (Original.)

Además de estas cartas, llevaba fray Tomás de San Martin bajo su hábito otra para el cabildo de Los Reyes, que es como sigue:

«Muy Magníficos Señores:=Porque allá V. md. sabe, así por cartas de particulares como de personas que han ido á esa cibdad, lo que en esta se hace para el remedio de la tierra, no me ocuparé en escribirlo. De lo de allá, si no es de lo que el señor Blasco Nuñez Vela ha hecho, no tenemos cosa cierta ni V. md. nos ha escripto lo que pasa, de que no estoy poco maravillado, yéndolos tanta parte como á mí y á todos en esto; y lo que V. md. deja de escribir para lumbre nuestra, descúbrennoslo las nuevas que de allí vienen, que así por ser tan inciertas en estas partes, como por ser increibles, estos señores del cabildo é yo no nos podemos persuadir á creerlas.

»Dícennos, quel señor Blasco Nuñez Vela, sabido que nos habemos juntado para ir á suplicar de las ordenanzas que ejecuta, no embargante la suplicacion que por V. md. é las demás cibdades se ha interpuesto, hace gente para (*) denegarnos nuestra justicia é nuestra suplicacion, y que V. md. le ayuda en ello, é que no se lo impide ni contradice. Su Señoría que la haga, como no experto en esta tierra, no es tanto de maravillar, como que V. md. le ayude y no le contradiga en ello ni se lo impida, porque nosotros poco hemos visto de lo que Su Señoría ha hecho por allá, si no es por lo que V. md. y otros particulares de allá nos han certificado, doliéndose dello, pidiendo socorro, favor é ayuda para impedirlo, como cosa que á V. md. y á todo el reino conviene. De allá ha venido toda la gente como huyendo, persuadidos por los desa ciudad; de allá nos han venido armas y lombarderos y tanto aparejo para lo que se va á hacer, que aunque no por más de seguir la comun opinion, yo no me he podido excusar dello ni excusarlo. Juro á Nuestro Señor que yo creo ques mentira, porque herirse V. md. á sí mesmo no es de creer; pero V. md. crea que si es así, no se ha de comer allá el agraz y tener aquí la dentera, ni se ha de sacar con nosotros la culebra, sin que hayamos todos parte

---

(*) *Impedirnos la entrada desa cibdad y de nuestra defensa y de la justicia que nos habia de administrar* (Tach.)

del trabajo; que en este mundo, mayormente en las Indias, ninguna cosa se encubre. No piense V. md. que por
ser contra nosotros se hace todo lo que piensan allá,
que si llegan estas cosas por buenos medios á buen
fin, el que hobiese jugado con espada de dos manos,
puede ser que con las nuestras, enviado ante S. M., le
corte la cabeza por justicia, no por otro pecado sino por
no aconsejar bien á Su Señoría y decirle el yerro que
hace en dar ocasion á que todos nos matemos, é que los
vasallos de S. M. se destruyan, y en no empedirle tan
mal propósito.

»Allá le escribo á Su Señoría sobrello; la carta vá con
esta, para que V. md. la vea y le diga la razon que
tenemos y le impida una cosa tan mal hecha é le
persuada á que haga lo que se le suplica, pues tanto bien
dello viene á este reino. A V. md. suplico yo de mi parte
así se procure, y sobre todo mire lo que hace, pues esto
no va por el rey de Francia ni por el Turco, sino por nosotros é por la conservacion desta tierra, de cuyo bien
á V. md. cabrá su parte; y estando todos conformes, enten-
derá mejor S. M. la razon que hay para nos conservar
las mercedes que nos ha fecho y para nos hacerlas mayores; y no lo estando, pensará ques cabtela ó que no es verdad lo que se le suplica.

»El intento destos caballeros é mio no es impedir la ju-
ridicion real, no es robar á nadie lo suyo, no es por particular interese de ninguno, sino por el pró é bien universal de la república destos reinos. V. md. nos ayude é
favorezca á ello y no estorbe su bien y el de todos, pues
le va su parte. Cuyas magníficas personas, etc.» (Borrador
auténtico.)

Las notabilísimas cartas de Pizarro al virey, á los oidores y al cabildo de Lima, fueron redactadas por el licenciado Leon, que entónces era, como si dijéramos,
secretario de Estado de gefe rebelde. Compárese su
estilo con el de la *Suplicacion de las ordenanzas,* que
se inserta en el Apénd. núm. 19.º, de la cual dice
este mismo fray Tomás de San Martin, en carta de

Túmbez y 21 de Diciembre de 1546 á Gonzalo Pizarro: «Hay necesidad que Vuestra Señoría nos mande luego enviar la suplicacion que se hizo en Guamanga, porque converná; digo la que Vuestra Señoría hacia, que ordenó el licenciado Leon.»—Cuando esto escribia el buen padre, iba tambien de embajador, pero de Gonzalo Pizarro cerca de La Gasca, á quien se trataba de sobornar y enviar á España, ó *más léjos*.

NÚM. 17.º

Véase, á propósito de esta frase, la siguiente y curiosa carta que el clérigo Pedro Albadan escribia á Gonzalo Pizarro el año 1545.

«Muy Ilustre Señor:—Luégo que al visorey prendieron en Lima, escribí á Vuestra Señoría; y no me maravillo, entre las cartas de tanto caballero como entónces á Vuestra Señoría escribió, ahorgarse la de un hombre tan bajo como yo; por lo cual quise agora tornar á escrebir esta, trayendo á la memoria á Vuestra Señoría se acuerde de lo que pasamos al cabo de la mesa, un dia ántes que Vuestra Señoría se partiese, estando Vuestra Señoría y Gumiel, que Dios haya, y yo solos. Y fué, viniendo en pláticas sobre otras que pasamos, que dije yo á Vuestra Señoría:—No falta acá quien ruegue á Dios que encamine y haga las cosas de Vuestra Señoría. Y respondióme:—Por amor dél tomo yo esta empresa. Por tanto, ya Vuestra Señoría ha visto cómo Dios ha hecho sus cosas y le ha puesto en el estado que Vuestra Señoría y sus servidores deseamos.

»Resta agora que Vuestra Señoría haga las cosas de Dios, para que [le] sustente en la potestad que le ha puesto, pues

h

dice el Apóstol, que no hay potestad que sea sinó de la mano de Dios; y lo que Dios de Vuestra Señoría quiere, es que sustente la tierra en justicia y así en su temor y se vista del celo del bien destos pobres naturales, como ya me dicen Vuestra Señoría lo ha empezado á hacer, mandando que todos los vecinos tengan en sus repartimientos quien diga á los indios las cosas que convienen para venir en conoscimiento de Dios. El cómo se hace, no hay para que tocar en ello, porque en fin, de lo que cada uno sembrare, deso cogerá. Vuestra Señoría ya ha hecho en este caso su deber en mandarlo; yo espero en Dios hará Vuestra Señoría lo que debe en lo demás que digo arriba de sustentar la tierra en justicia y así mismo en temor de Dios; porque, haciendo esto, soy cierto, no solamente sustentará Dios á Vuestra Señoría en el estado y potestad que le ha puesto, mas acrescentarsela ha; porque, como dice la Escritura, si pasa Dios el reino de una gente en otra, es por las injusticias y por las injurias y diversos engaños que en él se hacen. Y cerca desto, basta lo dicho.

»Ya Vuestra Señoría sabe que soy viejo, por lo cual no he ido ni voy agora á besar las manos á Vuestra Señoría, el cual creo estará satisfecho de mí, que le soy servidor y le deseo todo bien temporal y eterno; porque, como he dicho á algunas personas, justa cosa es favorecer y ayudar al que Dios favorece y ayuda. Dicho me han que ha de poblar Vuestra Señoría un pueblo en el Collao. Tengo deseo, si Dios lo permitiese y ordenase, de estar ya en cabo de asiento el restante que Dios de vida me diese, porque estoy muy cansado ya de andar de pueblo en pueblo, callando lo que más me cansa y fatiga estando en los pueblos. Por tanto suplico á Vuestra Señoría, no mirando más que á mi vejez y á que creo hará servicio á Dios, escriba una carta al obispo para que me provea del curadgo de aquel pueblo que Vuestra Señoría mande poblar, y mande al capitan que á poballe viniere, me dé cincuenta ó cien indios para que barran y limpien la iglesia y ansí traigan agua y leña. Y porque confío en Dios que sabe mi deseo y porná á Vuestra Señoría en co-

razon me haga esta merced, no me alargaré en esta más de rogar á N. S. guarde á Vuestra Señoría para sí. Amen. Deste Cuzco do quedo por capellan de Vuestra Señoría.— El Padre Pedro Albadan. (Original.)

NÚM. 18.º

La muerte del inca Manco por los almagristas que, despues del combate de Chúpas, se acogieron al amparo de este príncipe y de los montes inaccesibles que habitaba, en concepto de Prescott,—gran apasionado de las cosas de los antiguos dominadores del Perú,—constituye un episodio de bastante importancia en la historia de la conquista; pero añade que «es imposible determinar quién tuvo la culpa de la contienda [causa de aquella desgracia], pues ninguno de los qué se hallaron en ella pudo salvarse para contarlo.» *Ninguno de los españoles* debió decir, y que por esta razon fué imposible averiguar lo cierto; porque varios de los parientes, capitanes y servidores de Manco, testigos de la catástrofe, quedaron con vida, y segun su costumbre, cada uno la refirió de diferente manera y siempre en sentido favorable á la víctima y en contra de los españoles. Y de aquí el desacuerdo que existe entre las versiones de Pedro Pizarro, López de Gomara, Garcilaso y Cieza de Leon.

Sin embargo, aún no es conocida la más parcial y notable de todas, la del hijo menor del desdichado inca, Titu Cusi Yupanqui, despues Don Diego de Castro, que presenció el suceso. Siendo ya neófito, á principios del año de 1570, dictó á fr. Márcos García, religioso agustino que se hallaba á su lado en Vilcabamba instruyéndole de su nueva creencia, una *Relacion de cómo los españoles entra-*

ron en el Perú y el subceso que tuvo Mango Inga en el
tiempo que entre ellos vivió; en la cual cuenta de esta manera la muerte de su padre:

«Pasadas todas estas cosas ambas dichas y otras muchas
que por abreviar he dejado, el dicho mi padre se tornó á
Vilcabamba, cabeza de toda esta provincia, á donde estuvo con algun sosiego algunos dias; y desde este pueblo,
porque no se hallaba sin mí, me envió á llamar al Cuzco,
á donde yo estuve desde que me llevaron á Vitcos, en
casa de Oñate, arriba dicho, los cuales mensajeros me
hurtaron del Cuzco á mí é á mi madre, y me trujieron
escondidamente hasta el pueblo de Vitcos, al cual ya mi
padre se habia salido á tomar frescor, porque es tierra
fria. Y allí estuvimos mi padre é yo muchos dias, á donde
aportaron siete españoles en diferentes tiempos, diciendo
que se venian huyendo de allá fuera por delitos que habian hecho, y que protestaban de servir á mi padre con
todas sus fuerzas toda su vida: que le rogaban mucho
que les dejase estar en su tierra y acabar en ella sus dias.
Y mi padre, viendo que venian de buena boya, (*) aunque estaria sentido de los españoles, mandó á sus capitanes que no les hiciesen daño, porque él los queria tener
en su tierra como á criados: que les hiciesen casas en que
morasen; y ansí, los capitanes de mi padre, aunque quisieran luégo acabarlos, hicieron lo que mi padre les
mandó. Y el dicho mi padre les tuvo muchos dias y años
consigo, haciéndoles muy buen tratamiento y dándoles
lo que habian menester, hasta mandar que sus mismas
mujeres del dicho mi padre los hiciesen la comida y la
bebida; y áun él mismo los traia consigo y les daba de
comer junto á sí, como á su persona misma, y se holgaba
con ellos, como si fueran sus hermanos propios.
»Despues ya de algunos dias y años [que] estos españoles
arriba dichos estuvieron en compañía de mi padre en el

_____

(*) De buena fé, sin mala intencion; ó que su venida no celaba engaño ni riesgo.

dicho pueblo de Vitcos, en la misma casa de mi padre, estaban un dia con mucho regocijo jugando al herron solos mi padre y ellos é yo, que entónces era mochacho, sin pensar mi padre cosa ninguna, ni haber dado crédito á una india del uno dellos, llamada Banba, que le habian dicho muchos dias ántes que aquellos españoles le querian matar; [é] sin ninguna sospecha desto ni de otra cosa, se holgaba con ellos como ántes. Y en este juego, como dicho tengo, yendo el dicho mi padre á levantar el herron para haber de jugar, cargaron todos sobre él con puñales y cuchillos y algunas espadas, y mi padre, como se sintió herido, con la rabia de la muerte, procuraba defenderse de una parte y de otra; mas como era solo y ellos eran siete y mi padre no tenia arma ninguna, al fin le derrocaron al suelo con muchas heridas, y le dejaron por muerto. E yo, como he (*sic*, era) pequeño y ví á mi padre tratar de aquella manera, quise ir allá á guarecerle, y volviéronse contra mí muy enojados y arrojándome un bote de lanza con la misma lanza de mi padre, que á la sazon allí estaba, y que erraron poco que no me mataron á mí tambien; é yo, de miedo, como espantado de aquello, huime por unos montes abajo, porque aunque me buscasen, no me pudiesen hallar. Y ellos, como dejaron á mi padre ya para espirar, salieron por la puerta con mucho regocijo diciendo: «ya hemos muerto al Inga, no hayais miedo.» Y unos andes (*) que á la sazon llegaron, y el capitan Rimache Yupangui les pararon luégo de tal suerte, que ántes que pudiesen huir mucho trecho, á unos tomaron del camino mal de su grado, derrocándolos de sus caballos abajo é trayéndolos por fuerza para hacer dellos sacrificio; á todos los cuales dieron muy crudas muertes y áun algunos quemaron. Y áun despues de todo esto, vivió el dicho mi padre tres dias; el cual, ántes que muriese, mandó llamar á todos sus capitanes y á mí, para nos hablar ántes que

---

(*) Indios naturales de los Andes ó montañas situadas al Oriente de la Cordillera, en cuya region se halla el pueblo de Vitcos ó Viticos.

se muriese; el cual dijo estas palabras á los capitanes: et-
cétera, etc. »

Es curioso saber cómo se redactó la Relacion de donde
está tomado el anterior pasaje. Al fin de ella se lee:

«Fué fecho y ordenado todo lo arriba escripto, dando
aviso de todo el Illustrísimo Señor Don Diego de Castro
Titu Cusi Yupangui, hijo de Mango Inga Yupangui, señor
natural que fué de los reynos del Perú, por el reverendo
padre fray Márcos García, frayle presbítero de la órden
de Señor San Agustin, que reside en esta provincia de
Vilcabamba, teniendo, como tiene, á cargo la administra-
cion de las ánimas que en toda ella residen, á honra y gloria de Dios todo poderoso etc. etc.»

Sigue un testimonio en esta forma:

«Yo Martin Pando, escribano de comision por el Muy
Illustre señor el Licenciado Lope García de Castro, gobernador que fué destos reynos, doy fe que todo lo arriba
escripto lo relató y ordenó el dicho padre á insistion del
dicho don Diego de Castro; lo cual yo escribí por mis
manos propias, de la manera que el dicho padre me lo re-
lataba; siendo testigos á lo ver escribir y relatar el reverendo padre fray Diego Ortiz, profeso presbítero de la
dicha órden, que juntamente reside en compañía del
autor desto, y tres capitanes del dicho don Diego de Castro llamados el uno Xuta Yupangui, é Rimache Yupangui
é Xullca Huarac. Y porque haga fé todo lo susodicho, lo
firmé de mi nombre. Fecho en el pueblo de Sant Salva-
dor de Villcabamba á seis de Hebrero del año de mill é
quinientos y setenta años. Lo cual, para que haga más fe,
lo firmaron de sus nombres el dicho padre fray Márcos
García é fray Diego Ortiz, etc. etc.»

Luégo esta declaracion:

«Yo don Diego de Castro Titu Cusi Yupangui, hijo
que soy de Mango Inga Yupangui, señor natural que fué
destos reynos del Perú, digo, que por cuanto me es necesario hacer relacion al rey don Felipe, nuestro señor, de
cosas convenientes á mí y á mis subcesores, y no sé el
frásis y la manera que los españoles tienen en semejantes
avisos, rogué al muy reverendo padre fray Márcos García

y á Martin de Pando, que, conforme al uso de su natural,
me ordenasen y compusiesen esta relacion arriba dicha,
para la enviar á los reynos de España al Muy Ilustre Señor el Licenciado Lope García de Castro, para que por
mí, en mi nombre, llevando, como lleva, mi poder, me
haga merced de la enseñar é relatar á S. M. del Rey don
Felipe, nuestro señor, para que, vista la razon que yo tengo de ser gratificado, me haga mercedes para mí é para
mis hijos é descendientes como quien S. M. es. Y porque
es verdad lo sobre dicho, dí esta firmada de mi nombre,
que es fecha dia mes y año susodicho.—Don Diego de
Castro Titu Cusi Yupangui.»

Viene á continuacion el poder, en que firman como
testigos: fray Márcos García, fray Diego Ortiz, don Pablo
Huallpa Yupangui, don Martin Cusi Huáman y don
Gaspar Xullca Yánac.

Fray Márcos García fué el compañero que llevó consigo el prior de los agustinos del Cuzco á las tierras donde
residia Titu Cusi, cuando este le hizo llamar para que le
bautizase, cuyo suceso refiere el neófito de esta manera,
dirigiéndose á su protector don Lope García de Castro:

«Por escribirme V. S. muchas cartas, rogándome que
me volviera cristiano, diciendo que convenia para seguridad de la paz (*), procuré de inquirir de Diego Rodríguez (**) y de Martin de Pando, quién era en el Cuzco la
persona más principal de los religiosos que en ella habia,
y cuál religion más aprobada y de más tomo; y dijéronme
que la religion de más tomo y de más autoridad y que
más florecia en toda la tierra, aunque de ménos frailes,
era la del Señor Sant Agustin, y el prior della, digo, de
los frailes que residen en el Cuzco, era la persona más
principal de todos los que en el Cuzco habia. Y oido y
entendido ser esto ansí, aficionóme en gran manera á
aquella órden y religion más que á otra ninguna, y de-

(*) Que negociaban y estaba ya ajustada en principio entre García
de Castro y el inca.
(**) Corregidor de la provincia que el inca señoreaba.

terminé describir al dicho prior muchas cartas, rogándole que me viniese á bautizar él en persona, porque me daba gusto ser bautizado por su mano, por ser persona tan principal, ántes que por otro. Y ansí, siendo, como es, tan honrado religioso, me hizo merced de tomar el trabajo y llegarse á esta mi tierra á bautizarme, trayendo consigo á otro religioso y á Gonzalo Perez de Vivero é á Atilano de Anaya, los cuales llegaron á Rayangalla á 12 dias del mes de Agosto del 1568, á donde yo salí deste Villcabamba á rescibir el bastismo, como entendí que me lo venian á dar; y allí en el dicho pueblo de Rayangalla estuvo el dicho prior, llamado Fr. Juan de Vivero, con su compañero y los demás catorce dias, endustriandome en las cosas de la fe; á cabo de los cuales, dia del glorioso doctor Sant Agustin, me bautizó el dicho prior, siendo mi padrino Gonzalo Perez de Vivero y madrina doña Angelina Zica Ocllo. Y desque me hubo bautizado, estuvo otros ocho dias el dicho prior retificándome de todo en todo en las cosas de nuestra santa fe católica y enseñándome las cosas é misterios della. Acabado todo uno y otro, se fué el dicho prior con Gonzalo Perez de Vivero, y dejóme en la tierra al compañero, llamado fray Márcos García, para que me fuese poco á poco advirtiendo de las cosas quel dicho prior me habia enseñado, por que no se me olvidasen, y para que enseñar pudiese á la gente de mi tierra la palabra de Dios. E yo, ántes que se fuese, los dí á entender á mis indios la causa por que me habia bautizado y traido aquella gente á mi tierra, y el efeto que de bautizarse los hombres sacaban, y para qué quedaba este padre dicho en la tierra: todos me respondieron que se holgaban de mi bautismo y de que quedase el padre en la tierra, que ellos procurarian de hacer otro tanto en breve, pues el padre quedaba para el efeto en la dicha tierra.»

Soy algo prolijo en estos pormenores, porque todos ó casi todos los de la vida de Titu Cusi Yupangui, penúltimo de los monarcas naturales del Perú, se desconocen completamente.

ERRATAS PRINCIPALES.

PÁG.	RENG.	DICE.	LÉASE.
XI	8	mi	mí
XIII	16	de	del
XIV	23	les	los
LVI	23	os	los
1	5 de la nota	entra	entre
"	6 de la nota	madre	madres
10	2 de la nota	*del*	*de*
21	16	my	muy
24	8	consejos	concejos
32	6	como	cómo
41	24	como	cómo
64	1 de la nota	cartagines	cartagineses
95	16	justo;	justo
99	Último	os	los
137	26	ponenerse	ponerse
145	15	pará	para

APÉNDICES.

16	3.º del Núm. 2.º	de	del
17	5	*Lib.* 9.º	*Lib.* 2.º
"	"	*f.*º 100	*f.*º 100 *vto.*
"	"	*lín.* 24	*lín.* 34
23	37	*cap.* 59	*cap.* 69
27	1	*can.*	cap.
"	"	102,	102 *vto.*
"	"	*lín.* 15	*lín.* 17
28	31	177,	117,
29	1	no	no [nos]
35	Último	traslado	trasladado
36	5	la XXVI	la de XXVI
37	28	persuadlrá	persuadir á
44	8	las	los
45	29	la	las
72	10	como	cómo
80	15	dejo	dejó
"	Últ. de las notas	XVI y XVI	XVI y XVII
99	32	crealas	creerlas
107	30	vigor	rigor
112	35	de gefe	del jefe
116	4 Penúlt.	ambas	arriba
119		aficionóme	aficionéme

RECTIFICACIONES.

1.ª En la nota de la pág. LXXI del Prólogo se afirma que el Brazo de San Jorge no figura ya con ese nombre en los mapas modernos; y esto no es exacto, porque en el atlas de Johnston, sin ir más léjos, está bien trazado, y denominado con propiedad rio de San Jorge.

2.ª En el Apénd. Núm.º 6.º, p. 48, se dice que Pedro de Cieza cita una sola vez en la Primera parte de su Crónica capítulo determinado de la segunda: es un error, porque en el LXIII de dicha primera parte se hace alusion además al capítulo I de la *Relacion de la sucesion y gobierno de los Incas*, etc.